실업이 바꾼 세계사

실업이 바꾼 세계사
대량해고, 불황, 빈곤은 세상을 어떻게 움직였을까?

초판 1쇄 발행 2017년 11월 25일
초판 3쇄 발행 2021년 1월 20일

지은이	도현신
펴낸이	이영선
편집	이일규 김선정 김문정 김종훈 이민재 김영아 김연수 이현정 차소영
디자인	김회량 이보아
독자본부	김일신 김진규 정혜영 박정래 손미경 김동욱

펴낸곳 서해문집 | 출판등록 1989년 3월 16일(제406-2005-000047호)
주소 경기도 파주시 광인사길 217(파주출판도시)
전화 (031)955-7470 | 팩스 (031)955-7469
홈페이지 www.booksea.co.kr | 이메일 shmj21@hanmail.net

ⓒ도현신, 2017
ISBN 978-89-7483-894-2 03900

이 도서의 국립중앙도서관 출판예정도서목록(CIP)은 서지정보유통지원시스템 홈페이지(http://seoji.nl.go.kr)와 국가자료공동목록시스템(http://www.nl.go.kr/kolisnet)에서 이용하실 수 있습니다.(CIP제어번호: CIP2017029091)

실업이 바꾼 세계사

대량해고, 불황, 빈곤은 세상을 어떻게 움직였을까?

도현신 지음

서해문집

들어가며

1997년 IMF 구제금융 사태를 계기로 한국 사회에는 실업난이 본격적인 사회문제로 떠올랐다. 하지만 전통적으로 우리 사회에서는 실업자들의 문제를 우리 모두의 문제로 여겨 그들을 돕고 사회구조를 개선해야 한다는 생각보다는, 비하하거나 무시하는 부정적인 시각이 더 많았다. 그러나 실업과 실업자는 그렇게 쉽게 넘어갈 수 있는 문제가 아니다. 실업자는 먼 우주 저편에서 온 외계인이 아니다. 우리, 그리고 우리의 가족이나 친구 누구라도 오늘 당장 실업자가 될 수 있다.

한 사회가 실업자들을 가난과 소외 속에 방치해두게 되면 얼마 안 가 큰 사회적 문제가 된다. 역사적으로 봐도 그렇다. 서기 6세기, 풍요와 번영을 누리던 중국 양나라는 후경의 반란이 발생하자마자 곧바로 썩은 기둥처럼 무너졌다. 당시 부패한 황족들의 횡포로 집과 직업을 빼앗긴 수많은 백성들이 대규모로 반란에 가담했기 때문이었다. 서기 17세기에 중국 명나라를 무너뜨린 이자성의 난도 정부가 재정지출을 줄이기 위해서 해고시킨 역부 직원들이 생계를 위해 도적이 되어 정부에 반기를 든 것에서 비롯되었다. 멕시코에 마약 조직이 창궐하여 범죄가 급증하는 이유도 북미자유무역협정NAFTA으로 일자리를 잃은 멕시코 서민들이 생계를 위해 마약 밀매에 손을 댔기 때문이다. 멀리 갈 것도 없이 1945년 8월 15일 해방 직후 정국이 어수선했던 이유 중 하나에는 300만 명이나 되는 대규모 실업자문제가 있다. 특히 실업과 가난에 시달리던 젊은이들은 정치인의 지원을 받고 그들을 비호하는 청년단으로 활동했는데, 그 청년단의 지도부가 이승만 독재정권과 결탁하고 국가 예산을 빼돌렸다가 국민방위군 참사를 일으키기도 했다.

   아울러 실업문제가 장기화되면, 다른 나라를 침공하는 전쟁을 해결책으로 들고 나오는 경우도 있다. BC 4세기 실업자와 걸인 등이 늘어나 그리스가 혼란에 빠졌을 때, 이소크라테스 같은 철학자들은 페르시아를 정복하고 빈곤계층을 대규모로 이주시킬 것을 제안했다. 그런 제안을 실제로 행동에 옮긴 이는 우리가 알렉산더 대왕이라고 알고 있는 알렉산드로스 3세였다. 알렉산드로스가 페르시아를 공격한 이유에는, 그리스 사회의 실업자들을 내보낼 공간을 확보하기 위한 것도 있었던 것이다.

그렇다면 현재 한국의 실업문제는 어느 정도일까? 한국 정부가 발표하는 공식 통계에 따르면 한국의 실업률은 3.6%, 그중 청년 실업률은 9.3%라고 한다.(2017년 5월, 통계청) 하지만 이 수치를 그대로 믿는 사람들은 별로 없다.

정부 조사에 실업자로 포함되지 않는 아르바이트 등의 비자발적 비정규직이나, 취업의지가 꺾인 이른바 니트족Not in Education, Employment or Training 등을 포함하면 실체 실업률은 훨씬 더 높아진다. 그러니까 한국 청년들은 많은 비용과 오랜 시간을 들여 대학을 졸업하고 해외 유학까지 다녀오는 등 온갖 스펙을 쌓아봤자 제대로 된 일자리가 부족한 실정인 것이다. 그렇기 때문에 한국 청년들이 자기 나라를 가리켜 자조적으로 '헬조선'이라고 부르는 것이다.

세계 경제가 한창 성장하던 1970년대와 80년대를 살아간 세대들은 현재 세계 경제가 불황이고 그에 따라 한국 경제도 불경기가 와서 실업자가 많이 발생할 수밖에 없다는 현실을 보려 하지 않는다. 그들은 그저 자녀 세대에게 "왜 너희들은 노력하지 않느냐"고 질책할 뿐이다. 돌이켜보면 세계 경제는 언제나 호황과 불황을 반복했고, 그럴 때마다 수많은 실업자들이 쏟아져 나왔다. 그 모든 책임을 개인들에게 돌리는 것은 너무 부당한 일이다.

이 책은 실업과 빈곤이 어떤 영향을 초래했는지에 대한 역사 속 14개의 사례를 다루었다. 읽다 보면 독자 여러분은 지금 우리 사회가 앓고 있는 실업문제가 결코 예외적인 일이 아니라, 인류 역사에서 흔하게 반복되던 일상적인 일이라는 사실을 알게 될 것이다. 그리고 책을 덮고 나면, 실업으로 인한 사회문제를 해결하는 것이 국가적으로 얼마나 중요한 과제인지 새삼 확인하게 될 것이다.

차례

들어가며 · 4

1. 실업자들을 동방으로 보내라!   11
   그리스의 페르시아 정복과 헬레니즘 시대의 개막

2. 중국 양나라, 풍요 속의 빈곤이 초래한 재앙   33
   후경의 난과 양나라의 멸망

3. 소금장수가 된 룸펜, 세계 최강대국을 무너뜨리다   51
   황소의 난과 5대10국 시대의 개막

4. 재취업에 실패한 전직 고려 특수부대원들의 분노   75
   삼별초의 난과 고려의 몰락

5. 해고된 명나라 역졸들, 나라의 운명을 바꾸다   97
   명나라의 역졸 해고와 이자성의 난

6. 2000만 영국인들의 해외 이주가 시작되다   121
   인클로저 운동과 자코바이트의 반란

7. 사회주의 출현을 예고한 실업자들의 투쟁   143
   산업혁명이 불러온 기계 파괴 운동

8 조선 선달의 설움, 척양척왜를 외치다 　　　161
　　이필제의 난과 조선 후기 외세의 침탈

9 서양 상품에 밀려 실업자가 된 청나라 사람들 　　　177
　　세계 열강의 중국 침탈과 의화단의 난

10 제2차 세계대전을 불러온 최악의 실업난 　　　209
　　1929년 미국발 경제 대공황

11 한반도를 뒤흔든 300만 청년단원들의 정체는? 　　　227
　　해방 직후 실업난에서 4·19혁명까지

12 마약사업에 뛰어든 멕시코 실업자들 　　　253
　　북미자유무역협정과 멕시코 경제의 파탄

13 한국 사회를 송두리째 바꾼 대규모 실업난 　　　267
　　IMF 구제금융 사태

14 평범한 어부들이 해적이 된 까닭은? 　　　287
　　소말리아 내전과 해적의 출몰

참고도서 · 302

1

실업자들을 동방으로 보내라!

그리스의 페르시아 정복과 헬레니즘 시대의 개막

흔히 아테네로 대표되는 고대 그리스의 이미지는 아름다운 그리스 신화, 뛰어난 철학과 민주주의 같은 문물들로 인해 다분히 평화적이다. 그러나 고대 그리스는 결코 평화로 가득 찬 지상낙원이 아니었다. 당시 그리스는 국토 대부분이 산지의 척박한 땅이어서 이집트나 페르시아 같은 주변 나라들에 비해 주민들의 삶이 빈곤했다. 또한 아테네와 스파르타, 테베 등 수많은 도시국가들로 분열되어 잔인한 동족상잔을 벌였으며, 그로 인한 오랜 혼란으로 고통을 받았다.

들끓는 빈곤과 실업의 해결책은?

BC 4세기로 접어들면서 그리스는 더 큰 문제를 놓고 골머리를 앓게 된다. 각 도시국가들 사이에 빈부격차가 커지면서 경제력이 소수의 부유층에게 집중된 반면, 인구의 대다수를 차지하는 농민은 가난해졌다. 농민들은 토지를 부유층에게 헐값에 넘기고 그들 밑에서 농사를 짓는 소작농이 되거나, 아예 땅을 잃고 생계수단을 찾아 사방을 떠도는 실업자나 빈민으로 전락하게 된 것이다. 그래서 이 당시 그리스에서는 가난과 실업에 놓인 사람들이 부자와 상류층을 적대시하거나 반감을 드러내는 등 사회 전반적으로 계층 간 대립이 점점 심해지고 있었다. 유명한 철학자 플라톤과 아리스토텔레스는 빈부격차로 인해 도시국가의 시민들이 분열과 대립에 빠져 있다며 탄식했고, 극작가 아리스토파네스는 그의 희곡 〈여인들의 민회〉의 인물인 블레피로스Blepyros의 입을 빌려 "부자들은 모두 나쁜 도둑놈들이다!"라는 욕설을 퍼붓기도 했다.

아테네의 철학자인 이소크라테스Isocrates(BC 436~BC 338)는 그리스의 빈곤과 실업문제에 대해 가장 심도 있게 고민한 인물이었다. 그는 가난과 실업이 그리스를 파멸로 몰아가고 있다며 다음과 같이 한탄했다.

가난은 사회 구성원들의 화합을 무너뜨리고, 가족과 친구들을 적으로 만들며, 그로 인해 서로가 서로를 향해 끝없이 전쟁을 일으키게 만든다. 요즘 들어 사회 전반에 가난한 사람들이 어찌나 많아졌는지, 아테네에서는 온통 가난과 실업을 슬퍼하는 목소리들이 넘쳐흐른다. 또한 사람들은 이제 부자들을 나쁘게 여기기 시작했다. 내가 어릴 적에는 그래도 사람들이 부자들을 존경했지만, 지금 부자들은 자신은 가난한 사람들을 착취하여 재산을 모은 것이 아니라고 필사적으로 변명을 해야 하니 참으로 딱할 뿐이다.

그리고 가난 때문에 자신의 집과 땅, 직업을 잃고 떠도는 사람들은 먹고살기 위해 할 수 없이 돈을 받고 싸우는 용병이 된다. 심지어 그들은 돈을 받기 위해 그리스의 적인 저 사악한 페르시아 황제에게 봉사하는 용병 노릇까지 마다하지 않는다. 그들이 같은 동족인 그리스인들을 미워해서가 아니라, 페르시아 황제가 주는 값비싼 금화를 얻기 위해서 어쩔 수 없이 용병이 된 것이다. 돈 때문에, 과거 그리스를 멸망시키려 한 저 가증스러운 원수인 페르시아의 병사가 되어버린 그리스인들이 매우 많다! 이 어찌 한탄스러운 일이 아니겠는가. 이러다가는 페르시아 밑에서 용병으로 일하는 그리스인들이 갈수록 많아져서, 장차 그리스가 또다시 페르시아의 위협에 시달리는 것은 아닌지, 참으로 우려스런 일이다.

이소크라테스는 그리스 세계에 넘쳐났던 용병들이 사실은 가난 때문에 어쩔 수 없이 돈을 받고 전쟁터로 뛰어든 불쌍한 실업자 출신이라는 점을 강조하고 있다. 이러한 사실은 아테네의 웅변가인 데모스테네스 Demosthenes(BC 384~BC 322)도 언급하고 있는데, 그는 페르시아에서 용병으로 복무하는 그리스인들이 용병 노릇을 그만두게 되면, 더 이상 돈을 벌 곳도 없고 직업도 구하지 못해서 노예로 살 수밖에 없다며 가난으로 고통 받는 그리스인들의 비참한 현실을 폭로했다.

아울러 페르시아 같은 외국이 아니라 그리스 국내에서 각 도시국가들에 의해 고용된 용병들 또한 문제가 많았다. 페르시아에 비해 가난한 그리스 도시국가들은 용병들에게 제때 급료를 주지 못하는 일이 잦았고, 그렇게 돈을 못 받은 용병들이 각지를 떠돌면서 노략질을 저지르고 주

이소크라테스의 흉상. 그는 그리스의 들끓는 실업과 가난을 해결하려면 아시아를 정복하여 그곳으로 대규모 이주를 보내야 한다고 주장했다. 그의 주장은 훗날 알렉산드로스 3세의 페르시아 정복을 촉발시키는 원인이 되었다.

데모스테네스의 흉상. 그도 이소크라테스처럼 그리스의 실업과 가난을 중요한 문제로 여겼으나, 마케도니아에 기대를 건 이소크라테스와는 달리 마케도니아가 그리스의 자유를 빼앗을 적이라고 여겼다.

민들을 공포와 불안에 떨게 만드는 일이 많았다.

그렇다면 그리스를 고통 속에 빠뜨린 가난과 실업 등의 경제문제를 해결하는 방법은 무엇이었을까? 여기에 대해 이소크라테스는 이렇게 주장한다.

해결책은 있다. 그것은 바로 해외 식민지를 넓히는 일이다. 특히 그리스와 가까우면서 드넓고 풍족한 땅인 아시아로 그리스의 가난한 실업자와 용병들을 모두 이주시켜야 한다. 그렇게 하면 그리스는 높은 인구밀도와 부족한 자원으로 인한 고통을 더 이상 받지 않을 것이며, 실업자, 빈민, 용병들이 서로 다투며 사회가 혼란에 빠지는 일도 막을 수 있다. 아울러 아시아로 이주한 그리스의 실업자와 빈민들은 그 지역이 매우 풍요롭기 때문에 충분히 부유하고 행복한 삶을 누릴 수 있다. 그러니 아시아를 식민지로 만드는 일은 그리스인 모두에게 좋다.

허나 아시아의 식민지 개척을 성공시키기 위해서는 먼저 반드시 해야 할 일이 있다. 아테네와 스파르타 등 모든 그리스 도시국가들이 하나로 뭉쳐서, 이미 아시아를 지배하고 있는 페르시아 제국을 공격하여 무너뜨려야 한다. 그래야만 그리스인들이 페르시아의 방해를 받지 않고, 순조롭게 아시아를 식민지로 삼을 수 있다.

또한 페르시아 공격은 그리스의 안보를 위한 일이기도 하다. 왜냐하면 페르시아는 과거에 수많은 대군을 이끌고 그리스를 침략했고, 지금은 우리 그리스인들을 서로 분열시키고 싸우게 만들려고 모략을 꾸미고 있으며, 언제나 우리에게 해를 끼치는 원수이기 때문이다. 그러니 이런 페르시아를 공격하여 타도하는 것은 우리의 적을 없애는 매우 유익한 일이라 할 수 있다.

그리스의 빈곤과 실업을 해결하기 위해 페르시아를 정복하여 아시아를 식민지로 삼자는 이소크라테스의 생각은 이미 그보다 1세기 전인 BC 5세기 무렵부터 그리스인들 사이에서 떠돌던 구상이었다. 그리스인들은 페르시아 전쟁 이전부터 아시아의 광대함과 풍요로움을 동경했고, 풍요로운 지역인 아시아를 정복할 기회를 호시탐탐 노리고 있었다. 그래서 고대 그리스의 역사가인 헤로도토스는 자신의 책 《역사》에서 스파르타 왕 클레오메네스를 찾아온 밀레토스의 독재자 아리스타고라스의 입을 빌려 이런 기록을 남겼다.

헤로도토스의 흉상. 그는 자신의 책 《역사》를 통해 그리스인들의 페르시아 정복 야망을 불태웠다.

이오니아(지금의 터키인 소아시아 서부 지역)에 사는 우리 그리스인 동포들은 지금 이방인인 페르시아인들에게 지배를 받아 노예 상태로 지내고 있습니다. 이는 스파르타를 비롯한 모든 그리스인들이 슬퍼할 일입니다. 그래서 저는 폐하께 저희 이오니아인들을 페르시아의 지배에서 해방시켜달라고 부탁드립니다. 이 일은 매우 쉽습니다. 왜냐하면 페르시아는 군사력이 그리 강하지 못한 반면, 스파르타는 세계 최강의 군사력을 가지고 있기 때문입니다.

페르시아의 군사력을 깎아내리고, 스파르타의 군사력을 세계 최강이라며 치켜세우는 아리스타고라스의 말은 다소 과장이지만 크게 잘못되지는 않았다. 실제로 그 이후에 벌어진 페르시아 전쟁에서 스파르타군은 자신들보다 훨씬 수가 많은 페르시아군을 상대로 테르모필라이 전투에서 간담을 서늘케 하고, 플라타이아 전투에서 대승을 거두었다.

아리스타고라스의 말은 그 뒤로도 계속 이어졌다.

이오니아와 가까운 리디아는 많은 은이 생산되며 굉장히 풍요로운 땅입니다. 그리고 리디아의 동쪽인 프리기아는 세계에서 가축과 곡식의 생산량이 가장 많은 지역입니다. 또한 프리기아의 동쪽인 아르메니아도 가축이 많습니다. 그러나 가장 중요한 곳은 페르시아 제국의 수도인 수사입니다. 만약 스파르타가 수사를 점령한다면, 최고신 제우스와도 어깨를 나란히 할 만한 엄청난 부를 얻을 수 있을 것입니다. 이처럼 풍요로운 아시아를 놔두고, 금이나 은 같은 귀금속도 전혀 나오지 않는 척박하고 좁은 그리스 내부의 땅을 두고서 메세니아나 아르고스 같은 주변의 다른 도시국가들과 계속 전쟁을 할 필요가 있습니까?

아리스타고라스의 "스파르타가 페르시아의 수도인 수사를 손에 넣으면 신에 맞먹을 부를 얻을 수 있다"는 말은 결코 과장이 아니었다. 실제로 페르시아 제국이 가진 부는 그리스인들의 상상을 뛰어넘었다. 나중에 알렉산드로스 3세가 그리스 연합군을 이끌고 수사를 점령했을 때 5만 탈렌트어치의 은괴를 얻었으며, 페르시아 제국의 종교적 수도인 페르세폴리스(페르시아는 수도가 여러 곳이었다)를 점령했을 때는 12만 탈렌트어치의 금화를 차지했다. 12만 탈렌트는 BC 5세기 무렵 그리스의 도시국가인 아테네의 1년 재정보다 무려 300배가 많은 양이었다. 아테네가 고대 그리스 도시국가들 중에서 가장 부유했다는 사실을 감안한다면, 페르시아 제국이 갖고 있던 경제력은 그리스 전체를 합친 것보다 훨씬 거대했을 것이다.

페르시아 제국이 발행했던 다릭 금화. 다릭 금화는 그리스인들에게 선망의 대상이었고, 그리스인들은 다릭 금화를 갖기 위해 페르시아 제국을 약탈하거나 페르시아 제국 군대에 복무하는 용병으로 활동하기도 했다.

BC 431~BC 404년 그리스인들끼리 싸운 펠로폰네소스 전쟁 무렵, 금화 1탈렌트는 200명이 탑승하는 군함인 3단 노선 한 척을 1개월 동안 유지할 수 있는 금액이었다. 알렉산드로스 3세가 페르시아 제국을 무너뜨린 시기가 펠로폰네소스 전쟁 때보다 약 70년 후라는 사실을 감안할 때, 물가의 가치가 달라졌다고 해도 12만 탈렌트라면 실로 어마어마한 액수가 아닐 수 없다.

아울러 페르시아 제국이 발행한 다릭 금화는 고대 세계에서 오늘날 세계 최강대국인 미국이 발행하는 달러화와 같은 위상을 지닌 기축통화였다. 그래서 스파르타 같은 그리스 도시국가들의 위협적인 군사력에 대응하기 위해 페르시아는 그리스 내부에 다릭 금화를 마구 뿌린 뒤, 그리스인들로 하여금 스파르타에 대항하도록 공작을 꾸며 성공하기도 했다. 페르시아의 영토인 소아시아를 점령하러 원정을 나선 스파르타 왕 아게

실라오스는 그런 페르시아의 공작으로 인해, 힘들게 벌인 전쟁에서 별다른 성과를 얻지 못한 채 철수했는데, 그러면서 "페르시아의 금화가 나를 쫓아내는구나!"라는 씁쓸한 말을 남기기도 했다.

　이처럼 다릭 금화는 그리스인들에게 선망의 대상이었고, 그리스인들은 다릭 금화를 갖기 위해 페르시아 제국을 약탈하거나 페르시아 제국 군대에 복무하는 용병으로 활동하기도 했다. 그러다가 마침내 알렉산드로스 3세의 지휘 아래, 아예 페르시아 제국을 통째로 정복해서 다릭 금화를 완전히 차지하려는 야망을 품었고 그것을 실현시켰다. 그래서 알렉산드로스 3세를 따라 원정에 동참했던 그리스인 데마라투스는 "오늘 이전에 죽은 그리스인들은 알렉산드로스가 다리우스의 왕좌에 앉는 모습을 못 보았으니, 세상에서 가장 큰 기쁨을 모른 채 죽었구나!"라며 감동의 눈물을 흘렸다. 그러니 당시 그리스인들에게 아시아로의 이주는 젖과 꿀이 흐르는 풍요로운 낙원으로의 여행으로 받아들여졌을 것이다. 쉽게 비유한다면 16세기 스페인인들이 황금과 은이 넘쳐나는 중남미를 정복하고 나서 집단으로 이주한 것이나, 17세기 유럽인들이 고향보다 더 풍족한 삶을 누리기 위해 지금의 미국 땅으로 대규모 이민을 떠난 것과 같았다.

　다만 클레오메네스는 스파르타가 수사를 점령해야 한다는 아리스타고라스의 주장을 따르지 않았다. 스파르타에서 수사까지 가려면 배를 타고 3개월이 걸린다고 말한 내용 때문이었다. 당시 스파르타 인구는 자유 시민들보다 '헤일로타이'라 불리는 노예들이 20배나 많았는데, 자유 시민들은 이들을 가혹하게 억누르고 착취하여 큰 반감을 사고 있었다. 그런데 스파르타가 본국을 비우고 3개월 동안이나 원정을 떠나 있으면, 헤일로타이들이 반란을 일으켜 본국을 차지해버리지 않을까 우려했던 것이다.

그러나 비록 클레오메네스가 아리스타고라스의 주장을 따르지는 않았지만, 스파르타가 페르시아에 대한 영토적 야심을 완전히 포기한 것은 아니었다. 클레오메네스 이후, 스파르타의 왕이 된 아게실라오스는 실제로 페르시아에 대한 군사 원정에 나서 소아시아의 여러 도시들을 점령했다. 앞에서 언급한 대로 페르시아가 그리스 본토에 막대한 돈을 뿌려 반스파르타 공작을 일으키자 아게실라오스는 소아시아 원정을 중단하고 서둘러 스파르타 본국으로 돌아갔다.

하지만 그리스 본토의 심각한 실업과 가난, 혼란 등 사회경제적인 문제를 해결하기 위해 넓고 풍요로운 아시아를 식민지로 만들려는 그리스인들의 야망은 결코 끝나지 않았다.

그리스 용병들의 페르시아 원정

이소크라테스와 데모스테네스의 말처럼 가난과 실업에 시달리던 많은 그리스인들은 페르시아의 값비싼 금화를 얻기 위해, 페르시아로 건너가 용병이 되었다. 그리고 이 용병들은 때때로 페르시아의 권력 계승 같은 내부문제에도 개입하게 되었다. 그중 하나가 BC 401년에 벌어진 페르시아 황족 키루스Cyrus the Younger(BC ?~BC 401)의 반란 사건이었다.

키루스는 그의 형이자 페르시아 황제인 아르타크세르크세스 2세Artaxerxes II(BC 435 또는 445~BC 358)에게 반란을 일으켜 황제 자리를 빼앗으려 했다. 이를 위해 그는 막대한 돈을 주고 1만2900명의 그리스 용병을 고용했다. 그들 중에는 스파르타 당국이 파견한 700명의 정규군도 있었으나, 대부분은 돈을 벌기 위해서 간 실업자와 빈민들이었다.

페르시아의 황족이자 막대한 자산가였던 키루스가 왜 그리스인 용병을 고용했을까? 그것은 페르시아인들이 그리스인들의 강력함과 용맹함을 높이 평가했기 때문이었다. BC 480년 페르시아 황제 크세르크세스 1세Xerxes I(BC 519?~BC 465)가 페르시아 제국 전역을 통틀어 47개의 민족들로 구성된 528만3200명(물론 지나치게 과장된 숫자이고, 실제 인원은 10분의 1 정도로 추측)의 대군을 이끌고 그리스를 침략했으나, 그보다 훨씬 수가 적은 그리스인들에게 격퇴당했다. 이 일로 페르시아인들은 그리스인들의 용맹함에 깊은 인상을 받았고, 이들을 용병으로 고용하는 일이 잦아졌다. 키루스 역시, 그리스 용병들을 상대로 다음과 같은 연설을 하여 그들의 강인함을 찬양했다.

그리스인들이여, 나는 병사들이 모자라서 당신들을 필요로 한 것이 아닙니다. 나는 당신들이 페르시아의 수많은 종족들보다 강인하고 용맹하다고 여겨서 데리고 오게 한 것입니다. 나로서는 매우 부끄러운 일이지만 앞으로 우리가 싸워야 할 적들, 즉 페르시아의 백성들은 여러분에 비하면 형편없는 겁쟁이들입니다.

그리스 용병들과 함께 전쟁을 치르고 있는 키루스. 그는 자신이 거느린 수많은 이민족 군사들보다 그리스인들이 더 용맹하고 강인하다고 여겼다.

실제로 BC 401년, 현재 이라크의 수도인 바그다드 인근 쿠낙사에서 벌어진 전투에서 키루스에 가담한 그리스 용병들은 그들보다 훨씬 수가 많은 아르타크세르크세스 2세가 지휘한 페르시아군과 싸워서 단 한 명의 사망자도 내지 않으며 전력을 무사히 보존했다. 그리고 키루스가 전사한 뒤, 용병을 지휘하던 장군들이 아르타크세르크세스 2세가 제안한 거짓 회담에 속아 죽임을 당하자, 용병들은 장군들을 대신할 새 지휘관을 그들 스스로 임명하고, 그리스 용병들을 죽이러 들었던 아르타크세르크세스 2세로부터 벗어나기 위해 페르시아 국토를 약 2년 동안 남북으로 횡단하며 무사히 탈출하는 데 성공했다. 이 놀라운 철수 과정을 영웅적으로 묘사한 서사시가 바로 크세노폰의 《아나바시스》이다.

《아나바시스》에서는 그리스인 용병들이 키루스의 반란에 가담한 이유에 대해, 키루스의 말을 빌려 설명하고 있다. 키루스는 그리스인 용병들에게 만약 자신의 반란이 성공한다면, 용병 지휘관들을 페르시아 각지의 태수로 임명하는 한편, 황금으로 만든 왕관까지 주겠다고 제안했다. 그러자 용병들은 그 말에 사기가 올라 환호하며 키루스를 따랐다고 한다. 즉, 키루스가 제안한 경제적인 이득 때문에 용병들은 그의 반란에 동참했던 것이다.

한편 《아나바시스》는 페르시아 제국의 약점을 그리스인들에게 폭로하는 역할을 했다. 작중에서 저자 크세노폰은 "천천히 전진할수록 더 많은 병력이 페르시아 황제에게 모인다. 페르시아 제국은 영토가 너무나 넓고, 그만큼 넓은 지역을 지키기 위해 병력들이 나뉘어 있다. 따라서 재빨리 기습을 한다면 충분히 페르시아 제국의 약점을 노릴 수 있다"고 기

크세노폰이 이끈 그리스 용병들의 페르시아 원정로를 나타낸 지도. 그들은 2년 동안이나 적대적인 세계에 고립된 상황에서도 자신들끼리 굳게 단결하여 무사히 탈출하는 데 성공했다.

록했다.

아울러 2년 동안 불과 1만3000여 명의 그리스인 용병들이 페르시아 제국을 남북으로 횡단하며 파죽지세로 휩쓸고 다녔는데도 불구하고, 페르시아 제국이 끝내 그들을 죽이거나 붙잡지 못하고 탈출하도록 내버려두었다는 사실은 그리스인들에게 페르시아가 덩치만 크고, 실제로는 허약하다는 인식을 심어주었다. 그리하여 《아나바시스》는 65년 후, 마케도니아의 알렉산드로스 3세가 그리스 연합군을 이끌고 페르시아 제국을 공격하여 무너뜨리는 데 큰 길잡이 역할을 했다.

알렉산드로스 3세, 이소크라테스의 구상을 실현하다

그리스인들이 벌인 내전인 펠로폰네소스 전쟁으로 아테네와 스파르타, 테베 같은 그리스 도시국가들이 쇠약해지자, 그리스 북쪽의 마케도니아 왕국이 서서히 그리스의 맹주로 떠오르기 시작했다. 비록 마케도니아를 야만인 취급하는 그리스인들도 있었으나, 왕실이 그리스계 혈통이라 공식적으로는 마케도니아 역시 엄연한 그리스로 여겨졌다.

그리스 내부의 심각한 빈부격차로 발생한 실업자와 빈민들을 아시아로 대거 이주시켜 그리스의 안정을 가져오자고 주장했던 이소크라테스는 강력해진 마케도니아야말로 자신의 구상을 실현시킬 장본인이라고 여겼다. 이소크라테스는 BC 346년 마케도니아의 왕 필리포스 2세Philippos II(BC 382~336)에게 그를 찬양한 자신의 글을 모은 책《필리포스》를 보냈으며, 4년 후인 BC 342년에는 훗날 알렉산드로스 대왕이라 불릴, 필리포스 2세의 아들 알렉산드로스 3세에게 역시 자신의 편지를 보냈다.《필리포스》에서 이소크라테스는 필리포스 2세에게 "페르시아의 모든 영토를 정복하거나, 그것이 어렵다면 최소한 소아시아만이라도 정복하여 가난과 실업 때문에 떠돌이 생활을 하고 있는 그리스인들을 대규모로 이주시켜라"라고 권유했다.

 필리포스 2세가 이소크라테스의 글을 읽은 후에 BC 338년 카이로네아 전투에서 마케도니아에 반대하던 아테네, 테베, 코린토스 등의 연합군과 싸워 이기고, 1년 뒤인 BC 337년 마케도니아와 대부분의 그리스 도시국가들이 참여한 코린토스 동맹의 헤게몬Hegemon(총사령관)으로 선출된 후, 페르시아 정복을 선언한 것을 본다면 최소한 이소크라테스의 구상에 공감했던 것으로 보인다. 필

금화에 새겨진 필리포스 2세의 초상. 그는 이소크라테스가 제안한 아시아 정복과 그리스인 이주 계획을 최초로 실행에 옮길 뻔했으나 암살당했다.

리포스 2세는 BC 336년 자객에게 암살되었으나, 그의 아들인 알렉산드로스 3세Alexander III(BC 356~BC 323)가 마케도니아의 왕이자 필리포스 2세를 대신할 새로운 그리스 연합군의 헤게몬이 되면서 BC 334년에 드디어 페르시아 원정이 실행되었다.

 알렉산드로스 3세가 페르시아 원정에 나선 데에는 나름의 경제적인 이유도 있었다. 원정 당시 마케도니아 왕실은 오랜 전쟁으로 인해 200탈렌트의 막대한 빚을 지며 국고가 거의 바닥난 상태였다. 따라서 알렉산드로스 3세 입장에서는 마케도니아보다 경제적으로 훨씬 풍족하면서도 군사력은 쇠약했던 페르시아를 정복하면 재정 적자를 일거에 해결할 수 있었다. 실제로 알렉산드로스 3세가 페르시아를 정복하고 나서 얻은 수익이 자그마치 17만 탈렌트에 달했으니, 그에게 페르시아 원정은 엄청

알렉산드로스 3세를 묘사한 모자이크화. 그는 이소크라테스가 제안한 아시아 정복의 계획을 드디어 실행에 옮겼다.

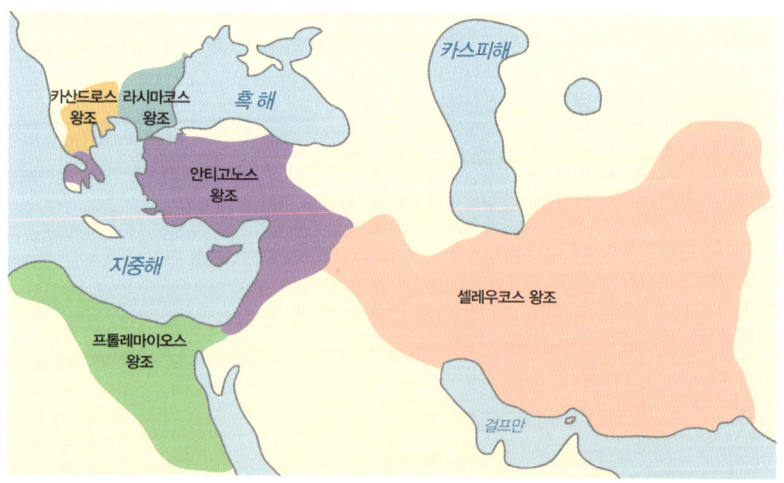

알렉산드로스 3세가 정복한 지역에 세워진 나라들인 소아시아의 안티고노스 왕조와 시리아의 셀레우코스 왕조, 이집트의 프톨레마이오 왕조 등을 나타낸 지도. 이 새로운 나라들은 후계자란 뜻의 '디아도코이'라 불렸고, 이 나라들로 그리스 본토에서 수많은 그리스인들이 더 나은 새로운 삶에 대한 꿈을 품고 대규모로 이주했다.

난 횡재였던 셈이다.

 뛰어난 군사 지휘관인 알렉산드로스 3세가 이끈 그리스 연합군은 BC 334년 그라니코스 전투와 BC 333년의 이수스 전투, BC 331년의 가우가멜라 전투에서 페르시아군을 잇따라 격파했다. 이어서 BC 330년 마침내 페르시아 수도 페르세폴리스를 점령하고 페르시아 황제 다리우스 3세를 죽음으로 몰아넣어 페르시아 제국을 멸망시켰다. 알렉산드로스 3세가 페르시아 원정을 시작한 지 불과 4년 만에, 그리스 본토보다 수십 배나 넓었던 대제국이 실로 허무하게 무너진 것이다.

 페르시아를 정복한 지 7년 후인 BC 323년, 인도 원정에서 돌아오던 알렉산드로스 3세는 열병에 시달리다 바빌론에서 죽었다. 하지만 페르시아의 영토는 알렉산드로스 3세의 부하 장군인 안티고노스Antigonus(BC 382~BC 301)와 셀레우코스Seleucus(BC 358~BC 281) 등 그리스인들의 지배하에 있었다. 그리하여 그리스 본토에서 빈부격차로 인한 실업과 가난에 시달리던 수많은 그리스인들은 새로운 땅에서 풍족한 삶을 누리려는 기대를 품고 앞다퉈 아시아로 이주했다. 이소크라테스의 구상이 알렉산드로스 3세의 페르시아 원정으로 인해 마침내 성사된 것이다.

그리스인들의 페르시아 정복이
후세에 남긴 유산

알렉산드로스 3세의 페르시아 정복은 그리스 문화가 지중해 각지로 전파되는 헬레니즘 시대를 만들었다. 그리고 이렇게 외부로 확산된 그리스 문화는 훗날 그리스를 정복한 로마에 의해 널리 받아들여지며 서구 문물의 기초를 이루었다.

하지만 그리스인들의 동방정복과 실업자와 빈민 등의 이주정책은 그리스 본토의 인구 감소와 그로 인한 국력 약화라는 뜻하지 않은 역효과도 불러왔다. 비록 알렉산드로스 3세의 페르시아 정복이 성공하면서 그리스 각지에 들끓던 실업자와 빈민, 용병들이 대거 아시아의 식민지로 이주하기는 했으나, 그로 인해 그리스 각 도시국가들의 인구 유출이 늘어나 그리스 본토의 인구가 크게 줄어들게 되었다. 약 140년 후, 로마가 그리스를 침공하자 그리스인들은 3세기 전 페르시아 제국의 수많은 대군을 물리쳤던 때와는 달리, 로마에게 속수무책으로 정복당하고 말았다. 페르시아군보다 로마군이 수적으로 훨씬 적었는데도 말이다.

한편 '국내의 빈부격차로 인해 발생한 사회문제를 해결하기 위해, 이들을 해외의 식민지로 이주시키자'는 그리스 철학자들의 발상은 그로부터 2200년 후, 서구 제국주의 열강들이 다시 활용하기도 했다. 특히 서구 열강의 선두주자였던 영국에서는 세실 존 로즈Cecil John Rhodes (1853~1902) 같은 제국주의자들이 나서서 "영국 내에서 가난과 실업으로 발생한 수많은 혼란과 범죄 등의 문제를 해결하려면, 실업자와 빈민

세실 로즈의 아프리카 식민지 정복을 풍자한 그림. 그는 영국 내의 빈민과 실업자들을 해외 식민지로 대거 이주시키는 정책을 적극 추진했다.(Edward Linley Sambourne)

들을 해외 식민지로 대거 이주시켜야 한다"고 주장했다. 실제로 19세기 영국은 초기 자본주의 제도에서 발생한 빈부의 격차가 매우 극심했으며, 가난과 실업으로 고통 받는 빈민과 실업자들이 매우 많아 사회가 무척 혼란스러웠다.

그래서 영국 정부는 세실 로즈 같은 제국주의자들의 해외 식민지 개척 의견을 적극 수용하여, 자국 내 빈민과 실업자들을 캐나다, 호주 같은 영국의 해외 식민지로 대거 이주시키기에 이른다. 그런 이유로 캐나다와 호주 주민들은 대부분 영국에서 이주해온 영국계였으며, 영국으로부터 독립한 이후에도 여전히 영국 문화를 지닌 형제국가로 남아 있다.

2

중국 양나라, 풍요 속의 빈곤이 초래한 재앙

후경의 난과 양나라의 멸망

최근 한국 사회에서는 빌딩을 소유하고 임대업을 하는 일부 건물주들의 지나친 횡포가 논란이 되고 있다. 한 예로 어느 상점이 장사가 잘되면, 건물주는 계약기간이 끝나기 무섭게 계약을 연장하지 않고 직접 그 상점을 그대로 베낀 매장을 만들어 자신이 직접 운영한다. 그래서 요즘 청소년들 사이에서는 조물주보다 건물주가 더 힘이 세고, 다시 태어난다면 건물주 자녀로 태어나고 싶다는 자조적인 푸념까지 나돈다고 한다.

이런 '갑의 횡포'가 비단 21세기 한국에만 있는 일일까? 그렇지 않다. 지금으로부터 1500년 전, 중국 양나라에도 이와 비슷한 일들이 많았다. 그리고 그렇게 가진 자들의 수탈과 착취로 인한 실업과 생활고에 시달린 백성들이 끝내 반란을 일으켜 나라를 뒤엎어버리기도 했으니, 그 사건이 바로 '후경의 난'이었다.

보살 황제 양무제,
강남에 번영을 가져다주었지만…

서기 502년, 양무제梁武帝 소연蕭衍(464~549)은 남제南齊(479~502)를 무너뜨리고 양나라(502~557)를 세웠다. 이때 중국은 양자강 북쪽의 강북을 선비족 등 북방 유목민족들이 지배하고, 양자강 남쪽의 강남을 한족이 다스리는 이른바 5호16국의 대혼란이 계속되던 시기였다. 5호16국 시대 중국의 여러 나라들은 대부분 폭군이 통치했으나, 그중 양무제는 매우 예외적으로 뛰어난 성군이었다. 그는 자신이 직접 빨래한 옷을 입었고, 식탁에 고기와 생선을 올리지 않았으며, 오직 채솟국과 현미밥만 먹었다. 또한 이불을 2년, 모자를 3년씩 사용했으며, 매일 사경四更(새벽 2시)에 일어나 손수 등잔불의 심지를 밝힌 뒤 서류들을 꼼꼼히 읽어보고 결재하느라 손발이 추위에 부르텄다고 전한다. 이렇듯 양무제는 검소함과 근면함을 고루 갖춘 군주였다.

전쟁과 혼란이 끊이지 않았던 5호16국 시대였지만, 양나라에는 오랫동안 평화가 계속되었다. 양무제가 훌륭한 장군들을 발탁하여 국방을 튼튼히 다지고, 북쪽에서 쳐들어오는 북위의 군대를 잘 막아냈기 때문이었다. 그중 대표적인 두 가지 사례를 살펴보자. 507년 3월 종리성 전투에서 양나라 명장 위예韋叡(442~520)는 쳐들어온 북위군 20만 명을 죽이고 5만 명을 사로잡는 대승을 거두었다. 그리고 526년 11월 16일 양나라 명장 진경지陳慶之(484~539)는 북위를 공격하여 52곳의 성을 항복시키고 포로 7만5000명을 얻는 전과를 올렸다. 이렇듯 강력한 군사력으로 외세

양무제 소연. 그는 근면하고 검소한 황제였으며, 불교에 심취하여 보살 황제라 불렸다. 그러나 그조차도 나라의 멸망을 막지 못했다.

양나라 명장 위예. 그는 강력한 북위의 침공군을 격파하여 나라를 지키는 데 큰 공헌을 했다.

양나라의 황릉 주변에 세워진 돌사자상 유물. 오랜 세월을 거치면서 양나라 황릉들은 대부분 훼손되었고, 오늘날 남아 있는 흔적은 돌사자상 같은 단단한 유물들뿐이다.(猫猫的日记本 촬영)

의 침입을 잘 막아낸 덕분에 양나라는 오랜 평화를 누릴 수 있었다.

아울러 양나라는 눈부신 경제적 번영을 누렸다. 당시 양나라의 수도인 건강은 공식집계된 인구만 28만 호(약 140만 명)에 달했다. 또한 건강 안에는 불교 사찰이 500개나 세워지고 황금과 은, 구리로 만들어진 불상들이 제작되었으며 사찰마다 총 8만3000여 명의 승려들이 거주했다. 양나라의 황족과 고위 관리들은 수십에서 100명의 첩을 거느리고 황금, 은, 비취, 옥 같은 보물로 마차를 장식했다. 이때 양나라에 황금이 얼마나 넘쳐났던지, 양무제의 다섯 번째 아들인 소속蕭續의 아들은 하인에게 "황금은 너나 가져라. 아무리 많아봐야 황금 따위는 먹지도 못하는데, 무슨 소용이 있느냐?"라고 말했다는 일화도 전해진다.

이렇게 겉으로 드러난 모습들만 보면, 마치 양나라가 지상천국인 것처럼 보일지도 모른다. 그러나 사실 양나라의 눈부신 번영의 뒤편은 부패와 타락으로 썩어 문드러지고 있었다. 양나라의 번영은 황족과 고위 관리 등 극소수의 특권층이 대다수 백성을 착취하고 수탈하여 얻어진 결과였기 때문이다. 그중 대표적인 인물이 양무제의 여섯 번째 동생 소굉蕭宏이었다. 그는 506년 양성 전투에서 비가 내리는 소리를 북위군이 쳐들어온 소리로 오인하여 5만 명의 병력을 내버려두고 건강으로 도망쳐 온 무능한 인물이었다. 그러면서도 소굉은 탐욕스럽게 부를 긁어모으는 데 여념이 없었는데, 중국 역사서인 《자치통감》은 그의 행적을 이렇게 기록하고 있다.

> 소굉은 사치스럽기가 지나치고 재물을 모으면서 만족할 줄 몰랐다. (그가 재물을 모아둔) 창고는 거의 100칸에 이르렀으며, 넣어둔 돈이 3억여 만 전錢에 달했다. 소굉은 도하에 수십 개의 저택을 가지고 있었는데, 돈을 걸어놓고 문서를 담보했고, 매번 전지와 저택, 가게를 계약문서에 올려놓았으며, 기한이 되어서는 담보를 붙인 주인을 위협하여 그의 집을 빼앗으니, 도하와 동부에 사는 백성들 중에 직업을 잃은 사람이 한두 명이 아니었다.

위의 서술에서 언급된 내용들을 보면, 소굉은 백성을 상대로 일종의 고리대금업을 벌인 듯하다. 백성들에게 돈을 빌려주는 대가로 그들이 가진 땅과 집, 가게를 담보로 잡았고, 만약 약속한 기일 내에 빚을 갚지 못하면 그들을 위협하여 담보로 맡긴 땅과 집, 가게를 빼앗아 자기 것으로 만들었다. 이 때문에 삶의 터전을 빼앗기고 직업마저 잃은 백성들이 매우 많았다고 《자치통감》은 전하고 있다.

양무제의 여섯 번째 동생 소굉.

소굉이 벌인 짓을 현재에 대입해보자면, 재벌 3세와 4세들이 막대한 자본을 무기로 영세상인들의 업계에 뛰어들어 그들의 유통업을 마구 집어삼키는 일이나, 혹은 앞에서 언급한 것처럼 건물주가 장사가 잘되는 가게를 나가게 하고 그들의 업종을 교묘하게 베껴서 자신의 부를 취하는 일과 비슷하다고 할 수 있다.

소굉처럼 백성의 집과 땅, 가게 등 생계수단을 빼앗아서 자신의 배를 채운 상류층이 어찌나 많았는지, 후경의 난을 일으킨 후경은 양나라의 대신인 주이에게 보낸 편지에서 이렇게 말한 바 있다.

지금 황제의 연못과 동산, 왕족과 귀족의 저택, 그리고 자리에 있는 여러 관료들, 수많은 궁녀, 노복과 시종 등은 어디서 왔는가? 그들은 밭을 갈지 않고 베를 짜지도 않는데, 무슨 수로 이렇게 어마어마한 재물을 마련할 수 있었겠는가? 다 백성에게서 비단옷과 맛있는 음식 등을 빼앗아서 마련한 것 아니겠는가?

그렇다면 여기서 한 가지 의문이 든다. 이렇게 부유층의 위협에 직업을 잃고 실업자가 된 백성들이 무척 많았을 텐데, 과연 나라의 최종 결정권자인 양무제는 어떤 대비책을 세웠을까? 더구나 평소에 검소한 삶을 살면서 부처의 자비를 으뜸가는 미덕으로 여겨 보살 황제라는 칭송마저 듣던 양무제라면 무슨 구제나 복지대책이라도 세우지 않았을까?

놀랍게도 양무제는 아무런 대책도 세우지 않았다. 그는 소굉을 비롯하여 자신의 가족과 귀족 등 상류계층이 백성의 생계수단을 마구 빼앗아 그들을 거지나 실업자로 만드는 사태가 잇따라 터지고 있다는 사실을 다 알면서도 그저 방관할 뿐이었다.

이렇게 말하면 '양무제 본인은 낡은 옷을 입고 채소 반찬만 먹을 만큼 검소했던 사람인데, 어떻게 일가친척과 주변 사람들이 사치스러운 생활을 누리는 걸 보고도 아무런 조치도 하지 않았단 말인가?' 하고 의문을 가질 수도 있을 것이다. 그러나 최고 권력자 본인은 검소한데 주변 사람들이 사치와 부패에 빠지는 일은 결코 이상한 풍경이 아니다. 조선의 중종 임금도 본인은 낡은 이불과 옷을 사용할 만큼 검소했지만, 아들과 딸들이 넓은 집을 짓고 자주 호화스러운 잔치를 벌이는 등 사치스런 생활을 하는 데 대해서는 아무런 제지도 하지 않았다.

한번은 양무제가 동생인 소굉의 집을 직접 방문한 일이 있었다. 당시 소굉은 앞서 언급한 대로 탐욕과 횡포로 악명이 높아서, 간혹 몇몇 사람들은 '드디어 황제가 저 못된 탐관오리 소굉을 벌하러 가는 구나!' 하고 기뻐하기도 했다. 그러나 소굉의 저택을 방문한 양무제는 동생이 창고에 잔뜩 쌓아놓은 돈과 비단 등 온갖 재산을 보고는 "네 살림이 제법 괜찮구나"라고 감탄의 한마디만 했을 뿐, '네가 어떻게 해서 저 많은 재물들을 모았느냐? 혹시 백성을 상대로 수탈과 착취를 일삼아서 마련한 것이 아니냐?' 하고 소굉의 잘못을 들추어내어 꾸짖거나 화를 내는 일이 전혀 없었다. 소굉 이외에 장사꾼들로부터 비단을 제값도 치르지 않고 마구 빼앗는 횡포로 악명이 자자했던 소륜蕭綸(양무제의 여섯 번째 아들)도 사형이나 재산 몰수 같은 중벌을 받지 않고 계속 부와 권세를 누리며 승승장구했다. 이를 보다 못 한 하진이라는 관리가 소륜의 비리를 폭로하자, 소륜은 오히려 자객을 보내 하진을 죽여버렸다.

이처럼 양무제가 부정부패를 저지르는 일가친척에게 어떤 처벌도 내리지 않고 그대로 내버려둔 데는 나름대로 이유가 있었다. 그는 평소부터 불교의 자비에 심취하여, 오직 자비만으로 세상을 다스릴 수 있다고 믿었다. 그래서 아무리 큰 죄를 지은 죄인에게도 사형을 내리기 꺼려했다. 그런 그가 자신의 피붙이를 죽이는 결정 따위를 할 리는 결코 없었다. 그는 일가친척의 잘못을 감싸줘야 그들이 자신에게 충성하고, 그렇게 함으로써 황족 간의 골육상쟁을 막아 나라가 혼란에 빠지는 일을 방지할 수 있다고 여겼던 것이다.

그러나 양무제의 지나친 자비심은 결과적으로 황족과 귀족 같은 상류층이 마음대로 백성을 착취하고 수탈하도록 내버려두는 사태를 초래하고야 말았다. 상황이 이렇게 흘러가자, 양나라 백성들은 삶의 의욕을 잃고 더 이상 나라에 충성할 마음을 갖지 못했다. 심지어 군사들마저 쇠사슬로 묶어놓지 않으면 모두 도망칠 만큼, 사기가 엉망이었다. 한번은 양무제가 행차하던 도중에 어가를 막고 나선 한 노인이 이렇게 외친 일도 있었다.

"폐하의 법은 힘 있는 자들에게는 너그럽지만, 가난하고 힘없는 백성들에게는 가혹합니다. 이런 불공평한 나라가 과연 오래갈 것 같습니까?"

화려한 양나라의 번영, 그러나 그 뒤편에는 소굉 등 황족의 횡포에 직업과 삶의 터전을 빼앗기고 고통 속에 신음하던 백성들의 눈물이 있었다. 황금과 보석으로 장식한 수백 개의 아름다운 사찰들이 늘어선 건강의 풍경은 알고 보면 풍요 속의 빈곤이었던 것이다.

양나라의 번영을 끝장낸 후경의 난

겉만 번드르르한 채 계속되던 양나라의 번영은 548년 8월 후경侯景(503~552)이 일으킨 반란으로 인해 마침내 파탄이 나고 만다. 후경은 본래 북방 서위에서 활동하다 양나라로 항복한 장군이었는데, 평소에도 배신을 잘하고 신의가 없기로 유명하여 양나라 조정에서도 그를 받아주지 말아야 한다는 목소리가 높았다. 그러나 양무제는 주위의 반대를 무릅쓰고 후경의 항복을 받아주었다. 망명세력인 후경을 받아주어 자신의 자비심을 대외에 과시하려는 의도로 벌인 일이었다. 하지만 국내의 상류층을 마구 날뛰게 만들었던 양무제의 대책 없는 자비심은 이번엔 그보다 더 심각하고 치명적인 악영향을 초래하고 말았다.

무엇보다 후경은 양무제의 자비심에 감사하여 앞으로 양나라에 충성을 다하기로 다짐하는 충직한 인물이 전혀 아니었다. 그는 비록 학식이 없는 거칠고 사나운 장군이었지만, 난세를 살아가는 자 특유의 날카로운 본능으로 자신이 몸담은 양나라의 위태로운 현실을 정확히 꿰뚫고 있었다. 특히 극심한 갑의 횡포로 인해 대다수 양나라 백성들의 민심이 황실을 떠나고, 양무제가 아첨꾼들에 둘러싸여 현실을 보는 눈을 잃고 있다는 사실에 주목했다. 그리고 자신이 반란을 일으킨다면 지지하는 세력이 많을 것이라고 확신했다.

양나라를 멸망시킨 후경. 그는 양나라 황족들에게 집과 직업을 빼앗기고 실업자로 전락해 불만을 품고 있던 양나라 백성들을 끌어들여 반란을 일으켰다.

후경은 먼저 소굉의 셋째 아들인 소정덕과 결탁하여, 그를 제위에 올리는 데 협조하겠다고 제안했다. 여기에는 나름의 사연이 있었다. 원래 소정덕은 양무제에게 아들이 없던 시절에 황태자로 책봉되어 다음 황제 자리를 맡아놓았었으나, 양무제가 아들 소통을 얻자 소정덕의 황태자 자리는 소통에게 넘어갔다. 그러자 자신이 황태자가 되지 못한 것에 분노한 소정덕은 양무제에게 원한을 품었고, 호시탐탐 반란을 일으켜 황제가 되려고 했다. 마침 그런 사정을 알고 후경이 접근해왔던 것이다.

저 후경은 당신(소정덕)의 억울한 사연을 잘 알고, 평소부터 동정심을 품고 있었습니다. 기필코 저는 당신이 황제 자리에 오르는 데 전력을 기울여 돕겠습니다. 그러니 부디 제가 하는 일에 협조해주십시오.

후경의 연락을 받은 소정덕은 원군을 얻었음을 알고 즐거워하며 "장군과 내가 힘을 합치면 무슨 일이든 다 해낼 것이오"라고 답장을 보내 승낙했다. 이제 양나라 황실 내부에 강력한 내응세력을 얻게 된 후경은 기뻐하며 즉각 다음 단계로 들어갔다. 그는 부패한 탐관오리로 악명이 높았던 주이와 서린, 육험 등 세 간신배를 토벌한다는 명분을 내걸고, 군사를 모아 반란을 일으켰다.

처음 후경의 반란 소식을 들은 양무제는 "그자가 어리석게도 스스로 죽을 길로 들어섰구나!" 하고 대수롭지 않게 여겼다. 사실 완전히 틀린 말도 아닌 것이, 반란을 일으킬 당시에 후경의 군대는 고작 8000여 명에 불과했던 반면, 양나라에는 30만 명에 달하는 대군이 있었다. 따라서 양무제가 후경을 얕볼 만도 했다. 그러나 양무제는 두 가지 중요한 사실을 모르고 있었다. 하나는 양나라 황실 내부에 소정덕같이 후경과 손을 잡고 제위를 노리는 또 다른 반역자가 있었다는 것이고, 다른 하나는 풍요 속 빈곤에 시달려 나라에 적개심을 품은 백성이 워낙 많았다는 사실이다.

양무제는 소정덕을 대장군에 임명하여 후경을 막도록 했다. 하지만 이미 후경과 내통하고 있던 소정덕이 후경을 적극적으로 막을 리가 없었다. 오히려 소정덕은 후경의 군대가 오지 않았다고 허위로 보고하여 양무제를 속였고, 그러는 사이에 반란군이 무사히 진군하도록 눈감아주기까지 했다. 이러니 후경은 파죽지세로 양무제가 있는 건강까지 쳐들어갈 수 있었다.

  소정덕 말고도 후경을 도운 세력은 또 있었으니, 바로 소굉 같은 양나라 상류층이 저지른 탐욕과 횡포에 직업과 삶의 터전을 잃고 나라를 원망하던 백성들이었다. 비록 양무제 본인은 검소하고 자비로운 인물이었으나, 지도자에게 중요한 것은 개인적인 인격의 선악 여부가 아니라 그가 저지른 통치행위가 선하느냐 악하느냐의 문제다. 아무리 개인적으로 선량한 인품을 지녔다고 해도, 지도자가 저지른 행동의 결과가 좋지 않게 나타난다면 그는 나쁜 지도자라는 원망을 살 수밖에 없는 것이다. 그처럼 황족과 귀족 등 특권계급들이 백성을 상대로 저지른 갑의 횡포로 인해 집과 일자리를 빼앗기고 실업자나 거지 신세로 전락했던 수많은 양나라 백성들, 그리고 양나라 상류층의 핍박에 시달리던 노비들은 황실을 깊이 원망했고, 이들은 후경의 반란군에 가담하여 양나라를 무너뜨리는 데 앞장섰다. 특히 후경은 자신에게 온 노비들의 신분을 해방시키고 양민으로 인정해주는 한편, 그들을 군대에 넣어주었으니 노비들은 모두 후경에게 감격하여 그를 위하여 충성을 다하는 병사가 되었다. 그들 중에는 후경이 탐관오리라고 지목했던 주이의 노비도 있었는데, 그는 후경으로부터 '의동'이라는 벼슬을 얻자 의기양양하여 주이를 향해 이렇게 외쳤다.

"당신은 50년 동안 관직에 있으면서 고작 중령군中領軍에 머물렀지만, 나는 후경을 섬기자마자 중령군보다 더 높은 벼슬인 의동에 올랐다!"

후경이 노비들을 우대하고 가난한 백성들을 군대로 끌어들였다는 것만 보면 그가 신분해방에 나선 위대한 혁명가라거나, 빈민 구제에 관심이 많았던 자비로운 인물로 보일 수도 있다. 하지만 후경은 가는 곳마다 약탈과 학살을 일삼았으며, 자신에게 저항하는 양나라 백성들을 땅에 머리만 묻게 한 다음 화살로 쏴 죽이는 잔인한 만행도 서슴지 않았다. 다만 지금 당장 양무제를 타도하는 데 많은 군사가 필요하니, 일시적으로나마 양나라의 실업자와 가난한 백성들을 군대로 받아줘서 그들을 앞세워 자신의 야망에 이용하려 들었던 것뿐이었다.

이 밖에도 양무제에게 결정적인 악재가 하나 더 있었다. 당시 양나라 황족들은 저마다 많은 군대를 거느리고 있었는데, 양무제는 후경의 반란이 일어나자 황족들이 사병을 이끌고 자신을 구원하러 와줄 것이라고 굳게 믿었다. 실제로 양무제의 여섯 번째 아들인 소륜은 20만 명의 군대를 거느렸으며, 그 밖에 다른 양나라 황족들이 가진 병력을 합치면 30만 명이나 되었으니 충분히 후경과 싸워볼 만했다.

그러나 막상 반란이 일어나 후경의 반란군이 양무제가 머무르는 대성을 포위한 상황에서 소륜을 비롯한 양나라 황족 그 누구도 사병을 이끌고 양무제를 구하러 오지 않았다. 이들은 그저 멀리서 건강을 보고만 있을 뿐이었다. 비단 황족뿐만 아니라 양무제의 측근인 유진의 아들 유중례柳仲禮는 많은 군대를 거느리고 있었지만, 아버지와 황제를 구하려는 노력은 전혀 하지 않은 채, 기생을 모아 술잔치를 벌이며 시간만 보내고 있었다.

그들이 양무제를 구하지 않고 내버려두었던 이유는 후경이 양무제와 다른 양나라 상류층을 죽이면 자신들이 그 자리를 대신 차지할 수 있을 거란 기대 때문이었다. 후경도 이 사실을 알고, 양무제에게 편지를 보내 다음과 같이 조롱했다.

> 내가 대성을 포위한 지 100일이 되었지만, 누구 하나 당신을 구하러 오는 사람이 없었소. 이런데도 당신이 오래 버틸 것 같소? 더 이상 쓸데없는 저항 따위는 그만두시오. 그 편이 양나라 백성들에게 좋은 일이오.

후경의 편지는 한 가지 중요한 사실을 지적하고 있었다. 아무도 양무제를 구하러 오는 사람이 없었다는 것인데, 이는 곧 양나라 민심이 양무제에게서 완전히 떠났다는 것을 의미했다. 아무리 뛰어난 영웅호걸이라고 해도 민심을 잃으면 패망하는 법이다. 막강한 통일제국 진나라를 무너뜨리고 전 중국을 공포에 떨게 했던 항우도 결국 지나친 포악함 때문에 민심을 잃고 자신보다 훨씬 약했던 유방에게 패했다. 하물며 반란군에게 포위당한 지 100일이 지나도록 누구 하나 군사를 이끌고 구하러 오는 사람이 없는데, 어떻게 양무제가 무사할 수 있겠는가.

마침내 549년 3월 12일, 후경의 반란군이 130여 일 동안 양무제가 머무르는 대성을 공략한 끝에 성을 함락시키는 데 성공했다. 그동안 성 안 사람들은 굶주림과 전염병으로 전체 인원의 80~90%가 사망한 상태였고, 양무제 또한 오랫동안 제대로 먹지 못해 무척 쇠약해져 있었다.

군사를 이끌고 양무제와 만난 자리에서 양무제가 후경에게 물었다.

"처음에 그대와 함께 양나라로 온 사람들은 몇 명이었나?"

이에 후경이 "1000명이었습니다"라고 말하자, 양무제는 "대성을 포위한 건 몇 명이었나?"라고 물었고, 후경은 "10만 명 정도 되었습니다"라고 대답했다. 마지막으로 양무제가 "지금은 그대를 몇 명이나 따르고 있는가?"라고 묻자, 후경은 이렇게 대답했다.

"온 나라 백성 모두가 나를 따르고 있습니다!"

그 대답을 듣자 양무제는 더 이상 말을 꺼내지 못한 채, 고개를 숙였다. 완전히 자신의 패배를 인정한 것이다. 양무제의 일가친척들에게 집과 가게를 빼앗기고 거지가 되어 궁핍에 빠졌던 백성들, 그들이 이제 후경을 도와 양나라를 끝장내버렸으니 양무제의 통치는 결국 철저히 실패한 셈이었다.

후경은 양무제와 대신들을 감금했고, 양나라 황족들을 멋대로 황제에 올렸다가 자기 마음대로 죽이며 양나라의 국정을 농락했다. 그러는 사이, 양무제는 549년 5월 2일 후경에 의해 감금된 상태에서 굶어 죽고 말았다. 죽기 전에 그는 "모든 재앙이 다 나의 자업자득이로구나." 하는 쓸쓸한 유언을 남겼다. 사실 양무제는 자신의 친인척들에게 생계수단을 빼앗기고 실업자로 전락한 백성들을 돕거나 구하지 않았고, 그로 인해 나라를 원망한 백성들이 후경의 편을 들어 반란을 일으켰으니, 결코 틀린 말은 아니었다.

대성이 함락되던 날, 양무제가 백성을 동원해서 황금과 보석으로 장식했던 500개의 사찰도 모조리 후경의 반란군에 의해 약탈당하고 파괴되었다. 그렇게 해서 눈부신 번영을 자랑했던 건강의 영화는 흔적도 없이 사라졌다.

후경의 난이 초래한 결과

비열하고 교활한 야심가 후경의 끝은 좋지 못했다. 그는 양무제의 증손자 소동을 허수아비 황제로 세웠다가 쫓아내고 551년 11월 자신이 직접 황제에 올라 나라 이름을 한漢이라고 했다. 하지만 후경 정권의 영향력은 건강과 그 주변 일대에만 국한되었을 뿐, 양나라 지역 대부분은 후경을 따르지 않았다. 비록 그가 실업자와 노비들을 군대에 받아들였다고는 하지만, 그가 건강과 그 주변 지역을 공격하면서 보인 잔인한 약탈과 살육의 실상이 사람들의 입을 타고 널리 퍼지면서 이미 민심을 잃은 상태였다. 결국 후경은 양나라 장군 진패선陳霸先(503~559)의 군대에게 패한 뒤 쫓겨 달아나다 552년 4월 자신의 부하들에게 죽임을 당했고, 그의 시체는 분노한 양나라 백성들에 의해 불태워졌다.

하지만 후경의 난이 역사에 끼친 영향은 결코 작지 않았다. 우선 후경의 반란으로 인해 양나라는 사실상 멸망해버렸고, 그로 인해 강남 지역에는 혼란이 계속되었다. 557년, 진패선은 자신이 황제가 되어 진나라를 세웠지만, 후경의 난으로 인해 워낙 피해가 컸던 탓에 진나라는 이전의 양나라보다 국력이 약해 북방의 위협에 더 불리했다.

양나라 장군으로 후경의 난을 진압하고 진나라를 세운 진패선의 초상화. 후경의 난이 초래한 후유증이 워낙 커서 진나라는 양나라보다 쇠약했고, 북방을 통일한 수나라가 쳐들어오자 힘없이 무너지고 만다.

그리고 581년 양자강 이북을 양견楊堅(541~604)의 수隋나라(581~619)가 통일하자, 진나라는 수나라의 압박에 제대로 대처하지 못하고 궁지에 몰리다가 8년 후인 589년 수나라의 대군이 쳐들어오자 속수무책으로 무너지고 말았다.

그리하여 317년부터 시작되어 272년 동안 계속된 중국의 5호16국 시대는 끝났고, 바야흐로 중국은 수나라와 당나라 등 강력한 통일제국이 다스리는 안정된 시기로 접어들었다. 양나라 특권계층의 착취로 인해 실업자가 된 백성들이 후경의 난에 동참한 결과가 뜻하지 않게 수·당으로 대표되는 중국 역사의 황금기를 피워낸 것이다.

3

소금장수가 된
룸펜,
세계
최강대국을
무너뜨리다

황소의 난과
5대10국 시대의
개막

오늘날 중국인들이 자신들의 역사에서 가장 자랑스럽게 여기는 나라는 당唐나라(618~907)다. 중국 역사상 가장 큰 번영을 누린 시기로, 외부에 개방적이고 국력도 막강해 사방의 이민족들을 모두 굴복시킨 초강대국이었다. 우리나라 삼국시대 말기에는 신라와 함께 고구려와 백제를 무너뜨린 뒤 신라도 위협하다가 실패한 후 줄곧 우호적인 관계를 유지했다.

100년 넘게 찬란한 전성기를 맞은 당나라는 8세기 중반, 안록산의 난으로 타격을 입고 서서히 침체기에 빠진다. 그리고 9세기 말, 안록산의 난보다 더 규모가 큰 황소의 난이 일어나자 당나라는 사실상 나라가 망하는 수준의 피해를 겪으며 급속히 쇠망의 길로 접어들게 된다.

과거 응시생에서
범죄 세계로 발을 담그다

7~9세기 세계 최강대국이었던 당나라를 무너뜨린 황소黃巢(?~884)는 본래 과거 시험에 합격하기 위해 책을 읽고 공부를 하던 유생이었다. 오늘날로 말하자면 공무원 시험에 합격하기 위해 고시원에서 열심히 공부하는 고시생과 비슷하다고 할 수 있다. 불황일수록 공무원 시험에 몰리는 응시생이 많아지는 법이다. 나라가 망하지 않는 한, 공무원이 되면 직장을 잃을 위험도 없고 안정적인 고용이 보장되기 때문이다. 마찬가지로 황소가 과거 시험을 공부하던 당나라 말기 역시 사회가 혼란스럽고 백성들의 살림살이가 어려워지면서 과거 시험에 응시하는 사람들이 많았다.

그러나 중국에서 과거 시험에 합격하기란 매우 어려운 일이었다. 일단 응시자가 너무 많아서 경쟁이 매우 치열한 데다가, 응시 과정에 부정과 비리가 자주 발생해서 진짜 실력 있는 사람들 대신 뇌물이나 집안의 힘으로 합격한 사람들이 흔했기 때문이다. 황소는 열심히 과거 시험을 준비했으나, 그만 떨어지고 말았다. 그가 실력이 부족했던 것인지, 돈과 집안의 힘으로 누군가가 합격자 자리를 빼앗은 것인지는 알 수 없다. 다만 확실한 것은 시험에 낙방한 황소가 두 번 다시 과거 공부를 하지 않았다는 사실이다.

과거 공부를 그만두었으나 아무것도 안 하고 빈둥거릴 수는 없었기에 황소는 다른 일을 찾아보기로 했다. 하지만 육체노동자나 상점에서 일하는 점원 같은 힘들고 수입이 적은 일자리는 피하려고 했다. 비록 과거에 떨어지기는 했지만, 황소는 글을 공부한 지식인이었다. 과거에 합격해 고위 관료가 되려는 꿈을 포기한 이상, 적어도 그 꿈과 비슷한 크기의 결실이 따르는 일자리를 찾고 싶었다. 황소는 이 문제를 두고 심각하게 고민한 끝에 결론을 내렸다.

'아무래도 소금을 파는 일이 가장 수지가 맞는 장사일 듯하다. 부자든 거지든 간에 음식은 꼭 먹어야 하고, 그러려면 소금이 반드시 필요하다. 즉, 소금은 천하의 모든 사람들이 찾는 필수적인 물품이니, 소금을 팔면 그만큼 다른 물건을 파는 것보다 훨씬 많은 이익을 얻을 수 있다.'

결심을 끝낸 황소는 당나라 수도인 장안을 떠나, 고향인 조주曹州의 원구冤句(지금의 산동성 하택菏澤)로 돌아갔다. 산동성은 바다와 접해 있어서, 예로부터 소금 산지로 유명했다. 옛날 춘추전국시대, 산동성이 기반인 제濟나라가 춘추 5패라 불리며 강성했던 이유도 바로 소금을 팔아 얻은 막대한 이익 덕분이었다. 그러니 황소의 판단은 매우 정확했다.

조주에서 소금 상인이 된 황소는 산동과 하남 일대를 돌아다니며, 백성들을 상대로 소금을 팔았다. 당나라 말기에 소금 1말(두斗)의 원가는 10문文이었는데, 황소는 이를 3배인 30문에 팔았다. 원가보다 비싸긴 하지만 그래도 황소가 내놓은 소금은 매우 잘 팔렸다. 여기에는 나름대로 사정이 있었다. 그 무렵 당나라 조정은 잇따른 반란을 진압하는 데 군사비를 많이 소모하는 바람에 국가재정이 바닥난 상태여서, 부족한 국고를 소금 판매 수익으로 충당하고자 했다. 이를 위해 개인의 소금 판매를 불법으로 규정했고, 오직 국가가 파는 소금인 관염官鹽만을 구입하도록 했다. 그래서 엄밀히 말하면 황소 같은 민간 소금 상인들은 모두 국가정책에 반대하는 범죄자이자 밀매 상인으로 간주되었다.

하지만 당나라 조정이 파는 관염은 원가보다 무려 30배나 비싼 300문이나 되었다. 반면 황소 같은 소금 밀매 상인들이 파는 사염私鹽의 가격은 그 10분의 1인 30문에 불과했다. 똑같은 양과 품질을 가진 상품이 있는데, 원가가 10배 차이가 난다면 당연히 사람들은 싼 물건을 구입할 것이다. 가난에 시달리던 당나라 백성들은 싼값의 사염을 앞다퉈 사들였고, 조정이 파는 관염은 철저히 외면했다.

과거 낙제생이었다가 소금 밀매업에 뛰어들고, 당나라 조정의 탄압을 받자 생계를 지키기 위해 반란을 일으킨 황소. 그는 뜻하지 않게 당나라를 무너뜨리는 역사의 이변을 연출했다.

이렇게 되자 당나라 조정은 애가 타들어갔다. 관염이 팔리지 않으니 자연히 국고로 들어오는 수익이 급격히 감소하고, 군인과 관리들의 급여조차 주기 어려워졌기 때문이다. 이 사태의 원인을 파악하던 당나라 조정은 사사로이 소금을 파는 소금 상인들을 염적鹽賊(소금 도적)이라 부르고, 그들을 강도 높게 탄압하여 소금 밀매를 근절시키려 했다.

물건을 실어나르는 중국의 노동자들을 묘사한 그림. 당나라 말기에 정부가 독점적으로 파는 소금은 너무나 비싸서, 백성들은 그보다 더 싼 민간 상인들의 소금을 구입했다.

하지만 황소를 비롯한 소금 상인들은 결코 소금 밀매를 포기하지 않았다. 소금 밀매는 너무나 큰 수익을 보장해주는 사업이었기 때문이다. 이는 마치 현대 미국에서 군대와 경찰, 정보기관까지 동원되는 '마약과의 전쟁'이 실패하는 이유와 같다. 미국 정부의 단속으로 포기하기에는 마약 밀매로 벌어들이는 수익이 너무나 크기 때문에, 마약 상인들은 결코 마약 밀매를 포기하지 않는 것이다. 소금 밀매가 사라지지 않자 당나라 조정은 군대를 동원해 상인들을 찾아내서 죽이고 소금을 빼앗으려 했다. 이에 소금 밀매 상인들은 자신들의 신변을 보호할 경호원들을 고용하여 조정의 탄압에 무력으로 맞섰다. 소금 밀매를 포기하면 돈벌이를 잃게 되며, 실업자 신세로 전락하게 될 것이기 때문이었다.

재정 확보를 위해 소금 밀매를 중단시키려는 당나라 조정과, 돈벌이와 생계수단인 소금 밀매를 계속하려는 소금 상인들 간의 대립과 갈등은 마침내 무력충돌로 불타오르고 만다. 그리고 그런 사건 중 하나가 바로 황소의 난이었다.

반란을 일으킨 소금 상인 왕선지와 황소

 자신들의 돈벌이이자 생계수단인 소금 판매를 탄압하려는 정부에 무력으로 맞서 싸운 최초의 소금 상인은 왕선지王仙芝였다. 그는 874년 12월, 지금의 하남(허난)성 장원長垣에서 반란을 일으켰다. 왕선지는 소금 밀매로 큰돈을 벌어들인 상인이었기 때문에, 자신의 재산을 풀어 사병을 모을 수 있었다. 또한 그 무렵 당나라는 정치부패가 매우 심하여 지방 관원들이 백성들에게 무거운 세금을 물리며 수탈하는 일이 많았다. 그래서 가난에 시달리고 관아에 원한을 품은 백성들이 왕선지가 뿌린 돈을 받으러 그에게 몰려들었고, 왕선지는 순식간에 수천 명의 병력을 거느리게 되었다.

 하남에서 난을 일으킨 왕선지는 동쪽으로 향해 산동의 복주와 조주를 공격하여 점령했으며, 이를 토벌하러 온 천평天平 절도사 설숭薛崇의 군대와 싸워 이겼다. 왕선지의 난이 승세를 탄 모습을 보고, 황소도 재빨리 자신이 가진 돈을 풀어 사람들을 모아 군대를 만든 다음, 왕선지에게 합류했다. 이렇게 한패가 된 왕선지와 황소는 함께 산동 지방을 휩쓸면서 여러 도시들을 점령하고, 사람들을 모아서 수만 명 규모의 군대를 조직했다.

그러다 2년 후인 876년 7월, 왕선지는 현재 산동성 기주에서 송위가 이끄는 당나라 정부군에게 패배하여 도망쳤다. 왕선지를 이긴 송위는 포상을 받기 위해 자신의 전공을 과장하여 "왕선지는 죽었다"고 거짓 보고를 했다. 하지만 왕선지가 살아 있다는 보고가 사흘 후에 올라오는 바람에 송위의 입장만 우습게 되었다. 그 보고와 달리 왕선지는 죽지 않았고, 한 달 후인 8월에 하남성 양적과 겹성을 점령했다. 9월 들어 왕선지는 하남성 양무를 손에 넣었고, 뇌은부가 이끄는 당군에게 패배하자 남쪽으로 군대를 옮겨 호북성에 있는 도시 영과 복을 점령했다. 그리고 12월 왕선지의 군대가 기주를 침략하자, 기주 자사 배악은 왕선지를 두려워하여 그에게 편지로 이런 제안을 했다.

비록 지금은 당신이 이기고 있지만, 한번 생각해보시오. 당신이 가진 군대보다 조정이 거느린 군대가 훨씬 많소. 당신이 아무리 용맹하다고 해도, 조정의 군대 모두와 싸워 이길 수 있을 것 같소? 이대로 계속 싸우다가 당신의 군대는 모두 죽어 없어질 것이고, 당신도 언젠가 죽게 될 것이오. 그러니 이쯤에서 조정에 항복하시오. 그러면 내가 당신을 위해 조정에 편지를 보내 관직을 받도록 해주겠소. 그 대신 내가 성문을 열어줄 테니, 당신은 성에 들어와서 백성들을 해치거나 재물을 약탈하지 마시오. 우리 모두 살길을 찾아봐야 하지 않겠소?

편지를 받은 왕선지가 한참 생각해보니 옳은 말이었다. 이대로 계속 관군과 전쟁을 벌이다가는 언젠가 자신도 죽을지 몰랐다. 그러니 차라리 조정에 항복하고 그 대가로 조정이 내려주는 관직을 받는 편이 목숨을 안전히 건질 수 있는 길이 아니겠는가. 결심을 한 왕선지는 배악의 제안을 받아들여 그가 열어주는 성문으로 군사를 이끌고 들어왔다. 배악은 왕선지 및 그와 함께 온 황소와 다른 반란군 지도자 30여 명을 초대하여 잔치를 열어주고, 조정에 편지를 보내 자신이 왕선지에게 한 제안을 알렸다. 배악의 편지를 받은 조정에서는 일단 왕선지에게 '좌신책군 압아'와 '감찰어사'라는 벼슬을 내려주기로 결정하고, 칙사(황제의 뜻을 전하는 심부름꾼)를 보내 배악에게 이 소식을 전했다. 배악이 이를 왕선지에게 알리자 왕선지는 무척 흐뭇해했으나 황소는 전혀 즐겁지 않았다. 벼슬은 오직 왕선지에게만 내려졌고, 자신에게는 아무런 벼슬도 없다는 사실을 알았기 때문이다. 황소는 다른 지도자들과 함께 왕선지를 찾아가서 크게 화를 내며 항의했다.

"당신 혼자만 벼슬자리에 올라서 좌신책군에 들어간다면, 당신을 믿고 따른 우리는 어쩌란 말인가? 우리는 갈 곳이 없지 않은가? 우리를 죄다 내버려두고, 당신만 벼슬자리를 받고 부귀영화를 누리며 살 것 같은가? 만약 그럴 작정이라면, 우리가 당신을 결코 살려두지 않겠다! 당신은 알아서 잘 생각하라!"

동료들의 분노에 겁을 먹은 왕선지는 배악과 맺은 협상을 깨뜨리고, 황소 등이 원하는 대로 기주를 피바다로 만들며 살육과 약탈을 일삼았다. 배악과 칙사는 도망쳤고, 성 안 건물들 중 절반이 불에 타버리는 참변이 일어났다. 그러나 이때, 황소는 자신을 따르는 2000명의 군사들을 이끌고 왕선지와 헤어졌다. 아마도 황소가 왕선지를 위협한 일 때문에 둘의 사이가 나빠져, 더 이상 함께 행동하기가 어려워졌던 모양이다. 그러자 왕선지는 상군장과 함께 군사 3000명을 이끌고 황소와 다른 길로 갔다.

877년 2월 왕선지는 호북성 악주를 점령했으며, 황소는 산동성 운성현 동쪽인 운주를 함락시키고, 처음 반란군을 진압하러 왔다가 패배하고 달아났던 설숭을 죽여버렸다. 다음 달인 3월에 황소는 기주를 손에 넣었고 7월에는 헤어졌던 왕선지와 함께 송주를 공격했다. 다시 사이가 좋아졌다기보다는 힘을 합쳐 약탈물을 챙기기 위해 일시적으로 연합했을 것이다.

황소와 왕선지는 일정한 근거지를 갖고 그 주변에서만 활동하는 도적이 아니라, 군사를 이끌고 식량과 재물을 약탈하기 위해 이동하는 유적 流賊(또는 유구流寇)이었다. 그들보다 760년 후에 활동했던 명나라의 이자성도 똑같은 유적에 속했다. 하지만 왕선지와 황소는 상장군 장자면이 이끄는 7000명의 군대에게 공격을 받아 2000명의 전사자를 내고 달아났다. 그 이후 왕선지는 황소와 다시 헤어진 뒤, 호북의 강릉을 공격하여 전체 인구(30만 호)의 40%를 죽이고 약탈과 방화를 일삼았다. 이어서 초토부사 증원유가 이끄는 토벌군과 싸워 1만 명의 전사자를 낸 뒤, 그 자신도 878년 2월 증원유 부대에게 죽임을 당하고 말았다.

그러자 왕선지의 부하였던 상양은 왕선지를 따르던 군사들을 모아 황소에게 데리고 갔다. 그리고 상양은 부하들과 함께 황소를 지도자로 세웠으며, 세력이 불어난 황소는 자신감이 생겨 스스로를 '하늘을 찌를 듯한 기세의 장군'이라는 뜻의 '충천대장군衝天大將軍'이라 칭했다. 그리고 왕패王覇라는 연호를 내걸은 뒤, 자신의 밑에서 일할 관리들을 모집했다.

이는 황소가 단순히 소금 밀매 상인이나 노략질을 일삼는 도적으로만 지내지 않고, 독자적인 정권을 만들겠다

반란을 일으킨 소금 장수 왕선지와 그 부하들을 묘사한 그림. 왕선지는 비록 실패했으나, 황소에게 많은 영향을 끼쳤다.

는 의지를 나타낸 것이었다. 반면 죽은 왕선지는 연호를 만들고 관리들을 모으는 일은 전혀 하지 않았다. 본래 왕선지는 단순히 돈벌이에만 급급했던 소금 상인이었고, 학식이 없어서 세상을 보는 눈이 좁았다. 그에 반해 지식인 출신이었던 황소는 단순히 돈에만 급급했던 왕선지보다는 세상을 보는 안목이 더 넓었다.

60만 대군을 이끌고
수도를 점령한 황소

기주와 복주를 점령한 직후, 황소는 한때 당나라 관군에게 패하는 등 전세가 불리해졌다. 그러자 황소는 당나라 조정을 상대로 "나에게 벼슬을 내려주면 항복하겠다"고 제안했다. 이에 당나라 조정은 황소에게 "우위 장군에 임명할 테니, 운주(산동성 동평현)로 가서 무장을 해제하고 기다려라"라고 지시했으나, 황소는 운주로 가지 않고 하남성 활현의 동쪽인 위남으로 쳐들어가 하남성의 도시 섭과 양적을 점령했다. 이는 황소가 조정에 진심으로 항복할 생각이 없었으며, 그가 벼슬을 주면 항복하겠다고 한 것은 단지 불리해진 상황에서 관군의 공격을 피해 세력 회복에 필요한 시간을 벌기 위한 위장전술에 불과했음을 보여준다.

또한 황소는 여러 차례 패배했음에도 불구하고 계속 왕성하게 활동하며 세력을 불려나갔다. 앞에서 언급한 대로 황소의 군대는 어느 지역에서 싸우다가 불리해지면, 재빨리 다른 지역으로 이동하여 그곳에서 사람과 재물을 보충하고 다시 싸우는 유적 집단이었기 때문에 가능한 일이었다. 이런 점은 황소보다 후세의 인물인 이자성, 마오쩌둥과도 같았다. 이자성도 황소처럼 여러 번 명나라 관군에게 패배했으나, 그때마다 재빨리 다른 지역으로 이동하여 사람과 물자를 보충한 다음, 명나라의 취약한 곳을 노려 공격하고 점령하면서 더욱 세력을 불려나간 끝에 마침내 명나라 수도 북경을 점령하고 사실상 명나라를 무너뜨렸다. 그보다 3세기 후 인물인 마오쩌둥도 상황이 불리하면 영토에 연연하지 않고 물러

반란을 일으킨 황소. 동료인 왕선지가 죽자, 황소는 왕선지의 잔당들을 모아서 세력을 더욱 키웠다.

나 세력을 온전히 보존하면서 적당한 기회를 노렸고, 그 때문에 자신보다 많은 군대와 재물을 가졌지만 영토에 집착한 국민당의 장제스를 이길 수 있었다.

하남을 공격한 이후 황소는 남쪽으로 군대를 이끌고 양자강을 건너 강서성의 길과 요 등을 점령했다. 그리고 나서 878년 8월 안휘성 선주시를 약탈했고 이를 진압하러 온 선흡 관찰사 왕웅의 군대를 격퇴시켰으며, 878년 12월에는 더 남쪽인 복주를 공격해 손에 넣었다. 해가 바뀐 879년 5월, 황소는 자신을 광주 절도사에 임명해줄 것을 조정에 제안했다. 그 무렵 당나라는 각 지역을 관할하는 절도사들이 형식적으로는 당나라 조정에 복종하면서도, 지역 안에서는 왕과 다름없는 권한을 갖고 활동하던 시기였다. 따라서 황소는 자신이 광주를 다스리는 절도사가 되어, 사실상 독자적인 정권을 세우겠다는 생각으로 조정에 그런 제안을 한 것이다.

하지만 당나라 조정은 "광주는 여러 나라의 무역선이 드나드는 중요한 지역이니, 한낱 도적한테 줄 수 없다"는 이유로 거절했다. 당시 광주는 당나라 무역의 중심지로 중국과 다른 나라들의 무역선이 드나들어 막대한 부를 누리던 곳이었다. 따라서 이곳을 황소에게 내준다면, 당나라 조정은 엄청난 세금 수입원을 황소에게 빼앗기게 되니 허락할 수 없는 일이었다. 이는 당나라 조정이 세금 수입원인 소금 판매를 민간 불법 업자들에게 빼앗기지 않으려고 이들을 단속했던 일과 같았다.

당나라 조정은 황소에게 광주 절도사 대신 솔부솔이라는 낮은 벼슬을 주었다. 이에 분노한 황소는 광주와 영남 주변을 마구 노략질하며 위세를 떨쳤다. 그러나 황소의 군사들은 산동과 하북 같은 북쪽 출신이 대부분이어서, 양자강 남쪽의 덥고 습기가 많은 기후를 견디지 못했다. 열대성 전염병에 걸려 죽은 사람들이 전체의 30~40%나 될 정도였다. 본래 중국은 양자강을 경계로 남북이 나뉘는데, 양자강 북쪽은 대체적으로 서늘한 기후인 데 반해 남쪽은 무덥고 습하다. 그래서 북쪽에 살던 사람이 남쪽으로 내려오면 기후에 잘 적응하지 못하고 전염병에 걸리기 쉽다. 소설《삼국지》의 적벽대전에서 조조의 군대가 패배한 이유도 북쪽 출신인 그의 군사들 중 상당수가 남쪽의 무덥고 습한 기후 때문에 병에 걸리거나 죽어갔기 때문이다.

전염병을 견디다 못한 황소의 부하들은 황소에게 "여기 있지 말고, 북쪽으로 올라가서 큰일을 합시다!"라고 건의했고, 황소는 이를 받아들여 군대를 북으로 이끌고 갔다. 여기서 언급된 '큰일'이란 보통 전제왕조 시절에 절대권력자인 황제나 왕에 대한 은유적인 표현이었다. 그러니 황소의 부하들은 자신들의 주인이 지방 절도사 정도에서 그치는 게 아니라, 아예 중국 대륙 전체의 지배자인 황제가 되기를 바랐던 것이다. 황소가 그 말을 따랐다는 것은 그 자신에게도 황제가 되겠다는 야심이 있었음을 의미하는 것이다.

북으로 올라간 황소는 광서성 계주에서 뗏목을 만들어 상강을 건넌 뒤 호남성으로 향했다. 그러다 호남성 낭주에서 관군과 싸워 크게 이겼는데, 이때 죽은 관군의 시체가 얼마나 많았던지 강을 뒤덮을 지경이었다고 한다. 해가 바뀐 880년 7월, 황소는 안휘성에서 양자강을 건넜는데 이때 그를 따르는 군사가 무려 60만 명에 달했다. 불과 4년 전인 876년 12월에 왕선지와 헤어질 때 황소를 따르는 군사가 2000명에 불과했던 점을 감안하면 군사의 수가 30배나 증가한 것이다. 황소가 여러 번 패배를 겪었어도 군사가 오히려 더욱 늘어난 이유는 그 무렵 잇따른 흉년으로 굶주린 백성들이 황소의 군대로 몰려들었기 때문이다. 아울러 황소가 연이어 당군과 싸워 승리를 거둔다는 소식을 들은 다른 도적떼들도 황소의 군대에 합류했다.

황소의 군대가 워낙 많다 보니, 그를 막아야 할 책임을 진 당나라 장군들도 도저히 나설 엄두를 내지 못하고, 황소군이 강을 건너는 모습을 그저 지켜보기만 했다. 양자강을 무사히 건넌 황소군은 하남성과 산동성을 파죽지세로 휩쓸다가, 880년 11월 당나라의 대도시인 낙양에 이르렀다. 낙양을 지키던 동도유수 유윤장은 황소군이 너무 많아 맞서 싸워도 이길 수 없다고 판단하고는 성문을 열어 항복했다. 낙양은 당나라 수도인 장안과 가까워, 황소는 이제 장안까지도 노려볼 수 있게 되었다.

황소가 낙양을 점령했다는 소식을 들은 당나라 황제 희종僖宗(862~888)은 군사들을 모아 장안을 지킬 방도를 궁리했다. 그러나 장안에 있는 군사들은 화려한 복식만 입고 노는 것만 좋아했지 군사훈련을 제대로 받은 적이 없어서 전투력이 매우 빈약했다. 더구나 황소가 낙양에 왔다는 소문이 퍼지자, 전쟁터로 끌려가는 것을 두려워한 병사들은 돈을 주고 자기들 대신 늙고 병든 사람들을 전쟁터로 내보냈다. 이런 형편없는 군대가 한창 승승장구하여 기세가 오른 황소의 60만 대군을 막아낼 리 없었다. 설상가상으로 장안으로 향하는 관문인 동관을 지키는 군사들은 오랫동안 제대로 식량을 공급받지 못해 굶주리고 있었다. 그러다 880년 12월 초하루, 황소군이 장안 동쪽 동관에 들이닥치자 배고픔을 견디지 못한 병사들은 앞다투어 도망을 갔고, 동관은 함락당하고 말았다. 박야와 봉상을 지키던 군대는 추위와 굶주림에 지쳐서 황소군에 항복하고 그들을 장안까지 안내해주었다. 반란군으로부터 나라를 지키는 군사들마저 대부분 굶주리게 내버려두었다는 점에서 황소의 난뿐만 아니라, 내부의 부정부패 역시 당나라 멸망의 중요한 원인이라고 볼 수 있다.

상황이 이쯤 되자, 희종은 황소군에게 죽거나 붙잡힐 것이 두려워 신하들과 함께 사천의 성도로 피난을 떠났다. 그리고 곧바로 황소가 60만

황소의 난의 전개 과정을 묘사한 지도. 황소는 중국 내륙을 메뚜기떼처럼 휩쓸면서, 유리하면 나가서 싸우고 불리하면 재빨리 달아나는 전술로 세력을 보존했다. 이런 유적 전술은 훗날 이자성과 마오쩌둥도 사용하여 큰 성과를 거둔다.

대군을 이끌고 장안에 들어왔다. 미처 피신을 가지 못한 당나라의 하급 관리들은 길가에 나와 황소군을 맞이했고, 장안의 백성들도 거리로 몰려나와 황소군을 구경했다. 황소의 부하 장군인 상양은 백성들을 상대로 이렇게 선전했다.

황왕黃王(황소의 존칭)은 부패한 당나라 황실로부터 백성을 보살피기 위해 군사를 일으켰소. 그러니 여러분은 놀라지 말고, 집 안에 편히 지내면서 하던 일이나 열심히 하시오.

그러나 상양의 선전은 사실과 전혀 달랐다. 황소의 군대는 장안에 들어온 지 얼마 지나지 않아 곧바로 사람들을 죽이고 재물을 빼앗았으며 곳곳에 불을 지르고 날뛰었다. 군사들이 무려 60만 명이나 되어 통제하기 어려웠던 점도 있었고, 애초에 황소의 군대 자체가 가난한 백성이나 도적떼가 대부분이어서 엄격한 규율을 오래 유지하기도 힘들었다. 게다가 병사들의 범죄를 말려야 할 황소도 당나라 관리들을 보기만 하면 모조리 죽여버렸다. 그 모습을 지켜보는 황소군의 병사들도 덩달아 날뛰면서 더욱 행패를 부렸다.

상황이 이렇게 전개되자 장안성의 민심은 순식간에 황소를 떠났고, 황소를 원망하는 목소리가 곳곳에서 터져나왔다. 이 소식을 들은 황소는 흔들리는 민심을 바로잡고 자신의 위엄을 과시하기 위해, 880년 12월 13일, 희종이 버리고 도망간 궁궐인 함원전에서 황제 즉위식을 열었다. 이때 황소가 얼마나 급하게 황제가 되었는지, 황제의 옷인 곤룡포와 모자인 면류관도 없었다. 음악을 연주하는 악공들도 달아나버려서 할 수 없이 북을 수백 번이나 울려서 대충 황제 즉위식을 치렀다고 한다.

황제에 오른 황소는 나라의 이름을 자기 고향 산동에 있던 제나라를 본따서 대제大齊로, 연호를 금통金統이라고 정했다. 황소의 아내인 조 씨는 황후가 되었고, 그 밖에 황소의 부하들인 상양은 태위에, 조장은 겸시

당나라 수도 장안으로 들어오는 황소를 묘사한 그림. 부패한 당나라 관리들의 수탈에 시달리던 백성들은 처음에 황소의 반란군을 반겼으나, 곧바로 이들이 당나라 관리들과 전혀 다를 바 없는 자들이라는 사실을 깨달았다.

중에, 최구와 양희고는 동평장사에, 맹해와 개홍은 좌우복야와 지좌우군사에, 피일휴는 한림학사에 임명하는 등 새 조정에 들어갈 문무백관을 꾸렸다. 그리고 새로운 나라를 이끌어가는 데 가장 필요한 관료집단을 보호하기 위해 1품에서 3품까지의 당나라 관리들은 파직시키되, 4품 이하의 당나라 관리들은 살려두고 원래의 자리에 계속 있도록 허락했다.

이렇게 과거에 낙제했던 실업자이자 소금 밀매를 일삼는 범죄자였던 황소는 중국의 핵심부인 장안을 지배하는 황제가 되었다. 한때 당나라 조정의 단속 위협에 실업자로 전락할 것이 두려워 반란을 일으켰던 황소가 이제 그 당나라의 수도인 장안의 주인이 된 것이다.

황소의 최후

장안을 점령하고 황제에 오른 것까지는 좋았으나, 문제는 그다음이었다. 황소는 거침없이 뻗어나가려는 의지를 잃고, 그저 장안에 웅크리고 앉아 황제 자리를 지키는 데만 급급했다. 사천으로 피난을 간 희종을 쫓는 추격대를 보낼 시도조차 하지 않았다. 같은 반란군 출신인 한나라 유방과 명나라 주원장에 비하면, 아무래도 황소는 천하를 다스릴 그릇이 못 되었던 듯하다. 아니면 그저 처음부터 황소는 장안을 점령하여 금은보화와 미녀들에 파묻혀 즐길 생각만 했던 것인지도 모른다. 882년 9월, 황소군에서 가장 뛰어난 장군인 주온이 당군에게 항복하는 사태가 벌어져도 황소는 천하태평이었다.(훗날 주온은 주전충으로 이름을 바꾸고 당을 멸망시켜 후량을 세운다)

　황소가 장안에 틀어박혀 있는 사이, 성도로 피신을 간 당나라 조정은 사방에서 증원군을 모아 다시 반격할 준비를 갖추고 있었다. 그중에는 중국 서북부 신강 지방에 살던 사타족의 수장 이극용 李克用(856~906)도 있었다. 사타족은 유목민으로 돌궐족의 일파였는데, 사납고 용맹스러운 기풍에 뛰어난 전투력까지 갖추어 당나라가 용병으로 쓰려고 욕심을 내던 집단이었다. 당나라 사신으로부터 도와달라는 요청을 받은 이극용은 도와주는 대신, 장안을 탈환하면 마음껏 약탈을 하게 해달라는 제안을 했다. 다급했던 당나라 조정은 그 제안을 받아들였다. 이극용은 4만 명의 정예군을 이끌고 장안을 향해 진군했다. 이극용이 거느린 군대는 모두 검은색 갑옷을 입고 있어서 갈까마귀 군대라는 뜻인 아군鴉軍이라 불렀다. 이들이 온다는 소식을 들은 황소와 그 군사들은 모두 두려워했다.

883년 2월, 장안 인근의 양전피에서 황소군과 아군은 일대격전을 벌였다. 이 전투에서 15만의 황소군은 불과 4만의 사타군에게 대패를 당했다. 죽은 황소군 병사들의 시체가 무려 30여 리에 걸쳐 이어질 만큼 참혹한 패배였다. 중원을 종횡무진 누비며 당군을 물리쳤던 황소군도 용맹스러운 사타군 앞에서는 상대가 되지 못했다.

야전에서 황소군을 쳐부순 이극용은 곧바로 장안성에 도착해 진을 쳤고, 밤마다 성 안으로 날랜 병사들을 보내 황소군 병사들을 죽이고 식량을 불태운 다음 재빨리 빠져나오는 식으로 그들을 지치게 만들었다. 갈수록 병력과 식량이 고갈되자, 황소도 더 이상 장안을 지킬 수 없다고 판단하여 883년 4월, 아직 남아 있는 병사들과 함께 장안을 버리고 동쪽으로 달아났다. 장안을 점령한 지 2년 5개월 만의 일이었다.

사타군과 당군에게 쫓기는 패잔병 신세로 전락한 황소군은 하남의 채주와 진주를 공격했으나, 진주를 지키는 조주가 식량을 모조리 성 안에 들여놓아 굶주림에 시달렸다. 그러자 황소군 병사들은 배를 채우기 위해 백성들을 납치해 잡아먹는 끔찍한 만행을 저질렀다. 빈말이라도 장안성에 들어가서 백성을 위해 군사를 일으켰다고 선전하던 모습과는 너무나 대조적이었다. 황소군의 패망이 가까워지고 있었다.

884년 5월, 이극용과 주전충이 군대를 이끌고 황소를 추격해왔다. 황소는 군대를 지휘하여 두 무리의 군대와 싸웠으나 크게 패배하고, 이제까지 황소를 섬겨온 부하 장군인 상양마저 황소를 배신하고 항복했다. 황소가 거느린 병력은 고작 1000여 명도 남지 않았다. 황소는 이 패잔병을 이끌고 동쪽으로 달아났다가 계

이극용의 초상화. 사타 부족의 지도자인 그는 날렵한 유목민족들로 구성된 군대를 이끌고 쳐들어가 황소에게 치명적 타격을 입혔다.

속되는 당나라 관군의 추격을 받은 끝에 산동 인근의 태산에서 스스로 목숨을 끊었다.(884년 6월) 그의 목은 잘려져서 당군의 장수인 시부에게 넘겨졌다. 약 7년 동안 중원을 휘저으며 한때 황제의 자리까지 앉았던 인물의 최후치고는 너무나 허무했다.

하지만 과거 낙제생과 소금 밀매 상인이라는 천한 신분에서 중국을 휩쓸고 황제 자리까지 올랐던 황소를 동정하는 여론도 만만치 않아서, 세간에는 "황소가 죽지 않고 도망쳐 절에 들어가 승려가 되었다"는 소문도 돌아다녔다.

5대10국 시대가 열리다

7년 만에 끝난 황소의 난으로 인해 당나라는 사실상 멸망을 맞았다. 이극용과 주전충 같은 강력한 장군들은 이제 황실에 충성을 바치지 않고 자신들이 마음껏 세력을 길러 독자적인 군벌이 되었다. 그리고 황소가 자살한 지 23년 후인 907년, 그의 부하였다가 배신하고 당에 항복했던 주전충은 당나라의 마지막 황제 애종을 죽이고 자신이 황제가 되어 후량을 세운다. 이에 반발한 이극용은 주전충과 대립하며 아들인 이존욱에게 권력을 넘겼고, 923년에 이존욱은 후당을 세워 이미 죽은 주전충이 만든 나라 후량을 멸망시킨다. 황소의 난 당시 활약했던 인물들이 훗날 모두 자립하게 되는 것이다.

한편 황소의 난으로 인해 중원의 화북 지방은 크게 파괴되었고, 그 후로도 이어진 치열한 내란으로 화북의 백성들은 살길을 찾아 대거 양자강 남쪽으로 이주한다. 화북 지역에서 이주해오는 노동력으로 인해 양자강 남쪽의 강남 지역은 대대적으로 개발되었다. 그래서 주전충의 찬탈로 인해 시작된 중원의 내란기인 5대10국 시대를 지나 송나라 시기에 이르러, 중국의 경제와 문화적 중심지는 강남으

황소의 부하 장군이었다가 그를 배신하고 당나라에 항복한 주온. 그는 이름을 주전충으로 바꾼 뒤, 당나라를 멸망시키고 자신이 황제가 되어 후량을 세웠다.

3 소금장수가 된 룸펜, 세계 최강대국을 무너뜨리다   73

로 이동하게 된다.

　황소의 난으로 시작된 당나라 말기의 혼란기는 약 50년 동안 계속되었는데, 이 시대를 역사에서는 5대10국 시대라 부른다. 그동안 당나라에 복속되었던 사방의 이민족들은 중국의 통제력이 약해진 틈을 타서 제각기 자립을 외치며 들고 일어났는데, 거의 1000년 동안 중국의 지배를 받았던 베트남이 독립하고, 당나라에 복속되어 있던 북방의 유목민 거란족이 독자적인 왕조 요나라를 세운 것도 바로 5대10국 시대였다. 조광윤이 세운 송나라가 5대10국 시대를 끝냈을 때, 이미 베트남과 요나라는 막강한 정치체제를 완성한 후였기에, 송나라의 공격을 이겨내고 끝끝내 독립을 지킬 수 있었다.

　당나라 조정의 소금 밀매 탄압에 생계수단을 빼앗기고 실업자가 될 것을 두려워하여 난을 일으킨 황소. 그의 반란이 결과적으로 중국의 힘을 약하게 만들었고, 요나라·금나라·원나라 등 북방 이민족들이 중국을 노리게 하는 원인을 제공했다고도 볼 수 있을 것이다.

4

재취업에 실패한 전직 고려 특수부대원들의 분노

삼별초의 난과 고려의 몰락

경제가 불황이면 생계에 큰 위험을 느끼는 직종 중 하나가 바로 군인이다. 실제로 미국에서는 2007년 금융위기 이후로 제대한 전직 군인들이 재취업에 실패하여 노숙자나 거지로 비참하게 사는 경우가 많아 사회문제가 되기도 했다.

제대 군인들의 재취업이 어려운 이유는 그들이 몸담았던 군대가 외부 사회와 동떨어진 폐쇄된 곳이기 때문이다. 군인들이 배운 전투기술은 사회에서 활용할 수 있는 곳이 많지 않다. 그래서 제대 군인들은 선택의 길이 매우 좁다. 운이 좋으면 민간 군사기업이나 경호업체에 취업을 하지만, 그러지 못할 경우 안정적 직장을 구하기가 쉽지 않다. 그런 처지에 분노한 군인들은 종종 자신들이 가진 무력을 내세워 반발하기도 한다. 우리 역사에서도 그와 비슷한 일이 있었으니, 바로 고려시대에 있었던 삼별초의 난이었다.

최씨 정권이 만든 사병

삼별초는 고려 중기에 왕을 대신하여 나라의 권력을 잡았던 최씨 무신 정권의 두 번째 후계자 최이가 만든 군대였다. 숫자 삼三이 들어간 데에서 알 수 있듯이, 삼별초는 좌별초와 우별초, 신의군 등 세 개 부대를 합쳐 부르는 말이었다. 이 중 좌별초와 우별초는 1230년 최이가 만든 사병인 야별초가 규모가 커지면서 둘로 나눠진 조직이었으며, 신의군은 고려를 침입한 몽골군에 포로로 끌려갔다가 돌아온 사람들로 이루어진 군대였다.

엄밀히 말해서 삼별초는 왕이나 나라가 아닌, 최씨 가문의 후계자들에게 충성을 하는 사병私兵이었다. 하지만 삼별초에 속한 사람들 모두가 자신들이 최씨 가문에만 복종하면 된다고 생각했던 것은 아니었다. 그들은 엄연히 자신들도 고려 백성이며, 최씨 가문보다는 고려라는 나라에 우선적으로 충성해야 한다고 믿었다. 1232년 6월 16일, 최이가 몽골의 침입에 대비하여 고려의 수도를 강화도로 옮기자고 제안하자, 야별초 지유(중간급 지휘관) 김세충이 "개경(현재 개성)은 300년 동안 나라의 도읍이었으며, 성이 튼튼하고 군사와 양식이 풍부하여 충분히 지킬 수가 있는데, 왜 이곳을 버리려 합니까?"라면서 강하게 반대한 일이 있었다. 최이는 자신의 계획에 반대한 김세충을 괘씸하게 여겨 처형했고, 수도의 강화도 이전은 예정대로 진행되었다. 하지만 이 일화는 삼별초 군사라고 해서 최씨 정권에 맹목적으로 충성만 바친 것은 아니었다는 사실을 잘 보여준다.

몽골군을 피해 강화도로 옮겨오고 나서도 최이를 비롯한 최씨 가문의 집권자들은 삼별초를 전쟁터로 보내는 것을 꺼려했다. 최씨 가문을 몰아내려는 반란이나 최씨 집권자들을 암살하려는 등의 돌발사태에서 삼별초가 자신들을 지켜줄 가장 강력한 무력집단이었기 때문이다. 그래서 최씨 가문의 집권자들은 "더 이상 몽골군이 우리 백성들을 죽이는 것을 보고만 있을 수 없습니다! 서둘러 모든 삼별초가 전쟁터로 나가서 몽골군과 싸우고 백성들을 지켜야 합니다!" 하며 나서는 삼별초 병사와 지휘관들을 외딴 섬으로 귀양을 보내버렸다. 물론 삼별초가 전선에 전혀 투입되지 않은 것은 아니었다. 몽골의 침입에 맞서 전쟁을 벌이는 대몽항쟁 기간에 삼별초도 몽골군과 싸웠으나, 그 수가 수백 명 내외여서 전세에 그리 큰 영향을 끼치지는 못했다.

그런데 1254년부터 시작된 몽골군의 6차 침입을 기점으로 삼별초는 큰 위기에 몰리기 시작했다. 몽골군이 그때까지 내버려둔 고려의 서남해안 지역, 즉 전라도 일대를 집중적으로 공격하며 약탈을 일삼았던 것이다. 몽골군의 전술에 변화를 준 요인은 고려 내부에서 일어난 정보 누설이었다. 몽골에 사신으로 파견되었던 고려인 이현이 몽골군 사령관 야굴에게 "고려는 섬인 강화도에 도읍이 있는데, 필요한 식량과 세금을 전부 고려 내륙에서 거두어들이고 있습니다. 그러니 강화도로 들어가는 보급을 모두 끊어버리면, 얼마 버티지 못하고 항복하고 말 것입니다"라고 가르쳐주었던 것이다.

이현은 왜 고려를 버리고 몽골에 협력했을까? 역사서에 이에 대한 기록이 남아 있지 않아 정확한 사정은 알 수 없다. 추측해 보건대, 그는 몽골에 사신으로 가 있는 동안, 세계를 정복해나가던 막강한 몽골의 군사력을 보면서 심리적으로 위축되고 큰 충격을 받았을 것이다. 이렇게 강력한 몽골과는 도저히 싸워서 이길 수 없고, 전쟁이 길어지면 길어질수록 고려는 더 큰 피해를 입을 것이며, 자칫하면 몽골에게 정복당한 다른 나라들처럼 완전히 멸망당할 것이라고 생각했을 가능성이 크다. 그러니 차라리 몽골에 빨리 항복해야만, 고려 백성들이 입는 피해를 멈출 수 있다고 말이다. 당시 몽골은 지금의 미국 같은 명실상부한 세계 최강대국이었고, 지구상의 어떤 나라도 몽골군과 싸워 이기지 못했다.

몽골의 네 번째 황제인 몽케칸Mongke-Khan. 1251년에 즉위한 그는 눈엣가시 같던 고려에 집중적인 타격을 가하기 위해, 고려에 다시 군대를 보내 침공했다.

이현의 건의는 이후 차라대가 이끈 몽골군의 6차 침입에 그대로 반영되어, 몽골군은 지금의 전라남도 지역인 부용창과 해릉창, 해양(광주)과 장흥창, 영광 등지를 집중 공격했다. 이 지역들은 전라남도 내륙의 세금을 배에 실어 강화도로 보내는 길목에 있었기에 몽골군의 공격 목표로 찍혔던 것이다. 몽골군의 6차 침입은 1259년까지 계속되었는데, 이 과정에서 20만 명이 포로로 잡혔을 정도로 고려는 큰 피해를 입었다. 아울러 강화도로 향하는 고려의 세금 수송도 막대한 타격을 받았다. 조선처럼 고려도 대부분의 세금을 배에 실어서 강이나 바다 등의 수로를 통해 날랐는데, 몽골군이 수로의 길목이자 거점인 전라남도 지역을 맹렬히 타격하면서 세금 수송이 끊어졌다. 이때 고려 조정은 막대한 피해를 입어, 강화도로 피난을 간 고위 관리들조차 급여를 받지 못했다. 당연히 조정에 출사하여 벼슬을 받겠다는 사람들도 끊어졌다고 한다. 벼슬을 해봤자 급여도 못 받고 굶을 텐데, 굳이 벼슬을 할 사람이 누가 있었을까?

그럼에도 불구하고 고려의 실권자이면서 강화도 피난을 주도했던 최씨 무신정권은 계속 강화도 방어를 고집하며 몽골과 어떤 평화교섭도 하지 않고 강경책을 고수했다. 이 때문에 고려 조정에서는 최씨 무신정권에 대한 불만이 커졌다. 진작에 몽골과 평화교섭을 했더라면 더 이상 전쟁을 겪지 않아도 되는데, 공연히 최씨 가문이 자기들의 독재권력을 지키기 위해서 백성들을 죽이고 나라를 패망의 위기로 몰아넣는다는 반발여론이 싹텄던 것이다.

이 반발여론에는 놀랍게도 최씨 가문의 사병인 삼별초 군인들도 포함되어 있었다. 삼별초 군인들은 월급조차 제대로 받지 못해 경제적으로 심각한 궁핍에 시달렸다. 제아무리 최씨 가문에 묶인 몸이라 해도, 일단 기본적인 생계유지가 되어야 충성심이 생길 것이다. 그런데 최이가 죽고 나서 집권한 최항과 최의는 지나치게 인색하고 이기적이었다. 오직 자신들만 탐욕스럽게 재산을 움켜쥐고 있으면서 자신들을 보호하는 삼별초에게조차 제대로 지원을 해주지 않았다. 삼별초 군인들은 죄인들의 숨은 재산을 빼앗는 비상수단으로 간신히 생계를 이어갔지만, 그것만으로는 궁핍한 생계를 완전히 해결할 수 없었다. 최씨 가문이 강화도에 들어가 버티는 시간이 길어질수록, 최씨 가문에 대한 삼별초의 불만이 높아갔다.

몽골 기병의 전투 장면을 묘사한 그림. 13세기 몽골 기병은 유라시아 대륙을 휩쓴 공포의 대상이었다.

최씨 가문을 몰아내다

결국 1258년 3월 26일, 삼별초에 속한 신의군과 야별초는 최의의 노비이자 장군이었던 김준金俊(?~1268)을 지도자로 끌어들이고 최의를 제거하기 위한 반란을 일으켰다. 김준이 주인인 최의를 타도하겠다고 나선 것은 자신을 푸대접하는 최의의 처사에 불만을 품었기 때문이다. 막상 반란이 일어나자 최의는 어쩔 줄 몰라 허둥대다가 반란군 병사들에게 붙잡혀 죽임을 당하고 말았다. 이로써 62년 동안 고려 최고 실권자였던 최씨 정권은 허무하게 무너졌다. 최씨 가문을 지키기 위해 만들어진 삼별초가 최씨 가문을 타도했으니, 참으로 아이러니한 일이었다. 이 반란은 단 하루 만에 성공했는데, 주동자들이 최씨 가문을 떠받치던 권력의 내부인물들이어서, 그만큼 전개 과정도 빨랐다.

  최씨 정권이 붕괴되자 김준은 옛 주인을 대신하여 나라의 실권을 장악했다. 하지만 김준 정권하에서도 삼별초 군인들의 처우는 전혀 나아지지 않았다. 김준은 최이가 남긴 재산을 탐욕스럽게 긁어모으는 일에만 몰두했을 뿐, 삼별초 군인들의 궁핍한 처우를 개선해주는 일은 게을리 했다. 게다가 몽골은 자신들이 제안한 "강화도를 떠나 다시 개경으로 수도를 옮기고, 강화도로 피신한 왕과 조정 대신, 백성들을 모두 개경으로 돌아오게 하라"는 요구가 거부당하자 김준 정권을 붕괴시키기 위해, 강화도로 들어가는 조세 운반로를 다시 차단하며 강화도를 궁핍에 빠뜨렸다. 그러자 삼별초 군인들은 더욱 가난에 시달렸고, 이 상황을 방치하는 김준에 대한 반감은 점점 커져갔다 삼별초 군인들 이외에도 김준에 대한 불만을 품은 사람들은 많았다. 고려의 왕인 원종元宗(1219~1274) 역시 자신을 위협하고 나라 권력을 독단적으로 좌우하는 김준에 대한 불만이 컸다. 또한 김준의 양아들이었지만, 자신의 재산을 불리다가 김준의 눈 밖에 난 임연林衍(?~1270) 역시 김준을 죽이지 않으면 자신이 그에게 죽임을 당할 것이라는 불안에 휩싸였다.

결국 원종은 1268년 김준을 궁으로 불러들여 자객을 동원해 죽였다. 그와 동시에 임연은 삼별초를 이루는 부대 중 하나인 야별초 군사들을 자기편으로 끌어들이고, 그들로 하여금 김준의 가족과 친척을 모조리 죽이도록 지시했다. 야별초 군사들은 그 지시에 따라 김준의 피붙이들을 모두 제거했고, 그들의 재산을 빼앗아 일시적으로나마 굶주린 배를 채웠다.

김준을 제거하고 집권한 임연 역시 전임자들과 근본적으로 똑같은 무신독재자였다. 그러나 임연은 전임자들처럼 마음대로 횡포를 부리기 어려웠다. 왜냐하면 당시 고려 왕실은 이미 몽골과 손잡고 무신정권을 타도하려는 움직임을 벌이고 있었기 때문이다. 그리고 몽골의 황제인 쿠빌라이 칸忽必烈汗(1215~1294)은 고려 왕실을 보호하기 위해 임연에게 "당신이 몽골로 와서 직접 고려의 상황에 대해 설명하라. 그러지 않으면 군대를 보내서 당신을 벌하겠다"라는 엄포까지 놓았다. 이 소식을 접한 임연은 두려움에 떨다가 등에 난 종기가 악화되어 죽었고(1270. 2. 25), 그의 아들인 임유무林惟茂(?~1270)가 뒤를 이었다.

임유무는 아버지나 전임자들보다 훨씬 나약한 인물이었고, 정권을 1년도 유지하지 못했다. 1270년 5월 15일 원종은 신의군의 지휘관인 송분에게 "임유무를 없애고 나라를 바로잡으라"는 명을 내렸고, 송분은 그 명령에 따라 신의군과 야별초 등 삼별초의 모든 부대 병사들을 찾아가 "왕의 뜻에 따라 우리가 나라를 지켜야 한다!"며, 임유무 제거에 동참해줄 것을 요청했다. 놀랍게도 삼별초 병사들은 송분의 말에 동의했고, 임유무의 집으로 쳐들어가 그를 붙잡아 목을 베어버렸다. 이로써 왕을 허수아비로 만들고 고려를 지배했던 무신정권 시대는 1170년에 시작되어 정확히 100년 후인 1270년에 완전히 끝났다.

몽골의 다섯 번째 황제인 쿠빌라이 칸. 그의 치세에 고려는 수십 년에 걸친 대몽항쟁을 끝내고 몽골에 복속된다. 그러나 삼별초가 최후까지 저항을 하는 바람에 쿠빌라이 칸은 고려에 더 많은 관심을 기울였다.

여기서 한 가지 의문점이 든다. 왜 삼별초 군사들은 왕의 뜻에 따라서 자신들의 주인인 무신정권을 제거하는 반란을 일으켰던 것일까? 추측컨대 아마도 삼별초 군사들은 더 이상 무신정권의 수하 노릇을 하는 일에 대해 환멸감을 느끼고, 차라리 왕을 새로운 주인으로 섬기고 왕이 내려주는 혜택을 받아 가난에 시달리는 현실에서 완전히 벗어나기를 바랐을 것이다. 오랫동안 무신정권에 충성을 하며 살았지만 무신 권력자들은 삼별초 군사들의 곤궁한 처우를 근본적으로 개선할 뜻이 없었고, 가끔씩 선심 쓰듯 죄인들로부터 몰수한 재산이나 던져주며 겨우겨우 굶어죽지 않도록 할 뿐이었다. 그러니 사실 삼별초 군사들은 무신 권력자들에 대한 충성심이 강하지 않았다.

아울러 삼별초 군사들은 뒷전으로 물러난 왕이 무신 권력자들을 제거하고 국가권력을 다시 장악하는 왕정복고에도 내심 반대하지 않았다. 아니, 차라리 그 편을 바랐을지도 모른다. 비록 무신정권의 권력자들이 왕을 핍박하기는 했지만, 엄연히 그들은 왕의 신하였다. 따라서 무신정권이 거느린 삼별초 군인들 역시 왕에 충성하는 신하였으며, 그래서 삼별초 군인들은 무신 권력자들에게 복종하면서도 그들을 제거하라는 왕의 명령이 떨어지자 기꺼이 따랐다.

그러니 삼별초 군사들로서는 최씨 정권을 지키는 사병 노릇이나 할 게 아니라, 아예 왕을 지키는 국가의 정규군으로 편입되기를 원했을 것이다. 그러면 급여도 정기적으로 받으니 더 이상 굶주림에 시달릴 필요가 없어진다. 게다가 나라의 중심인 왕을 지킨다는 자부심도 얻으니, 물질과 정신적인 면 모두에서 만족스러운 일이었다.

고려 왕실, 삼별초를 해산시키다

그러나 고려 왕실은 삼별초 군사들의 기대를 저버리고, 1270년 5월 29일 "삼별초는 창설된 지 오래되어 쓸모가 없으니 혁파革罷한다"는 폭탄선언을 발표했다. 즉, 삼별초를 완전히 해산시키겠다는 선언이었다. 요즘으로 말하자면, 삼별초 군사들은 재취업에 실패하고 정리해고를 당한 회사원들과 같은 입장이 된 셈이었다. 아울러 같은 날 고려 왕실은 삼별초 혁파와 함께 삼별초 군사들의 이름이 적힌 명단을 몽골에 넘겨주었다. 이 두 가지 소식을 들은 삼별초 군사들은 크나큰 충격과 분노에 휩싸였고, 마침내 1270년 6월 1일 장군 배중손과 야별초 지휘관 노영희를 지도자로 내세워 "우리는 오랑캐 몽골과 그들에게 항복한 고려 왕실을 섬기지 않겠다!"라는 구호를 외치며 반란을 일으켰다.

고려 왕실이 삼별초를 해산시키고 그들의 명단을 몽골에 넘겨준 것은 무엇을 의미할까? 그것은 한마디로 삼별초는 이제 아무런 쓸모가 없으니, 없어져도 된다는 것이었다. 또한 앞으로 삼별초의 생사 여부는 모두 몽골이 결정한다는 뜻이기도 했다. 그렇다면 삼별초의 명단을 손에 넣은 몽골은 삼별초를 어떻게 처리하려 했을까?

명단을 넘겼다는 소식이 전해진 직후, 삼별초 군사들이 고려 왕실의 처사에 강하게 반발하며 반란을 일으킨 사실을 본다면, 몽골이 삼별초에 그리 좋은 대우를 하지는 않았던 것으로 보인다. 몽골에 저항했던 무신정권 사병의 죄를 물어 몽골로 끌고 가 감옥에 가두든가, 몽골이 동아시아 각지에서 벌이고 있던 전쟁에 데려가서 '화살받이'로 삼으려 했을 가능성이 크다. 실제로 몽골군은 전쟁이 벌어질 때마다, 점령한 나라에서 잡아온 사람들을 앞세워 적에게 돌격하는 것을 주요 전술로 삼았다.

그렇다면 고려 왕실은 삼별초 군사들이 반란까지 일으키며 크게 반발할 것이 뻔한데, 왜 삼별초를 없애고 그들의 명단을 몽골에 넘겼을까? 여기에는 나름의 이유가 있었다. 우선 고려 왕실은 이미 몽골을 종주국으로 섬기는 대신 그들의 보호를 받던 상태였다. 그에 따라 고려 왕실은 몽골군의 보호를 받았고, 그렇게 된 이상 더는 삼별초가 필요하지 않았다. 당시 몽골은 명실상부한 세계 최강대국이었으니, 그런 강대국의 군대로부터 직접적인 보호를 받게 된 고려 왕실은 삼별초 따위야 얼마든지 없어져도 될 존재라고 여겼을 것이다.

또한 삼별초는 전쟁이 없을 때에도 항상 운영되는 상비군이었는데, 몽골과의 오랜 전쟁으로 국력이 피폐해져 있던 고려로서는 그런 상비군인 삼별초를 계속 먹여 살리는 일이 무척이나 큰 경제적 부담이었다. 결정적으로 무신정권의 하수인 역할을 했던 삼별초를 몽골의 힘을 빌려 모조리 제거하려던 속셈도 있었을 것이다. 자신들의 손을 더럽힐 필요도 없고, 고려보다 훨씬 강대국인 몽골이 나서서 삼별초를 처리해줄 테니, 매우 손쉬운 일이다. 그러나 삼별초 병사들은 자신들을 실업자로 만든 것도 모자라 증오하던 원수인 몽골의 손에 생사여부를 모두 맡겨버린 고려 왕실의 파렴치한 행각에 분노했고, 급기야 고려는 삼별초의 난이라는 혼란에 휩싸이고 만다.

요약하면 삼별초의 난은 전직 특수부대원들이 안정된 일자리가 보장된 정규직으로의 재취업에 실패하고 실업자(삼별초 혁파)로 전락한 것도 모자라 외국에 총알받이로 끌려갈(삼별초 명단이 몽골로 넘어감) 위기에 처하자, 분개하여 무기를 들고 자신들의 생계를 외면한 정부 권력에 맞서 무장투쟁을 벌인 사건이라고 할 수 있다.

반란을 일으킨 삼별초,
수많은 동조자를 얻다

국가에 의해 강제해산을 당해 실업자가 되고, 몽골에 부대원들의 명단이 넘겨져서 목숨마저 위태로운 신세로 전락하자, 마침내 삼별초의 분노가 폭발하여 반란으로 이어졌다. 여기까지만 보면 삼별초는 그저 궁지에 몰리자 살기 위해 마지막으로 반란을 일으킨 집단처럼 여겨진다. 실제로 삼별초를 부정적으로 보는 이들은 그런 주장을 하기도 한다.

하지만 그렇게만 볼 수 없는 것이 실제로 삼별초의 난이 터졌을 때, 고려 각지에서 수많은 사람들이 잇따라 삼별초에 동조하는 반란을 일으켰기 때문이다. 삼별초의 난에 가담한 사람들은 대부분 가난한 노비들이었는데, 이는 삼별초가 반란을 일으키면서 가장 먼저 강화도의 관청에 보관되어 있던 노비문서를 불태웠기 때문이다. 삼별초가 왜 노비문서를 불태웠는지는 알 수 없다. 그들이 정말로 노비들을 불쌍히 여겨서 풀어주려고 했을 수도 있고, 노비들을 끌어들이기 위한 계획적인 의도일 수도 있을 것이다.

삼별초에 가담한 노비들의 수가 정확히 얼마였는지는 알 수 없으나, 한 가지 사례를 통해 대강은 추측할 수 있다. 1270년 12월 몽골에서 돌아온 고려 태자(충렬왕)가 가져온 몽골 황제 쿠빌라이 칸의 조서에는 "주인을 배신하고 삼별초에 가담한 노비들은 삼별초를 떠나 원래 있던 곳으로 돌아가라. 그렇게 하면 노비 신분에서 해방시켜 주겠다"라는 내용이 있었다. 몽골 황제가 삼별초에 합류한 노비문제를 직접 거론하는 것으로 보아, 삼별초에 합류한 무리들 중에서 노비들이 상당한 비중을 차지했음을 짐작할 수 있다. 만약 삼별초에 가담한 노비들이 적은 수였다면, 대제국의 주인인 몽골 황제가 굳이 조서에서 거론할 필요도 느끼지 못했을 것이다.

그렇다면 노비들은 왜 삼별초에 합류하려 했을까? 단순히 그들이 노비문서를 불태운 것에 대해 감사하려고 고려 각지에서 그 먼 강화도나 진도(삼별초의 근거지)까지 길을 떠난 것일까? 더구나 삼별초의 행위가 엄연히 고려 왕실에 대한 반역이고, 그 반역에 가담하면 중죄인으로 처벌받는다는 사실조차 몰랐을까?

아무래도 그런 것 같지는 않다. 혹시 삼별초가 고려 왕실과의 싸움에서 승리해 새로운 무신정권이 된다고 생각하지 않았을까? 실제로 100년 동안 고려를 쥐고 흔든 무신정권의 정중부와 이의민, 김준 등 집권자들의 상당수가 천민, 즉 노비 출신이었다. 그러니 노비들 입장에서는 만일 삼별초의 난이 성공하여 삼별초가 고려를 지배하게 된다면, 거기에 가담한 자신들도 장차 이의민과 김준처럼 출세할 수 있다는 희망을 품었을 법도 하다.

또한 삼별초에 합류하지는 않았지만, 삼별초에 동조하는 노비들의 반란이 일어나기도 했다. 1271년 1월, 고려의 수도 개경에서는 숭겸과 공덕 등 관아에서 일하던 노비 4명이 같은 노비들을 선동하여 개경에 와 있던 몽골인 관리들을 죽인 다음, 삼별초에 가담하려는 음모를 꾸몄던 것이다. 비록 음모가 들통나서 일을 꾸민 노비 4명은 모두 처형당했지만, 그 후에도 개경의 길거리에는 난동을 부리거나 관아를 습격하는 노비들이 계속 나타나서, 고려 조정이 무척 두려워했다고 전해진다. 고려 왕실로부터 버림받고 몽골로 끌려갈 신세에 놓인 삼별초, 이들의 처지에 노비로 대표되는 고려의 수많은 하층민들이 동정심을 느꼈거나, 삼별초가 외친 반몽골·반고려왕실의 구호에 동조하고 있었다는 것을 증명하는 사례다.

아울러 노비 이외에도 삼별초의 난에 동조하며 반란을 일으킨 사람들이 있었다. 1271년 1월, 지금의 경상남도 밀양인 밀성군密城郡에서는 현지 주민들인 방보方甫, 계년桂年, 박평朴平, 박공朴公, 박경순朴慶純, 경기慶祺 등이 삼별초에 호응하겠다는 구호를 내걸고 사람들을 모아 반란을 이끌었다. 이들은 밀성군 부사副使 이이李頤를 죽이고, 자신들을 공국병마사攻國兵馬使라 칭하면서 여러 고을에 공문을 보냈다고 하는데, 거기에는 아마 자신들과 함께 삼별초에 호응하자는 내용이 들어갔을 것이다.

방보가 주도한 반란군은 한때 청도군淸道郡의 감무監務(지방관리 중 하나)인 임종林宗을 죽일 만큼 기세가 강성했으나, 밀성군 사람인 조천趙阡이 방보 일당에게 거짓으로 항복했다가 반란군 지도자들을 모두 죽이고 관군에 항복하면서 반란은 끝났다. 하지만 삼별초의 본거지인 진도와 멀리 떨어진 밀양에서 삼별초에 호응하려는 반란이 일어났다는 사실은 삼별초를 지지하는 고려인들이 상당히 많았으며, 그런 이유에서 삼별초의 난을 단순히 기득권을 지키기 위한 저항이라고만 볼 수는 없다는 사실도 보여준다. 오히려 기득권과는 거리가 먼 노비나 지역 주민 같은 계층이 삼별초와 호응하려는 모습을 보였기 때문이다.

토벌군에 맞서
최후까지 저항하다

한편 강화도에서 난을 일으킨 삼별초는 계속 강화도에 머물러 있지 않고, 재빨리 다른 근거지를 찾아 나섰다. 우선 강화도는 개경과 거리가 매우 가까워, 언제든지 몽골군이나 고려 정부군의 공격을 받을 위험이 컸다. 그래서 가급적 개경과 거리가 먼 새로운 근거지가 필요했다. 삼별초는 고심 끝에 전라도 서남쪽의 섬인 진도를 골랐고, 약 1000척의 배를 동원해 군사들과 그 가족 및 별도로 합류한 사람들을 태우고 강화도를 떠나 진도로 향했다.(1270년 6월 3일)

1270년 8월 19일, 진도에 도착한 삼별초는 이곳을 장기간 거주하는 요새로 삼기 위해 성과 궁궐을 쌓고, 고려 왕족인 왕온을 왕으로 추대하여 고려 정부와 구별되는 독자적인 정권을 수립했다. 성과 궁궐을 쌓는 것이야 방어 조치 차원에서 이해할 수 있는 일이다. 하지만 고려 왕실에 맞서 반란을 일으킨 삼별초가 왜 자기들 중에서 왕을 세우지 않고, 고려 왕실의 일원인 왕온을 왕으로 세웠을까?

아마도 삼별초가 고려 왕실이 갖는 권위를 완전히 부정하지 못했거나, 삼별초에 가담한 사람들 중 누구도 다른 사람들을 힘이나 권위로 완전히 굴복시켜 스스로를 왕이라 칭할 능력이 없었던 듯하다. 만약 두 번째 추측이 맞다면, 이는 삼별초가 강력하게 통일된 조직이 아니라 서로 다른 사람들이 어지럽게 모인 집단이었다고 봐야 한다. 처음의 반란 주도 세력은 분명 군인들이었지만, 이내 노비같이 전혀 다른 부류의 사람들이 대거 가세하면서 인원이 크게 늘어나 무리들을 통솔하기가 어려워졌을 것이다.

진도를 본거지로 삼았지만, 삼별초는 그대로 진도 안에서 웅크리고 있지 않았다. 우선 진도는 작은 섬이라 많은 사람들을 계속 먹여 살릴 식량이 부족했다. 또한 진도 안에만 머무르고 있으면, 나중에 몽골과 고려 정부군의 토벌을 받아 한 번에 몰살당할 위험이 컸다. 그래서 삼별초는 두 가지 작업을 동시에 벌였는데, 하나는 고려 남해안의 각 성들을 상대로 식량을 빼앗아오는 일이고, 다른 하나는 진도가 함락될 경우를 대비해 다른 근거지가 될 곳을 미리 점령하는 일이었다.

그리하여 삼별초는 1270년 9월부터 전라도 나주와 전주에 쳐들어간 것을 시작으로 1271년 2월에는 조양(현재 전남 장흥)을, 3월과 4월에는 합포(현재 창원 마산)와 금주(현재 김해), 동래까지 공격하여 고려 정부군과 싸우면서 식량을 약탈하는 등 남해안 일대 공략에 나섰다. 비록 나주 공격은 높은 성곽과 고려 정부군의 굳센 방어에 부딪쳐 실패했지만, 삼별초를 막기 위해 파견된 몽골과 고려 토벌군을 물리쳐 후퇴시키기도 했다. 이는 삼별초의 난 초반에 삼별초의 기세가 그만큼 매우 강성했음을 뜻한다. 아울러 삼별초는 근거지인 진도가 고려 본토와 너무 가까워서 유사시 고려 정부군에게 공격당할 위험성이 크다고 판단했다. 그에 따라 진도를 대신할 두 번째 근거지로 진도 남쪽에 있는 제주도를 선택하고, 1270년 11월 제주도를 점령하기 위해 군대를 보냈다. 제주도를 공략한 삼별초 부대의 지휘관은 곽연수와 이문경이었는데, 이 중 곽연수는 제주도를 지키는 고려 정부군에게 포로로 잡혀 처형당했으나, 이문경은 고려 조정의 지나친 공물 요구에 불만을 품고 있던 제주도 주민들의 협조를 받아 고려 정부군을 제압하고 제주도를 점령하는 데 성공했다.

하지만 삼별초는 초반의 왕성한 기세 뒤편에 가려진 어두운 부분도 안고 있었으니, 바로 내부갈등이었다. 비록 그 상황이 정확히 사서에 언급되어 있지는 않지만, 전체적인 정황들로 볼 때 삼별초 내부에서 앞으로 어떤 길을 가야 할지를 놓고 여러 갈등이 빚어졌던 듯하다. '몽골과 고려 정부를 상대로 끝까지 싸울 것인가, 아니면 적당히 타협할 것인가?' '왕온을 계속 왕으로 섬길 것인가, 아니면 다른 사람이 왕온 대신 지도자가 되어야 할 것인가?'라는 두 가지 문제를 놓고 삼별초 내부에서 갈등이 빚어졌던 것으로 보인다.

실제로 진도로 들어간 삼별초의 지도자 중 한 명인 배중손은 1271년 2월 몽골 사신을 만난 자리에서 "만약 몽골군이 철수하고 우리를 공격하지 않는다면, 우리도 계속 몽골과 적대하지 않을 것이며, 몽골과 얼마든지 평화로운 관계를 맺을 수도 있다"는 제안을 하기도 했다. 그리고 1271년 5월 15일 진도가 몽골과 고려 정부군의 공격을 받을 때, 삼별초의 다른 지도자인 유존혁은 80척의 배를 이끌고 남해도에 머물면서 진도에 있는 삼별초를 구하지 않고 가만히 보고만 있다가, 살아남은 삼별초 군사들이 제주도로 달아나자 그제야 그들을 따라 제주도로 들어갔다. 이는 유존혁이 배중손과 사이가 좋지 않아 그를 구하지 않고 일부러 죽게 내버려두었던 것이 아니었을까?

진도가 몽골과 고려 정부군의 공격을 받고 함락되자, 살아남은 삼별초 군사들은 미리 점령해둔 제주도로 달아났다. 그리고 토벌군에 대비하여 제주도 해안가에 장성을 쌓고, 고려 남해안에서 개경으로 향하는 곡물 운송선들을 습격하여 식량을 확보하며 최후까지 결사항전을 준비했다. 하지만 진도가 함락당할 때 입었던 피해가 워낙 커서 이미 제주도로 들어간 삼별초 군사의 규모와 그 기세는 상당히 꺾여 있었다. 마침내 1273년 4월 몽골과 고려 정부군 1만2000명이 제주도를 공격했다. 삼별초는 힘껏 저항했으나 병력이 부족하여 제대로 싸워보지도 못하고 패배를 거듭한 끝에 1273년 6월 마지막으로 삼별초를 이끈 지도자 김통정이 추종자들과 함께 자결함으로써 난은 끝나고 말았다.

고려의 패망과
조선의 건국으로 이어지다

1270년 6월 1일에 일어난 삼별초의 난은 그로부터 꼭 3년 후인 1273년 6월에 막을 내렸다. 3년 동안 계속된 이 반란은 현재 한국사에서 그리 중요하게 다뤄지지 않고 있으나, 나름대로 후대의 역사에 결코 무시할 수 없는 영향을 끼쳤다.

반몽골의 기치를 내건 삼별초의 패망은 이제 고려에서 반몽골 자주파가 완전히 소멸되었음을 뜻했다. 그리고 고려는 우리가 교과서에서 익히 보았듯이, 원나라(1271년 몽골은 국호를 원元으로 고쳤다)와 결탁한 친원세력이 지배했다. 삼별초 같은 저항세력이 사라지자 더 이상 두려울 것이 없어진 친원 권문세족은 백성들을 마음껏 수탈하고 착취하여, 궁핍해진 백성들로부터 원성을 샀다. 아울러 고려의 종주국이 된 원나라는 고려의 국력이 강성해지는 것을 경계하여 고려를 쇠약한 상태로 만들어놓고자, 고려의 군사를 줄이는 식으로 군사력을 일부러 약화시켜버렸다.

  그로 인해 14세기 무렵, 고려는 국방력이 매우 허약해져 북쪽의 홍건적과 남쪽의 왜구들로부터 극심한 침략을 받으면서도 제대로 대처하지 못하고 속수무책으로 당하기만 했다. 특히 고려의 군사력이 유명무실한 틈을 타서 고려의 바다를 마음껏 휩쓸고 다니며 살육을 일삼은 왜구들의 준동을 고려 정부가 제대로 제압하지 못하자, 고려 백성들은 정부에 분노하고 깊은 원망을 품었다. 이러한 때에 등장한 청년 장군 이성계는 자신을 따르는 사병을 이끌고 홍건적과 왜구를 토벌하여 백성들로부터 열렬한 신망을 얻었다. 또한 부패한 친원 권문세족을 몰아내고 새로운 시대를 열어가고자 했던 신진사대부 계층은 강력한 군사력을 지닌 이성계와 손을 잡았다. 그리고 마침내 낡은 고려 왕조를 무너뜨리고 새로운 나라 조선을 세우게 된다. 비록 삼별초의 난은 실패했지만, 그 파장은 뜻하지 않은 큰 변화를 불러일으켜 원에 굴복한 고려 대신 새로운 나라 조선의 탄생으로 이어졌다.

5

해고된 명나라 역졸들, 나라의 운명을 바꾸다

명나라의 역졸 해고와 이자성의 난

과거나 현재나 직장을 잃게 되면 처음에는 분노를 하게 되고, 실업 상태가 길어지면 불안과 초조, 무기력에 빠지게 된다. 이러한 절망적인 상태가 지속적이고 광범위하게 사회적으로 나타나면 실업자 집단이 사회를 향해 행동을 하게 된다. 17세기 중국 역사에 큰 영향을 끼친 반란군 지도자, 이자성李自成(1606~1645)도 그렇게 실업에 분노한 사람들과 난을 일으켰고, 그 난은 결국 세상을 바꾸었다.

우체국 집배원이었던 이자성

이자성은 중국 명나라 말기 사람이다. 그는 1606년 중국 서북부 섬서성 미지에서 태어났는데, 섬서는 북쪽으로 몽골과 가깝고 유목민족인 몽골족과의 교류가 잦아서 주민들도 그만큼 호방했다. 이자성도 그런 고향의 영향을 받아서 어릴 적부터 또래들과 힘과 용기를 겨루며 자랐다. 좋게 말하면 그때부터 지도자의 기질을 보였다고 할 수 있다. 20살을 전후하여 이자성은 역참驛站에 근무하는 역졸驛卒이 되었다. 역참은 오늘날 정부에서 운영하는 우체국과 도로교통 부처를 합친 기관인데, 지금으로 치면 이자성은 국립 우체국에서 각종 편지와 물건을 나르는 집배원으로 일했던 것이다.

그런데 1630년, 명나라 조정은 역참에서 일하는 전체 역졸의 약 60%를 해고했다. 졸지에 직장에서 쫓겨나 실업자가 된 전직 역졸들 중에 이자성도 포함되어 있었다. 당시 명나라는 동쪽 국경 지역을 위협하는 후금(청)과 전쟁을 벌이던 중이었는데, 최정예 부대를 후금과의 국경 지역에 배치하고 그들에게 식량과 물자를 대느라 나날이 군사비 지출이 늘어나는 상황이었다. 정해진 예산 한도에서 군사비를 대려면, 그리 중요하지 않은 다른 부문의 지출을 줄여야 했다. 명나라는 역참에서 근무하는 역졸을 줄여서 인건비를 절약하고 남은 돈을 군사비로 돌리기로 결론내린 것이다. 역졸을 모두 해고하는 것도 아니고, 4할은 남겨두니 물자 운송에 크리 큰 지장은 없으리라고 명의 대신들은 생각했다. 확실히 역졸의 6할을 해고한 결과, 인건비는 줄일 수 있었다. 하지만 더 큰 문제가 발생했다. 하루아침에 일자리를 잃고 거리로 내몰린 역졸들이 자신들을 굶주리게 만든 조정에 불만을 품고, 반정부 세력에 가담했던 것이다. 14년 후, 반란군을 이끌고 명나라를 멸망시키는 이자성도 그 세력에 합류했다. 명나라 입장에서는 인건비 몇 푼을 줄이자고 한 일이 결과적으로 나라를 망하게 만든 셈이다.

《명사明史 이자성전李自成傳》《고영상전高迎祥傳》 등의 기록을 보면, 이자성이 어떤 경로로 역졸에서 해고되어 반란군에 가담했는지에 대한 흥미로운 내용이 실려 있다. 기록에 따르면 이자성이 처음부터 작심을 하고 반란군에 들어간 것은 아니었다. 역졸에서 쫓겨나기 전, 이자성은 애거인艾擧人이라는 고리대금업자에게 높은 이자로 돈을 빌려 썼는데, 역졸로 지내던 시절에는 봉급으로 빚을 갚아나갈 수 있었다. 그런데 역졸에서 해고되자 더 이상 빚을 갚을 수 없게 되었다. 그러자 애거인은 관아에 "이자성이 내 돈을 빌려놓고 갚지 않습니다!"라며 고발했고, 이자성은 관아에 붙잡혀 족쇄를 차고 거리를 끌려 다니는 수모를 당했다. 이를 본 과거 이자성의 역졸 동료들이 몰려와서 관졸들을 때려눕히고 이자성을 구해냈다.

동료들 덕분에 자유를 되찾은 이자성은 자신에게 모욕을 준 애거인을 죽인 뒤 동료 역졸들과 함께 조정에 맞서는 도적이 되었다. 그대로 가만히 있다가는 관아에 붙잡혀 살인죄에 대한 처벌로 목숨이 위태로우니 일단 관아의 체포로부터 몸을 피하기 위해서였고, 한편으로는 먹고살 길이 막막해서 약탈을 해서라도 일단 굶주린 배를 채우려 함이었을 것이다.

이렇게 실업자들이 도적이 되는 상황임에도 명나라의 실업대책은 없는 것이나 마찬가지였다. 우선 잇따른 흉년으로 세금이 제대로 걷히지 않아 실업자를 구제할 예산이 부족했다. 물론 많은 재산을 가진 조정의 고위 대신들과 부유한 상인들에게 높은 세금을 거둬들이면, 국고를 충분히 채울 수 있었다. 그러나 뒤에 가서 언급될 주규와 진연의 경우에서 나타나듯이 명나라의 부유층은 자신들의 재산을 세금으로 내놓기 거부했다. 가진 자들이 희생을 한다는 '노블리스 오블리주noblesse oblige'(높은 사회적 위치에 따르는 책임) 같은 건 당시 명나라에 없었다. 그렇게 국가의 예산이 부족한 가운데, 그나마 남은 예산의 대부분은 동쪽 산해관에서 만주족의 침략을 막고 있는 군대의 군비로 들어가니, 실직한 역졸들을 위한 실업대책이 제대로 세워질 리 없었다.

실직자들은 조정의 냉대와 무관심 속에 자신들의 살길을 스스로 마련하기 위해서 반국가 단체인 도적이 되고 말았다. 명나라는 인건비 몇 푼을 아끼려고 역졸들을 해고했다가 오히려 그로 인한 반발로 인해 국가 자체가 존망의 위기에 봉착했다.

도적이 된 이자성, 복수의 칼을 뽑다

전직 실업자에서 살인 범죄자가 된 이자성이 신변의 안전을 위해 가장 먼저 간 곳은 불첨니不沾泥(본명은 장존맹張存孟)라는 별명의 두목이 이끄는 도적 무리였다. 그러나 1년 후인 1631년, 불첨니는 명나라 관군에게 항복했다가 처형당하고 이자성을 포함하여 그가 거느린 도적들은 뿔뿔이 흩어졌다. 우두머리를 잃자 이자성은 자신을 따르는 무리를 데리고 다른 도적 두목인 고영상高迎祥을 찾아갔다. 그는 틈왕闖王이라는 별명을 가졌는데, 한자로 '틈闖'은 '문 사이로 말이 뛰쳐나오는' 형상을 지닌 문자로 사납고 용맹하다는 의미를 담고 있다. 고영상은 불첨니보다 군사적 재능에 더 뛰어난 인물이었던 듯하다. 그는 1636년, 남쪽의 안휘성으로 쳐들어가 봉양에 있는 명나라의 개국 황제인 주원장의 무덤을 모조리 불태워버렸다. 조상을 숭배하는 동양의 전통에 비춰 본다면, 백성들로부터 증오의 대상이 된 명나라를 향해 '망하라'는 주술적 저주를 퍼부은 것이라고 할 수 있다.

조상의 무덤이 도적들에게 훼손당했다는 소식을 들은 명나라 숭정제 崇禎皇帝(1611~1644)는 충격과 죄책감에 통곡을 하면서 도적 토벌 전문가인 홍승주에게 고영상과 그 패거리를 진압하라고 명령했다. 홍승주는 대군을 이끌고 고영상의 부대를 포위하여 궁지에 몰아넣었고, 고영상은 배신한 부하에게 붙잡혀 홍승주에게 넘겨진 다음 북경으로 끌려가 사지가 찢겨져 죽었다. 그러나 홍승주는 한 가지 실수를 저질렀는데, 포위망을 뚫고 달아난 이자성을 미처 붙잡지 못했던 것이다. 고영상이 이끌던 도적들 중 이자성을 따라 도망친 잔당은 이자성을 새로운 지도자로 추대했고, 이자성은 죽은 고영상을 대신하여 틈왕으로 불리게 되었다. 고영상을 죽인 홍승주와 다른 관군 사령관들은 새로운 틈왕이 나타났다는 소식에 잠시 어리둥절해했다. 하지만 곧 그가 고영상의 후계자인 이자성이라는 사실을 알고는 대군을 몰아 추격에 나섰다.

1638년 이자성은 섬서에서 하남으로 가던 도중, 동관 남원에서 토벌군과 만나 치열하게 싸웠으나 크게 패배하고, 심복인 유종민과 전견수, 이과 등과 함께 간신히 섬서성 상락산으로 달아나서 숨었다. 한동안 이자성은 상락산에 틀어박혀 바깥으로 나오지 않았기에, 이자성이 죽었다는 헛소문이 널리 퍼졌다. 그래서 도적들의 준동은 잠시 조용해졌으며, 명나라 조정은 한시름을 놓았다.

하지만 1639년, 명나라 각 지역에서 도적들이 다시 벌떼처럼 들끓었다. 그해 들어 극심한 가뭄이 중원을 휩쓸었기 때문이다. 흉년으로 인해 식량을 구하지 못하고 굶주리던 일부 농민들은 돌과 흙을 먹으면서 버티다가 배에 탈이 나 죽기도 했다. 생존의 위기에 직면한 농민들은 많은 식량을 비축해놓은 부자나 고위 관리들의 집을 습격하여 배고픔을 해결하는 도적이 되었다. 도적이 될 용기가 없는 이들은 이미 죽어간 시체에서 살점을 잘라 먹기도 했는데, "그것은 짐승들이나 할 짓이지 사람이 할 일이 아니다"라고 꾸짖는 사람을 향해 "내가 사람을 먹지 않으면 다른 사람이 나를 죽여서 먹는다!"라며 절규했다. 이런 아비규환의 참상에 명나라 조정은 속수무책이었다.

그러나 메뚜기떼처럼 늘어나는 도적들을 보고 기뻐하는 사람도 있었으니, 바로 이자성이었다. 사방에서 도적이 들끓으니, 그들을 잘 구슬려 자신의 편으로 만든다면 손쉽게 예전의 세력을 회복할 수 있다고 그는 생각했다. 1640년, 이자성은 무리를 이끌고 상락산에서 나와 하남으로 갔다. 하남은 기근이 가장 심한 지역으로 도적이 많아 이자성이 활동하기 유리했다. 이자성은 자신이 명나라 황실 조상의 무덤을 불태운 틈왕 고영상의 뒤를 이은 새로운 틈왕이며, 함께 힘을 모아 백성을 도탄에 빠뜨리고 있는 부패한 명나라를 무너뜨리자고 도적들에게 호소했다. 그러자 수많은 도적들이 이자성의 휘하로 몰려들었다. 이미 명나라 관군과 몇 차례 싸운 경험이 있는 데다, 여러 번 관군에게 포위를 당하는 위기 상황에서도 끝까지 살아남아 다시 일어서는 데 성공한 이자성이 농민과 도적들 사이에 신비한 힘을 가진 무적의 장군처럼 인식되었기에 가능한 일이었다.

이자성은 이때, 종전처럼 노략질만 일삼는 단순한 도적을 넘어, 더 큰 단계로 나아가려는 야심을 품었던 듯하다. 그는 산에서 내려오자 우금성牛金星, 송헌책宋獻策 등 명나라 조정에 반감을 품은 지식인들을 불러서 자신의 휘하에 두고, 그들이 짜낸 여러 가지 계략을 적극 반영했다. 중국 역사를 보면 반란군이 성공하기 위한 조건 중 하나가 바로 지식인의 도움을 받는 일이었다. 그래서 도적 두목으로 시작한 한고조 유방과 명태조 주원장은 모두 숙손통과 송렴 같은 지식인들을 데려와 가르침을 받았던 것이다. 마찬가지로 이자성이 지식인들을 참모로 거느렸다는 사실은 이제 그가 단순한 반란군 두목이 아니라, 하나의 정권을 시작하려는 야심을 품었다는 것을 의미했다.

이자성의 초청을 받은 우금성과 송헌책은 자신의 주군에게 다음의 계책을 마련해주었다.

"틈왕께서 큰 뜻을 이루시려면, 몇 가지 조건이 필요합니다. 우선 원한을 많이 산 탐관오리 같은 경우를 제외하면 사람을 함부로 죽이지 마십시오. 또한 병사들한테 백성들의 재산을 결코 빼앗지 말라고 엄격히 명하셔야 합니다. 그래야 백성들로부터 민심을 얻을 수 있습니다. 그리고 재산을 많이 쌓은 탐관오리로부터 얻은 재물 중 일부를 백성들에게 나눠주십시오. 그러면 오랜 굶주림에 시달린 백성들은 자연히 틈왕을 앞다투어 환영할 것입니다."

이자성은 참모들의 건의를 그대로 실행에 옮겼으며, 장사꾼으로 위장한 부하들을 사방으로 보내 "틈왕이 오면 세금을 거두지 않는다. 그러니 백성들에게는 낙원과 같다! 소와 양을 잡고 술을 빚고 성문을 열어 틈왕

지식인들로부터 조언을 받고 있는 이자성. 그러나 이자성을 따르는 지식인들은 숙손통이나 송렴같이 천하를 경영할 그릇이 못 되었다.

을 맞이하자"라는 말을 퍼뜨렸다. 그러자 오랫동안 높은 세금에 시달려 온 명나라 백성들은 틈왕을 구세주처럼 열렬히 환영했고, 서로 성문을 열어 이자성과 그의 군대를 귀한 손님으로 맞이했다.

한편 이자성의 군대에는 도적들 이외에도 오랜 가난으로 부모를 잃은 고아들이 많이 몰려왔다. 이자성은 이들에게 첩자나 길잡이 역할을 맡긴 뒤 영리한 아이들을 골라내어 어른이 되면 새로운 병사로 키워내려 했다. 월급을 받지 못해 굶주림에 시달리다가 군대를 도망친 탈영병들도 이자성을 찾아왔다. 그들은 명나라 군대의 무기와 장비를 들고 와서는 이자성의 병사들에게 그 사용법을 가르쳤으며, 그로 인해 이자성의 군대는 명나라 정규군과 싸워도 밀리지 않는 전투력을 보유하게 되었다.

대왕의 자리에 오른 이자성

1641년 1월 21일, 이자성은 과거 한나라의 수도였던 대도시 낙양을 함락시켰다. 이때 낙양에는 명나라 만력제의 아들이자 숭정제의 숙부인 복왕福王 주상순朱常洵(1586~1641)이 살고 있었다. 그는 매우 탐욕스러운 인물로 자신의 대저택에 수십만 석이 넘는 막대한 식량을 쌓아두고 있으면서 굶주리는 백성들을 위해서는 단 한 톨도 내놓지 않아 주위로부터 큰 원한을 샀다. 이자성의 군대가 낙양에 들어오자 주상순은 사찰로 달아났다가 붙잡혀 이자성 앞으로 끌려왔다. 이자성을 본 주상순은 그의 앞에 무릎을 꿇고 목숨을 구걸했으나, 이자성은 그를 매섭게 꾸짖었다.

"참으로 어리석은 자로다! 네가 만일 저 많은 식량을 풀어서 백성들을 먹였다면, 어찌 이 낙양성이 함락되었겠으며 또 수많은 백성들이 왜 도적떼가 되었겠느냐? 너같이 탐욕스러운 짐승을 죽여 벌하는 일이야말로 천하 백성들의 가슴 속에 쌓인 원한을 풀어주는 것이다."

이자성의 명령에 따라 주상순은 목이 잘려 처형되었다. 그리고 이자성은 주상순의 대저택에 쌓인 수십만 석의 식량과 다른 재물을 몰수했고, 그중 약 1할(10%)을 백성들에게 나눠주었다. 1할이라고는 해도 주상순이 비축한 재산이 워낙 많았기에 결코 적은 양이 아니었다. 주상순에 대해 원한을 품고 굶주리던 백성들은 이자성으로부터 식량과 재물을 받고는, "이공자가 우리 목숨을 구했다!"라며 열렬히 이자성을 칭송했다.

낙양의 함락으로 중국 전역에 이자성의 명성이 널리 퍼졌다. 사방의 도적과 농민들은 이자성을 우러러보며 앞다투어 그의 휘하로 몰려들었고, 명나라 조정의 고관대작들은 자신들도 주상순처럼 될까 봐 이자성을 크게 두려워했다. 이자성의 군대가 가는 곳마다 그에게 합류하는 사람들이 늘어났으며, 그에 따라 이자성의 무리도 시간이 갈수록 규모가 확대되었다. 명나라 말기에 개봉을 지키던 관리인 이광전李光壂은 《수변일지守汴日誌》라는 책에 자신이 직접 관찰한 이자성의 군대 규모에 대해 이렇게 기록했다.

1641년 개봉을 공격할 무렵 이자성의 군대는 3만3000명이었으나, 1642년 4월에 다시 개봉을 공격할 때는 무려 113만 명의 인원에 39만 필이나 되는 말들이 포함된 거대한 규모로 증가했다. 다만 저 숫자 전부가 전쟁에 참여하여 싸우는 전투원인 것은 아니었다. 실제로 직접 무기를 들고 싸우는 전투원은 전체 인원의 약 10분의 1가량이고, 나머지 사람들은 전투원을 위해 온갖 잡다한 일들(식량·옷·약품 보관 및 무기와 장비 수리 등)을 해주는 일꾼 역할을 했다.

낙양성 전투를 승리로 이끈 이자성은 1642년 9월, 대군을 이끌고 옛 송나라의 수도인 개봉을 함락시켰다. 이때 개봉의 방어가 두터워서, 이자성은 황하를 막는 제방을 허물어 성 안에 홍수를 일으키는 방식으로 개봉을 점령했다. 다음 해인 1643년 11월에는 서쪽으로 군대를 돌려 당나라의 수도였던 서안(장안)을 함락시켰고, 이름을 '서쪽의 도읍'이라는 뜻인 서경西京으로 고쳤다. 도시의 이름을 도읍으로 고쳤다는 점에서, 이자성이 독자적인 정권을 세우겠다는 결심을 했음을 알 수 있다.

그리고 1644년 1월, 이자성은 자신의 칭호를 틈왕에서 대순왕大順王으로 고치고, 나라의 이름을 대순大順, 연호를 영창永昌으로 하는 새로운 정부의 구성을 선포했다. 불과 14년 전, 빚을 갚지 못해 범죄자 신세가 됐던 실업자가 이제는 100만 명의 추종자를 거느리며 막강한 위세를 떨치는 대왕이 된 것이다. 다만 자신의 칭호를 대왕이라고만 했지, 황제라고는 하지 않았다. 아직 북경에 명나라의 숭정제가 살아 있었기 때문이다. 이자성이 진정한 황제가 되려면 북경으로 쳐들어가 숭정제로부터 황제 자리를 넘겨받아야 했다.

무자비한 북경 약탈, 인심을 잃다

대순왕이 된 이자성은 곧바로 대군을 조직해 명나라 수도 북경을 목표로 원정에 나섰다. 이때 50만 명이 그를 따랐는데, 그중 말을 탄 기마병이 10만 명에 달했다. 이자성이 거느린 군사와 말이 워낙 많았기에, 10만이나 되는 대규모 기마부대를 편성하는 일도 가능했던 것이다.

1644년 2월, 이자성은 하북성의 태원을 함락시키고, 곧바로 영무성에서 명나라 장군 주우길을 붙잡아 처형했다. 대동과 선부를 지키던 강양과 왕승윤 등 명나라 장군들도 이 소식을 듣고 잇따라 이자성에게 항복했다. 3월 12일에는 영락제(명나라의 세 번째 황제)로부터 시작되는 명나라의 역대 황제들의 무덤이 있는 창평이 이자성군에게 점령당했으며, 이자성은 명나라 황제들에게 제사를 지내는 전당인 향전享殿을 불태워버렸다. 이제 북경까지는 며칠이면 달려갈 수 있는 거리였다.

3월 17일 이자성의 군대가 북경성 외곽에까지 도착하자, 다급해진 숭정제는 조정의 고관대작들에게 "도적을 막고 나라를 지키기 위해 재산을 군사비로 내놓으라!"고 호소했다. 하지만 고관대작들은 "저희들도 재산이 별로 없어서 어렵습니다"라고 말하며 거부했다. 숭정제의 아내인 주황후의 아버지, 즉 국구(황제의 장인)인 주규는 빈털터리 신세라고 거짓말을 하다가 숭정제가 "황실의 외척인 국구께서 무일푼이란 말씀이오? 세상에 그게 말이나 됩니까?"라고 꾸짖자, 그제야 2만 냥을 바치겠다고 했다가 그것도 아까웠는지 황후에게 애걸복걸하여 3000냥으로 낮추는 추태를 보였다. 그나마 주규는 양심이 있는 사람이었으니, 승상에 해당하는 대학사 진연은 "어려운 때일수록 청렴하게 지내면서 가난을 참아야 합니다"라고 핑계를 대면서 단 한 푼도 바치지 않았다. 나라의 멸망이 눈앞에 닥쳐왔는데, 정작 부유한 기득권층이 돈을 움켜쥐고 내놓지 않으려는 한심한 모습에 환관들조차 "나라가 망하면 자신들의 손안에 재물이 온전히 남을 것 같은가?"라고 탄식할 정도였다. 정작 우습게도 고관대작들이 끝까지 숨기려고 했던 재산은 이자성이 북경에 들어오자마자 모조리 빼앗기고 말았다.

이자성을 막기 위해 북경성 밖으로 나간 명나라 군대도 무기력했다.

당시 명나라 최정예 부대는 모두 청나라를 막기 위해 동쪽의 요새인 산해관에 배치되어 있었고, 북경에는 늙거나 병든 군사들만 남아서 전투력이 미약했다. 이런 군사들에게 연전연승으로 기세가 오른 대순군을 막게 한다는 것은 마치 토끼들을 몰아 호랑이떼와 싸우게 하는 어리석은 짓이었다. 대순군이 쳐들어오자 북경의 명나라 군사들은 모조리 달아나거나 항복해버렸다. 심지어 숭정제가 군대를 감시하기 위해 보낸 태감(환관)들조차 모두 이자성에게 항복하고는 곧바로 숭정제에게 가서 "대순군은 100만이 넘으니 도저히 이길 수 없소. 그러니 황제는 옥좌에서 물러나 대순왕에게 제위를 넘겨주시오!"라고 협박하기까지 했다.

다음 날인 3월 18일, 이자성이 이끄는 대순군은 북경성을 공격했다. 이때 창의문을 지키고 있던 태감 조화순이 이자성에게 항복하며 성문을 열고 대순군을 맞아들였다. 거침없이 북경성 안으로 쳐들어간 이자성과 대순군은 숭정제를 노리고 그가 머무는 자금성으로 달려갔다.

성문이 열렸다는 소식을 접한 숭정제는 먼저 황후와 공주들을 칼로 찔러 죽이고, 세 아들들을 백성으로 변장시켜 몰래 궁궐 밖으로 내보냈다.(다만 이들 모두는 얼마 못 가 대순군에 항복한 환관들에 의해 포로가 되었다가 청군에게 붙잡혀 죽임을 당했다) 그리고 숭정제는 환관인 왕승은과 함께 궁궐을 빠져나가 매산煤山으로 도망쳤다가 목을 매어 자살했다.

이튿날인 1644년 3월 19일, 이자성과 참모들이 자금성에 들어갔으며 북경은 완전히 대순군에게 점령되었다. 명나라 신하들은 모두 거리로 나와 모자에 순민順民(대순의 백성)이라는 글귀가 적힌 종이를 붙이고는 무릎을 꿇고 엎드려 이자성을 맞이했다. 개중에 동림당 소속이었던 주종

같이 기회주의적인 자들은 이자성을 가리켜 "요임금과 순임금보다 공이 많고, 탕왕과 무왕보다 덕이 부족하지 않으십니다"라는 낯간지러운 문장으로 찬양하는 글을 올렸다.

자금성의 주인이 된 이자성은 민심을 수습하기 위해 죽은 숭정제와 황후의 시신을 거두어 장례식을 치러주었다. 그리고 산동과 산서, 하북과 하남, 섬서와 사천 지역에 관리를 보내 자신이 명나라를 대신하여 중원의 새로운 지배자가 되었음을 알렸다. 하지만 아직 이자성이 중국의 완전한 제왕이 된 것은 아니었다. 북경 동쪽 산해관에는 이자성에게 항복하지 않은 명나라 장군 오삼계吳三桂(1612~1678)가 거느린 명군이, 남쪽의 양자강 건너편에는 남경을 중심으로 한 명나라의 잔존세력이 남아 있었다. 이 둘을 모두 복속시키거나 없애지 않는 한, 이자성은 진정한 황제가 될 수 없었다. 고심 끝에 이자성은 우선 거리가 가까운 오삼계부터 회유하기로 하고 그에게 400만 냥의 은자를 선물로 보냈다. 군자금이 필요한 오삼계에게 400만 냥이라는 거금은 거부하기 힘든 것이었고, 만약 그가 이자성에게 머리를 숙이고 들어온다면 이자성은 명나라 최정예 부대까지 손에 넣게 되니 호랑이 등에 날개가 달린 것처럼 더욱 기세가 강성해질 수 있었다. 아울러 오삼계는 청나라가 중원으로 들어가는 길목인 산해관을 지키고 있으니, 오삼계를 회유하는 데 성공한다면 또 다른 적인 청나라의 침입을 막는 방패막이 역할도 가능했다.

그런데 이자성은 이러한 웅대한 구상을 스스로 망쳐버렸다. 3월 19일 북경에 입성한 이자성은 곧바로 "이제부터 성 안의 모든 부자와 고위 관리들은 갖고 있는 재산을 하나도 빠짐없이 대순군에게 바쳐라. 만약 숨기는 자가 있다면 결코 용서하지 않겠닀!"띌는 포고묞을 발표했닀. 그늬고 병사듀을 시쌜 부유잵의 저택곌 재산을 몰수하도록 지시했닀. 읎자성의 명을 받은 대순군 병사듀은 굶죌늰 늑대 묎늬처럌 부자듀의 집윌로 몰렀가, 귞듀을 협박하여 황ꞈ곌 은, 비닚 같은 값비싞 재산을 강제로 털얎갔닀. 거부하는 읎듀읎 있윌멎, 몜둥읎로 구타하거나 목을 조륎거나 뜚거욎 불로 지지는 등의 고묞도 서슎지 않았닀. 대순군의 횡포에 죌규는 52만 냥을 바쳀고, 대학사 진연은 황ꞈ곌 은 4만 냥을 바쳀닀. 귞 밖에도 재산읎 있는 부자와 ꎀ늬, 상읞듀은 대순군에게 재산을 몚두 바쳐알 했닀. 읎렇게 읎자성은 북겜에 뚞묎는 42음 동안 묎렀 7000만 냥읎나 되는 얎마얎마한 거액을 뜯얎냈닀. 읎 액수는 명나띌 조정읎 5년 동안 거둬듀읞 섞ꞈ곌 맞뚹었닀고 하니, 읎자성은 북겜의 부륌 통짞로 긁얎낞 셈읎었닀.

부자듀에게 돈을 뜯는 음읎알 군자ꞈ을 확볎하Ʞ 위핎서띌고 변명할 수도 있지만, 묞제는 거Ʞ서 끝나지 않았닀. 혞화로욎 북겜성 안에 듀얎와 알탈을 하닀 볎니 대순군 병사듀은 귞동안 유지핎왔덌 엄격한 군Ʞ가 흐튀러졌고, 음반 백성듀에게까지 마수륌 뻗었닀. 여자듀을 납치핎 간음하고 음식곌 묌걎을 빌앗았윌며, 여Ʞ에 항의하는 읎듀은 몚두 죜여버렞닀. 귞러자 북겜성은 삜시간에 대순군의 횡포에 욞분을 느낀 백성듀의 원망윌로 가득 찬닀. 귞러는 와쀑에 읎자성의 부하 장수읞 유종믌읎 였삌계의 집에 쳐듀얎가 귞의 아버지읞 였양을 감ꞈ하고 였삌계의 재산을 몰수하는 한펞, 귞의 애첩읞 진원원을 납치하는 사걎읎 벌얎졌닀. 읎자성의 부하가 두목읎 회유하Ʞ로 한 였삌계의 재산을 알탈하닀니, 얎짞서 귞런 만행을 벌였는지 알 수 없닀. 추잡컚대, 읎자성의 부하마저 두목의 명령을 무시하고 자신의 잇속만을 챙길 만큼 대순군의 군율이 매우 문란해졌던 탓이 아닌가 싶다. 이자성 같은 반란군 두목이었던 한 고조 유방이 진나라 수도 함양에 들어갔을 때, 처음에는 눈부신 금은보화와 미녀들을 보고 약탈을 하려고 했다가 참모인 소하의 건의로 약탈을 엄격하게 금지했다는 일화와 비교하면, 이자성은 애초부터 천하를 줄 그릇이 아니었던 모양이다.

한편 이자성이 보낸 사신으로부터 400만 냥의 은자를 받고, 북경성 함락과 숭정제의 자결 소식을 들은 오삼계는 이자성에게 항복할 결심을 했다. 보통 전제왕조에서 황제가 죽고 수도와 궁궐이 점령당했다는 것은 곧 그 나라가 멸망한 것과 다름없었으니, 오삼계로서는 이자성이 중국의 새 황제가 되었다고 생각했을 법도 하다. 그리고 이자성이 보낸 400만 냥이라는 엄청난 뇌물도 오삼계의 입맛에 당겼다. 많은 군대를 거느리고 있는 오삼계로서는 그만큼 군자금이 절실히 필요했다. 그런데 북경에서 오삼계 집안의 하인이 오삼계에게 달려와서 그의 집안이 유종민에게 약탈당하고 사랑하는 애첩마저 빼앗겼다는 소식을 전하자, 오삼계는 큰 충격을 받았다. 자신은 이미 이자성에게 항복하기로 했는데, 그 부하가 자신의 재산과 애첩을 빼앗았다니? 그렇다면 이자성에게 항복을 해봤자 안전을 보장받을 수 없을 것이고, 자칫하면 이자성의 다른 부하한테 피해를 당할 우려가 높다고 오삼계는 생각했다. 따라서 이자성과 손을 잡는 일은 이롭지 못했다.

그러면 누구와 손을 잡아야 하나? 서쪽에는 북경을 차지한 이자성이 있고, 동쪽에는 언제 쳐들어올지 모르는 청나라가 있다. 이 시점에서 오삼계

북경으로 통하는 관문인 산해관을 지키던 명나라 장수 오삼계. 그가 이자성이 아닌 청나라를 선택함으로써 약 3세기 동안 중국의 역사는 만주족이 지배하게 된다.

가 중립을 지키는 것은 현명한 일이 아니다. 자칫하면 양쪽 모두에게 믿을 수 없는 적으로 몰려 협공을 당할 수도 있다. 결론은 어느 한 편과 손을 잡아야 한다는 것이었다. '이자성 쪽은 아무리 봐도 부하들을 제대로 통제하지 못하는 듯하니, 차라리 청나라가 더 나을 것이다. 풍요로운 중원을 노리고 있던 청나라로서는 중원으로 통하는 길목인 산해관을 열어주는 나를 환영하여 높이 대접할 테고, 그러면 자연히 안전은 보장받게 된다!'

이런 결론을 내린 오삼계는 이자성이 보낸 사신을 죽이고 400만 냥을 통째로 가로챘다. 그리고 청나라에 사람을 보내 "지금 북경에 도적떼가 들어와서 황제를 죽이고 노략질을 일삼고 있소. 이 도적떼를 몰아내는 데 귀국이 도와준다면 크게 보상을 해드리겠소"라고 제안했다. 그러자 청나라의 실권자인 도르곤은 크게 기뻐하며 오삼계의 제안을 수락했고, 황급히 10만 대군을 몰아 산해관으로 달려가 오삼계가 거느린 명군과 합류하여 함께 북경으로 진군했다. 불과 얼마 전까지 서로 죽고 죽이는 치열한 전투를 벌이던 명군과 청군이 어깨를 나란히 하고 명의 수도로 향하는 기이한 모습이었다. 결국 이자성은 북경에서 저지른 무자비한 약탈로 인해 민심을 잃었고, 자신의 적을 둘이나 더 만들어 위험을 자초한 꼴이 되고 말았다. 그리고 여기서부터 이자성의 상승일로는 끝이 나고, 반대로 그의 내리막길이 시작된다.

몰락했지만 전설이 된 도적 황제

오삼계가 청나라와 손잡고 북경으로 쳐들어온다는 소식을 접한 이자성은 서둘러 대순군 20만 명을 이끌고 북경을 떠나, 산해관 인근의 일편석까지 진격했다. 당시 대순군에는 숭정제의 황태자와 오삼계의 가족인 오양, 진원원이 따라갔는데, 이는 이자성의 교묘한 노림수였다. 오삼계를 향해 '나 이자성은 지금 명나라의 황태자 및 너의 가족을 포로로 잡아두고 있다. 만일 네가 항복을 한다면, 여기 있는 황태자처럼 목숨을 보장하겠다. 하지만 끝까지 나와 맞서 싸운다면, 네 가족을 죽이고 말겠다'는 무언의 협박을 하기 위해서 일부러 그들을 인질 삼아 데려간 것이었다.

하지만 오삼계가 아버지나 애첩의 목숨을 걱정하여 이자성에게 항복하는 일은 벌어지지 않았다. 이미 오삼계에게 가장 중요한 것은 자신의 안전이지, 가족이나 명나라의 황태자 따위가 아니었다.

 1644년 4월 23일, 일편석에서 중국의 운명을 뒤바꿀 역사적인 전투가 벌어졌다. 중원을 파죽지세로 휩쓸던 대순군과, 명나라가 심혈을 기울여 길러낸 산해관의 정예 부대는 일진일퇴를 반복하며 피를 흘렸다. 그러나 양측 모두 팽팽한 기세를 유지하며 좀처럼 승부가 나지 않았다. 그러다 오후로 접어들면서 전장에 모래바람이 불어닥쳤고, 곧이어 도르곤이 이끄는 청나라 팔기군이 대순군의 측면을 노리고 돌격해왔다. 계속된 전투로 지쳐 있던 대순군은 사기가 떨어져 황급히 후퇴했다. 그리고 나서 얼마 후 이자성은 오양을 죽였는데, 더 이상 오양을 살려둬봐야 인질로서의 가치가 없기 때문이었다. 다만 진원원은 죽지 않고 계속 살아남았는데, 진원원은 자신이 뒤에 남아서 오삼계의 추격을 조금이나마 늦춰보겠다고 사정하여 목숨을 이어나갔다.

 일편석 전투에서 도망쳐 북경으로 돌아온 이자성은 남아 있는 병력을 수습해보고는 놀라움을 금치 못했다. 그동안 탈영한 병사들이 많아, 병력의 수가 상당히 줄어 있는 상태였다. 북경성에 들어와 저지른 약탈 때문에 많은 병사들이 재물을 챙겨 고향으로 달아나버렸던 것이다. 게다가 북경에 머무는 동안, 군율이 해이해지고 일편석 전투 패전의 여파로 사기마저 떨어져서 오삼계와 청군을 상대로 북경을 지킬 엄두조차 내기 어려웠다. 여기에 약탈의 여파로 북경 주민들도 대순군에 등을 돌리고 강한 반감을 품고 있어, 그들의 도움을 기대하기도 무리였다. 이자성은 고민 끝에 북경을 떠나 원래 근거지였던 서경으로 돌아가 뒷날을 기약하기로 결심하고, 4월 29일 자금성에서 황제 즉위식을 올린 후, 다음 날인 30일에 서둘러 대순군을 이끌고 북경을 빠져나갔다. 그런데 이때, 이자성의 지식인 참모였던 우금성이 대순군을 떠나 아들과 함께 청나라에 항복하는 사태가 벌어졌다. 애당초 이자성의 참모 중 으뜸인 우금성이 그를 버리고 청나라로 넘어갔다는 것은 이자성의 몰락을 상징하는 신호였다.

5월 1일, 북경성에 오삼계의 군대를 앞세운 청군이 들어왔다. 세계사에서는 이날을 기점으로 청나라의 중원 지배가 시작되었다고 본다. 일편석 전투의 패배로 이자성은 몰락의 길로 들어섰고, 승리한 청나라는 명실공히 중원을 다스리는 대제국으로서의 첫발을 내딛었던 것이다.

북경을 떠난 이자성은 7월에 자신이 도읍으로 정한 서경으로 돌아왔다. 그러나 청군은 이자성을 바싹 쫓아 서경까지 쳐들어갔고, 사기가 추락한 대순군은 탈영병이 속출하는 등 예전의 매서운 기세를 보여주지 못하고 지리멸렬해졌다. 1645년 1월, 이자성은 청군을 피해 서경을 버리고 남쪽의 호북성으로 달아났다. 그리고 1645년 6월, 2만 명의 패잔병을 이끌고 호북의 구궁산을 정찰하던 이자성은 그 지역 농민들에게 습격을 받아 죽임을 당했다. 한때 중원을 벌벌 떨게 만들었던 도적 황제의 최후는 너무나 허무했다.

이자성은 비록 짧은 전성기를 누리고 패배하기는 했으나, 살아생전 워낙 눈부신 활약을 보였기 때문에 죽은 후에도 그를 추앙하는 중국인이 많았다. 한때 틈왕이 오면 세금을 내지 않는다는 유행가까지 만들어지고 이자성의 군대가 오면 성문을 열고 항복하는 백성들이 많을 정도로 민

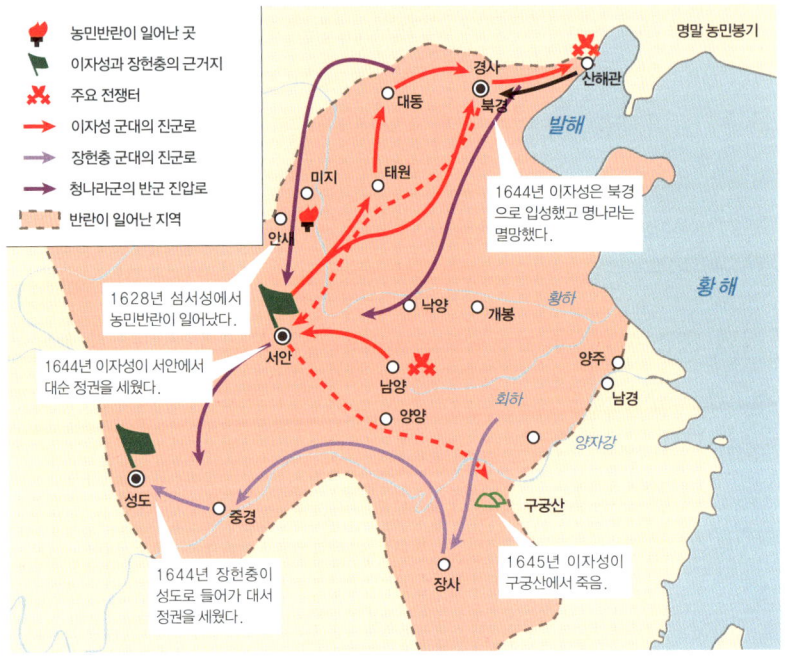

이자성의 활동 경로를 나타낸 지도. 북경을 잃은 지 1년 2개월 만에 그는 호북 구궁산에서 죽임을 당했다.

중의 영웅이었던 이자성을 아쉬워한 나머지, 그가 죽지 않고 승려가 되어 몰래 달아나 숨어 살았다는 전설도 전해져 온다.

그런가 하면 1960년대 중국 문화대혁명 당시 많은 소설가들이 '반동분자'로 몰려 죽거나 폭행을 당했지만 소설가 야오쉐인姚雪垠은 무사했다. 이는 그가 이자성을 주인공으로 한 대하역사소설인 〈이자성〉을 쓰고 있던 덕분이었다. 농민 출신이었던 당시 중국의 지도자 마오쩌둥은 이자성을 무척 좋아했다. 그는 자신과 이자성 모두 민중혁명을 일으킨 지도자이며 그런 의미에서 이자성은 곧 중국 민중의 혁명정신을 반영한 위대한 영웅이라고 보았다. 마오쩌둥은 야오쉐인이 《이자성》을 완성할 수 있도록 그를 보호해주었다. 같은 시기, 다른 작가들은 대부분 반동분자라는 억울한 누명을 쓰고 자살하거나 감옥에 갇히는 상황이었던 점을 감안한다면, 너무나 대조적인 일이었다. 또한 홍콩의 소설가 김용이 쓴 《녹정기》에서도 이자성은 죽지 않고 살아서 강호를 떠도는 신비한 인물로 묘사된다. 그만큼 중국인들의 마음속에서 이자성은 오랫동안 칭송받는 전설로 남은 것이다.

일개 실업자에서 반란군의 지도자가 되어 대제국을 뒤엎고 황제에까지 오른 이자성은, 난세의 격변기를 잘만 이용한다면, 얼마든지 개인의 운명을 바꿀 수 있다는 사실을 잘 보여주는 사례라 할 수 있다.

소수민족에게 지배당하는 굴욕을 초래하다

이자성의 난이 초래한 가장 큰 변화는 바로 명나라를 사실상 멸망시키고 그 대신 중국의 새로운 주인으로 청나라가 등장한 것이었다. 이자성이 이끄는 대순군은 양자강 이북의 중원을 휩쓸면서 명나라에 치명타를 가했고, 대순군이 달아난 뒤에 곧바로 청나라가 중원으로 들어오자 더 이상 그들을 막아낼 세력이 없었다. 그리하여 청나라는 그들의 선조인 금나라보다 훨씬 빠르고 안정적으로 중원을 지배할 수 있었다. 물론 양자강 남쪽에는 명나라의 잔존세력이 남아 있었지만, 그들은 통합된 구심점을 찾지 못하고 자기들끼리 자중지란을 벌이다 청나라에 각개격 파당하고 말았다. 당시 청나라를 세운 만주족은 인구를 다 합해봐야 고작 100만 명에 불과했는데, 그들보다 인구가 무려 100배나 많은 한족을 260년 동안이나 지배했다. 이는 만주족이 한족보다 훨씬 강력해서가 아니라, 이자성의 난으로 인해 중원의 혼란이 계속되자 한족 지주들이 안전을 지켜줄 대상으로 청나라를 선택했기 때문이었다.

그런 의미에서 본다면, 이자성의 난은 미개한 오랑캐라고 깔보았던 만주족에게 260년간 지배당하는 굴욕을 한족에게 안겨준 셈이었다. 인건비를 줄인다는 이유 때문에 일자리를 잃고 쫓겨난 실업자들이 일으킨 반란이 이처럼 거대한 역사의 변화를 불러왔다. 물론 이자성이 처음부터 그런 사태까지 예측하고 일을 벌인 것은 아니었다.

하지만 청나라의 지배가 한족에게 나쁘기만 한 것은 아니었다. 비록 만주족이긴 했지만, 청나라 황제들은 명나라의 한족 황제들보다 훨씬 뛰어났다. 특히 강희제와 옹정제, 건륭제는 100년 동안 청나라를 다스리면서 티베트와 몽골, 신강으로 영토를 크게 넓히고 명나라보다 더욱 강력하고 번영한 대제국을 이루었다. 오늘날 중국은 몽골과 연해주 등을 제외하면 청나라가 정복한 영토 대부분을 그대로 물려받았고, 이렇게 방대한 터전을 기반으로 하여 미국과 어깨를 나란히 하는 초강대국 G2로 성장했다. 북경에서 나비가 날갯짓을 하면 뉴욕에 폭풍이 분다는 이른바 '나비효과'처럼, 이자성의 난이 불러온 중국사의 나비효과라고도 볼 수 있을 것이다.

6

2000만 영국인들의 해외 이주가 시작되다

인클로저 운동과
자코바이트의 반란

오늘날 전 세계에서 가장 널리 쓰이고 있는 언어는 단연 영어다. 본국인 영국은 물론, 북미와 아프리카, 인도, 호주에 이르기까지 영어는 거의 세계어라 해도 과언이 아니며, 그런 만큼 전 세계 각국은 영어 교육에 힘을 쏟고 있다.

영어가 이처럼 폭넓은 지역에서 쓰이는 이유는 19세기 들어 영국이 세계의 많은 지역을 식민지로 지배하면서 강력한 영향력을 행사하고, 북미와 호주 등의 지역으로 영국인 이민자들이 대거 이주했기 때문이다. 영국의 역사학자 닐 퍼거슨이 쓴 책《제국》에 의하면, 1660년대에서 1950년까지 무려 2000만 명의 영국인들이 조국을 떠나 북미와 호주, 뉴질랜드 등의 해외로 이주를 했다고 한다. 영국을 제외한 어떤 나라도 그렇게 많은 사람들이 해외 이민을 떠난 적은 없었다.

그렇다면 왜 이토록 막대한 인구가 다른 나라로 이주한 것일까? 영국인들이 태생적으로 모험을 좋아하는 활달하고 용감한 종족이었기 때문일까? 그보다는 영국의 사회환경이 그렇게 만들었다고 보는 것이 더 적절하다. 17세기부터 영국 사회에는 실업자와 가난한 사람들이 넘쳐났고, 이들이 더 나은 삶을 찾기 위해 거칠고 험한 바다를 건너 먼 나라로 떠났던 것이다.

인클로저 운동, 양은 살찌고 사람은 굶어죽는다

먼저 영국인들의 해외 이민을 촉진시킨 원인 중 하나로 인클로저Enclosure 운동을 들 수 있다. 인클로저란 쉽게 말해서 곡물을 기르는 농장을 양떼를 기르는 초지로 바꾸는 것이다. 농사짓는 것을 가장 중요한 일로 여긴 농경민족의 후손인 우리들로서는 잘 이해가 가지 않는 일이지만, 본래 소와 양떼를 기르며 초지를 찾아 이동하던 유목민 아리안족의 후손 영국인들에게는 크게 이상한 일이 아니었다.

영국에서 인클로저 운동이 최초로 일어난 시기는 중세 시대인 12세기부터였는데, 이때부터 영국은 양털과 그것을 가공하여 만든 옷감인 모직물毛織物을 유럽 대륙으로 수출하여 국가 수익의 상당 부분을 충당했다. 하지만 이 무렵 양털 생산과 가공은 어디까지나 일일이 사람의 손으로 하는 수공업이어서 인클로저 운동으로 인한 농경지 감소가 그렇게 심하지 않았다. 그러다가 15세기 중엽부터 17세기 초반까지 인클로저 운동은 예전보다 더욱 극심해졌다. 이 무렵 영국 정부가 양털 생산량을 크게 늘려 세금 수익을 더 많이 얻기 위해 인클로저 운동을 권장했기 때문이다. 그러자 넓은 땅을 가진 귀족과 지주들은 자신들의 땅에 농경지를 줄이고 양떼를 들이는 작업을 했는데, 이 과정에서 수많은 농민들이 농경지를 잃고 쫓겨났다. 그래서 인클로저 운동을 가리켜 "양은 살찌고 사람은 굶어죽는다"는 말까지 나왔다. 졸지에 직업을 빼앗기고 실업자로 전락한 농민들은 분노하여 농기구를 들고 번번이 폭동을 일으켰으나, 군대의 무력에 진압당했다. 토지와 생계수단을 잃고 저항마저 실패한 농민들은 할 수 없이 런던 같은 대도시로 몰려가 육체노동을 하는 저임금 노동자가 되어 근근이 살아갔다.

그리고 18세기 중엽에서 19세기 중엽까지 3차 인클로저 운동이 벌어졌다. 이때가 가장 많은 농민 출신 실업자가 발생한 시기였다. 자본주의식 농업 기술과 토지 개편 작업이 이루어지면서, 소수의 대지주들이 농지를 헐값에 사들인 반면, 수많은 자영농은 땅을 잃고 몰락하여 실업자가 되었다. 이렇게 실업자가 된 농민들은 1세기 전의 사람들처럼 런던으로 몰려가서 노동자가 되려 했으나, 그것도 쉽지 않았다. 이미 산업혁명이 시작되어 농민들 이외에도 수많은 수공업자들이 몰락하여 실업자가 된 상태였기 때문이다. 당시 영국에는 산업 예비군이라 불리는 실업자들이 넘쳐나 일자리 구하기도 매우 어려웠다. 또한 운이 좋아 일자리를 구한다고 해도 임금이 매우 낮아 하루 끼니를 때우면 남는 게 거의 없는 상황이었다. 만약 가족이 병이라도 나면 약도 먹이지 못하고 꼼짝없이 죽는 것을 지켜볼 수밖에 없었다.

그래서 인클로저 운동으로 농토를 빼앗기고 실업자가 된 농민들은 런

1768년부터 인클로저 운동에 의해 목초지로 변한 땅. 본래는 농경지였다가, 양털 생산과 가공을 늘리기 위해 농지를 목초지로 바꿨다.(Andy Waddington 촬영)

던의 뒷골목이나 변두리에서 자기들끼리 모여 살며 빈민가를 이루었다. 1888년 영국을 공포에 떨게 했던 잔인한 연쇄 살인마 '잭 더 리퍼Jack The Ripper'가 날뛰었던 곳이 바로 런던의 유명한 빈민가 화이트채플Whitechapel 구역이었다. 빈민가에 터를 잡은 실업자와 저소득층은 아무런 희망도 없이 그저 굶주리며 살다가, 운 좋게 일용직 일자리라도 얻어 약간의 돈을 벌면 곧바로 40도짜리 독한 술인 진Gin을 사서 잔뜩 마신 뒤

영국의 빈민가를 묘사한 그림. 빈민가에 몰려든 사람들은 아무런 희망 없이 그저 하루하루 비참한 삶을 살았다.

잠들어버리곤 했다. 애써 번 돈이니 저금을 해서 더 나은 삶을 살 준비를 해야 하지 않느냐고 의문을 제기할 수도 있겠지만, 빈민가에 사는 대다수 사람들은 일자리를 구하는 것 자체가 어려웠던 데다가 어쩌다 운이 좋아 일자리를 구해도 벌어들이는 돈이 워낙 적어서 도저히 신분상승이나 부자가 되는 것은 꿈조차 꿀 수 없었다.

 희망 없이 사는 가난한 사람들이 가득한 곳에는 자연히 치안도 좋을 리가 없어서, 빈민가는 절도와 소매치기, 강도 등 범죄가 창궐하는 우범지대가 되었다. 이런 이유로 영국 정부는 빈민가에 거주하는 실업자와 빈민들을 잠재적 범죄자로 여기고, 기회만 생기면 그들을 법으로 엄하게 다루었다. 참고로 19세기까지 영국의 법률은 사회적 약자에게 지나치게 엄격했다. 도둑질이나 소매치기 같은 사소한 죄를 지어 재판을 받게 된 실업자나 빈민들한테 일부러 죄를 더 무겁게 씌워서 중죄인으로 만든 뒤, 교수형을 내리거나 부랑자 수용소로 보내 중노동을 시키는 일이 매우 많았다. 당시 영국에서 실업자나 빈민층은 사회에 도움이 안 되고 도둑질을 일삼는 범죄자로 간주하여 극도로 멸시했기 때문이었다.

 그 결과 영국에서는 사소한 일로도 죄를 짓고 감옥에 가는 범죄자들이 급증했고, 빈민가를 포함한 도시 곳곳에서 범죄가 들끓는 바람에 사회 전반의 치안이 매우 불안해졌다. 이는 작은 범죄만 저질러도 모조리 교도소에 보내버리는 엄벌주의를 채택하고 있는 오늘날 미국과 매우 흡사하다. 법을 매우 엄격하게 적용하고 범죄자를 강하게 처벌해도 미국에는 전 세계에서 가장 많은 교도소 수감자들이 있으며, 미국 사회에서 발생하는 범죄 건수는 줄기는커녕 오히려 늘어나고 있어 연방정부 및 각

주 정부들이 골머리를 앓고 있다.

이민을 가거나
군대에 가거나

범죄가 늘어나고 사회가 불안해지자 영국 정부는 넘쳐나는 범죄자를 줄이고 실업과 가난 문제도 해결할 수 있다는 생각에, 실업자와 빈민, 범죄자들을 영국이 지배하는 해외 식민지로 이주시키는 작업을 벌였다. 처음 그 작업이 시행된 곳은 18세기 말까지 영국의 식민지였던 북미의 13개 주, 지금의 미국이었다. 그러나 이미 터를 잡고 살던 식민지 주민들은 범죄자들이 몰려오는 것을 반기지 않았다. 새로운 이주자들 때문에 치안이 나빠지고 절도와 폭력 같은 범죄가 늘어날 것이라는 이유 때문이었다. 그래서 훗날 미국의 정치인이 되는 벤저민 프랭클린은 다음과 같이 항의문을 쓰기도 했다.

> 영국 정부는 더 이상 13개주 식민지로 죄수들을 보내지 마라! 죄수들 때문에 식민지 치안이 악화되고 범죄가 늘어나서 주민들이 매우 불편하다. 만약 우리가 방울뱀을 잔뜩 모아서 영국 본토로 보내주면, 영국인들은 기분이 좋겠는가?

1783년 미국이 영국에서 독립하자, 영국은 더 이상 자국 내 실업자와

초기 호주에 이민을 온 영국인들. 이주민들의 절대다수가 범죄자나 빈민이었기 때문에 호주의 분위기는 매우 어수선했다.(Robert Sayer, 1792)

빈민, 범죄자들을 미국으로 보내는 일을 할 수 없게 되었다. 그러자 미국 대신 영국의 다른 식민지인 호주가 하류계층의 유형 이민지로 떠올랐다. 호주는 영국에서 거리가 워낙 멀어서 스스로 이주하는 사람이 별로 없던 불모의 땅이었으니, 영국 정부로서는 호주가 미국보다 유형 이민지로 더 좋겠다는 생각을 했을 것이다.

1788년부터 영국 정부는 호주 식민지화 사업을 본격적으로 추진하기 위해, 먼저 범죄자로 구성된 이민단을 보내기 시작했다. 당시 영국은 초기 자본주의가 막 시작된 터라 산업화에 적응하지 못한 수많은 사람들이 저소득층 빈민이 되어 사회문제로 부각되고 있었다. 그래서 사회문제가 된 범죄자들을 몽땅 본국에서 멀리 떨어진 호주로 보내버리자는 발상이 호응을 얻었던 것이다. 하지만 호주에 도착한 영국인 이민자들 대부분은 범죄자였기 때문에, 초기 호주의 사회 분위기는 매우 혼란스러웠다.

호주에 도착한 영국인 이주민들은 자신들이 살 땅을 마련하기 위해, 우선 원주민인 에보리진에 대한 공격에 나섰다. 에보리진은 통합된 국가체제를 이루지 못하고 사는 원시부족인 데다, 문명의 수준이 석기시대에 머무르고 있어서 총과 대포로 무장한 영국인들을 도저히 막을 수 없었다. 결국 에보리진은 자신들이 살던 땅을 영국인에게 빼앗기고, 황무지로 쫓겨나거나 죽임을 당했다. 또한 호주로 이민온 영국인들은 남자가 여자보다 훨씬 많았다. 그래서 짝을 찾지 못한 영국인 남자들은 에보리진 여자들을 강제로 빼앗아서 짝을 지었다. 이런 광범위한 혼혈이 일어난 결과, 에보리진의 혈통은 영국인들과 섞여 점차 사라져가기에 이르렀다.

한편 해외 이민을 가지 못한 영국의 실업자와 빈민들은 다른 길을 찾아 나섰으니, 바로 영국군에 들어가 병사가 되는 것이었다. 1914년 제1차 세계대전이 일어나기 전까지 전통적으로 영국은 병사들을 모집하는 모병제를 채택했기 때문에, 영국 내의 실업자와 빈민들이 군대에 자원하는 것도 그리 이상한 일은 아니었다.

19세기 영국군에 자원한 사람들의 80%는 직업을 구하지 못한 실업자 출신이었다. 그리고 그들 중 상당수는 런던의 빈민가 화이트채플과 세븐

오크스 등에서 온 사람들이었다. 그런 이유로 귀족들로 구성된 영국군 장군과 장교들은 실업자와 빈민가 출신 사병들을 매우 부정적으로 여겼다. 1815년 워털루 전투에서 나폴레옹의 프랑스군을 격파하여 명성을 얻은 영국의 웰링턴 장군Arthur Wellesley(1st Duke of Wellington, 1769~1852)은 영국군 병사들을 가리켜 "그들은 그저 술이나 마시려고 군대에 들어온 쓰레기 같은 족속들이다"라고 경멸했다.

워털루 전투에서 나폴레옹의 프랑스군을 격파한 영국의 웰링턴 장군. 그러나 그는 자국 군대의 병사들을 천한 존재로 여겨 멸시했다.

또한 일간지 〈데일리 텔레그래프The Daily Telegraph〉 특파원 베넷 벌리Bennet Burleigh는 "빅토리아 시대의 영국군 중에서 중위 이하 계급의 군인은 사회적 존경을 거의 받지 못했다"라고 기록했다. 아울러 19세기 영국의 작가인 윌프레드 블런트Wilfrid Scawen Blunt(1840~1922)는 영국군 병사들을 다음과 같이 혐오스럽게 묘사했다.

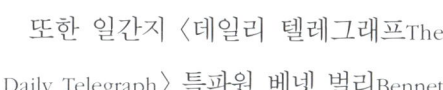

영국군에 입대하는 병사들은 살인범과 강도, 창녀와 폭력배들이 들끓는 빈민가에서 온 가장 저질스럽고 추악한 자들이다. 그자들이 원하는 것은 오로지 약탈과 승진뿐이다. 그들에게는 어떠한 도덕심이나 명예도 없다.

사실 위에서 언급한 혹평이 완전히 근거가 없는 것은 아니었다. 실제

1853년부터 1856년까지 벌어진 크림전쟁에 참전한 영국군 병사들을 묘사한 그림. 영국군 병사들의 절대다수는 가난 때문에 입대한 빈민이나 실업자, 범죄자들이었기 때문에 영국군의 군율은 굉장히 엄격했다. 그래서 영국군 병사들은 적절한 통제를 받으면 막강했지만, 통제를 받지 않으면 약탈과 범죄를 마구 저지르는 무뢰한으로 변하는 이중적인 속성을 지니고 있었다. (Richard Caton Woodville)

로 실업자와 빈민들로 구성된 영국군 병사들은 전쟁터에서 기회가 생기면 곧바로 학살과 약탈을 저질렀다. 1840년 영국군이 중국 청나라를 침략한 아편전쟁에서 영국군 병사들은 청나라 민가에 마구 들어가 여자들을 겁탈하거나 귀중한 물건들을 닥치는 대로 노략질했다. 이 때문에 광주에서는 분노한 청나라 백성들이 농기구를 들고 봉기를 일으켜 영국군과 대치하는 사건도 있었다. 그리고 1857년 인도에서 발생한 세포이의 난을 진압하는 과정에서는 반란을 일으킨 세포이와 그에 동조한 자들로 판단되는 인도인들을 무참히 살육했다. 심지어 항복한 인도인들을 대포 입구에 묶어놓고 발사하여 몸을 산산이 부서지게 하거나 할아버지와 손자를 동시에 교수형에 처하기도 했다.

하지만 하류계층이 영국군에 들어갔다고 해서 형편이 크게 좋아지는 것은 결코 아니었다. 19세기까지 영국 군대에서 장군이나 장교 같은 높은 직책으로 승진하기 위해서는 군대에 돈을 바쳐야 했다. 심지어 돈을 주고 장군이나 장교 자리를 미리 사는 경우도 허다했다. 지금의 눈으로 보면 상상도 못 할 매관매직이 비일비재하게 일어났던 것이다. 그래서 영국군 장군들은 모두가 부유한 귀족 출신이었으며, 가난한 빈민가 출신의 실업자나 저소득층은 대부분 제대할 때까지 낮은 계급에 머물렀다.

그런가 하면 하류계층 중에는 원하지도 않는데 억지로 군대에 끌려가는 경우도 있었다. 18세기부터 영국 해군은 이른바 프레스 갱press gang이라는 이름을 내걸고, 영국 내에서 강제로 남자들을 함대로 끌고 가서 해군으로 징집하는 일을 벌였다. 거칠고 험한 바다 위에서 일하는 해군은 너무나 힘들고 위험했기 때문에 당시 해군에 자원하는 사람이 매우

미국인 선원들을 상대로 프레스갱을 실시하는 영국 해군 병사들. 해군 생활이 너무 힘들다 보니 자원하는 사람들이 매우 적어서, 영국 해군은 항구도시에 들이닥쳐 주민들을 강제로 끌고 오거나, 죄수 또는 외국의 선원들을 마구잡이로 징발해서 해군에 넣는 프레스갱을 오랫동안 벌였다.

적었다. 심지어 감옥에 갇힌 죄수들을 몽땅 해군 소속 함대로 보내 배에 태워서 강제로 징집하는 일도 잦았다. 그 죄수들은 앞서 언급한 대로 빈민가에서 실업과 가난에 시달리다 저지른 사소한 범죄 때문에 억울하게 무거운 벌을 받고 감옥에 갇힌 이들이었다. 생활고에 찌들리다 감옥에 간 것도 모자라 위험한 바다 위에서 군대 생활까지 강제로 해야 했으니,

당시 영국의 하류계층은 말로 표현할 수 없을 만큼 고통스러운 삶을 살아야 했다.

자코바이트의 반란과
하이랜더들의 해외 이주

영국인들의 대규모 실직과 해외 이민 등을 부추긴 또 다른 요인으로는 인클로저 운동에 이어 일어난 자코바이트Jacobite의 반란 사건을 들 수 있다. 이 과정을 이해하기 위해서는 먼저 스코틀랜드 지역의 역사를 살펴봐야 한다.

현재 영국의 북부 지역인 스코틀랜드는 원래 픽트족이 살았던 곳으로 로마 시대에는 '칼레도니아'라고 불렸다. 그러다 서기 5세기부터 아일랜드에서 칼레도니아로 건너온 켈트족 계통의 스코트족은 원주민인 픽트족을 제압하고, 9세기 무렵에 '스코트족scot이 사는 땅land'이라는 뜻의 스코틀랜드scotland 왕국을 세웠다.

한편 스코틀랜드 남쪽 잉글랜드에는 본래 켈트족이 살았는데, 서기 1세기에 로마의 클라디우스 황제가 보낸 로마군에게 정복되어 약 360년 동안 로마의 지배를 받았다. 하지만 로마군은 5세기 초, 로마 제국 본토를 시키기 위해 섬을 떠났다. 이렇게 브리튼에 무력의 공백이 생기자, 그 틈을 노려 5세기 중, 독일 서북부와 덴마크에 살던 게르만 계통의 집단인 앵글족과 색슨족이 침입해왔다. 두 종족은 켈트족을 대거 학살하거나 굴복시켰고, 켈트족은 침입자들을 피해 웨일스나 칼레도니아(스코틀랜드의 옛 이름), 아일랜드로 달아났다. 현재의 웨일스라는 지명도 앵글족과 색슨족이 켈트족을 가리켜 이방인이라는 뜻의 단어인 '웨알하스Wealas'라고 부른 데서 유래했다.

앵글족과 색슨족은 문화와 언어가 매우 흡사하여 금방 서로 동화되어 앵글로-색슨족이 형성되었다. 잉글랜드라는 이름도 앵글로-색슨족이 사는 땅이라는 뜻의 '앵글로-색슨 랜드'에서 유래한 것이다. 하지만 앵글로-색슨족도 새로 들어온 침입자들에게 시달리는 신세가 되었다. 서기 1033년 잉글랜드는 덴마크의 바이킹 왕 크누트의 지배를 받았고, 1066년에는 프랑스 노르망디 반도에서 쳐들어온 노르만족의 왕 윌리엄 1세가 헤이스팅스 전투에서 잉글랜드 왕인 헤럴드를 전사시키고 잉글랜드를 정복했다.(노르만족은 노르망디 반도에 정착하여 프랑스 문화를 받아들인 바이킹의 후손들이었다)

이런 과정을 거쳐서 스코틀랜드와 잉글랜드에는 서로 다른 왕국이 들어섰고, 스코틀랜드 왕국은 약 10세기 무렵부터 남쪽의 잉글랜드와 거의 800년에 걸쳐 치열한 전쟁을 벌였다. 전쟁의 대부분은 잉글랜드가 스코틀랜드를 합병하여 브리튼 섬(영국 본토)을 통일하려는 목적으로 벌어졌고, 잉글랜드보다 국력에서 약한 스코틀랜드는 주권 상실을 막기 위한 방어적 목적으로 잉글랜드에 맞섰다.

그러나 스코틀랜드와 잉글랜드의 관계가 항상 대립적인 것만은 아니었다. 수백 년에 걸쳐 치열한 전쟁을 벌이면서도, 스코틀랜드와 잉글랜드는 왕실끼리 서로 결혼을 해가면서 친척관계를 형성해나갔다. 그 결과, 스코틀랜드와 잉글랜드 왕실은 하나의 가족이 되었으며, 나중에 잉글랜드의 왕위 계승자가 없을 경우엔 스코틀랜드 왕이 잉글랜드 왕을 겸하기도 했다. 우리에게도 유명한 잉글랜드의 엘리자베스 1세 여왕은 평생 독신으로 살아서 아이가 없었는데, 그 때문에 자신과 가장 가까운 친척인 스코틀랜드의 국왕 제임스 6세(1566~1625)를 왕위 계승자로 지목했고, 그로 인해 제임스 6세가 1603년에 잉글랜드 국왕인 제임스 1세로 즉위했다. 오랜 대립관계에 있었던 스코틀랜드와 잉글랜드는 한 명의 왕을 동시에 섬기는 일종의 연합 왕국이 되었던 것이다. 이어 1707년, 잉글랜드의 앤 여왕(1665~1714)은 잉글랜드와 스코틀랜드 두 나라가 완전히 하나의 나라가 된다는 내용을 담은 '연합 법Act of Union'을 발표했고, 그로 인해 잉글랜드와 스코틀랜드 두 나라는 드디어 '영국'이라는 하나의 나라가 되었다.

하지만 수백 년 동안 피를 흘리며 싸웠던 두 나라 사이의 묵은 감정이 하루아침에 모두 풀린 것은 아니었다. 스코틀랜드 북부 지역인 하이랜드의 주민들, 즉 '하이랜더'들은 잉글랜드의 하노버 왕실을 섬기는 일에 불만을 느끼고, 하노버 왕가 이전에 잉글랜드와 스코틀랜드를 다스렸던 스튜어트 왕실(스코틀랜드 왕 제임스 6세가 스튜어트 왕실 출신)이 다시 영국을 통치해야 한다고 주장하며 자코바이트의 반란을 일으켰다.

하이랜드는 클랜Clan이라 불리는 씨족들로 나뉘어 있었는데, 각 씨족은 족장이 다스렸으며 다른 씨족들을 상대로 항상 약탈과 전쟁을 일삼으며 살았기 때문에 씨족 구성원들 거의 전체가 총과 칼 같은 무기들을 지닌 전사들이었다. 그래서 하이랜더들은 영국 전체를 통틀어 가장 용맹

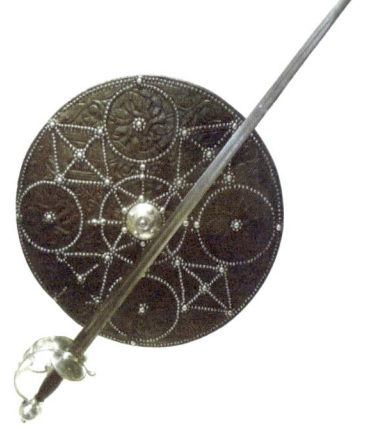

하이랜더 부족 전사들이 사용한 칼과 방패. 스코틀랜드 북부 지역에 살았던 하이랜더들은 거칠고 척박한 환경 때문에 강인한 전사가 되었다.(Kim Traynor 촬영)

자코바이트 반란에 참가한 하이랜더 부족민. 이들은 용맹스러웠으나, 수적으로 열세인 데다 규율이 부족해서 정부군의 진압에 굴복하고 말았다.(David Morier)

한 전사들로 유명했으며, 찰스 1세가 의회와 전쟁을 벌였을 때에도 이들 하이랜더들은 찰스 1세 편에 서서 의회군과 싸우며 숱한 전투에서 승리했다.

그러나 하이랜드 자체가 워낙 춥고 척박한 땅이어서 하이랜더들은 인구가 적었고, 비록 용맹하기는 했지만 규율이 없었다. 또한 약탈을 마치면 곧바로 약탈물을 가지고 고향으로 돌아가는 관습 때문에 하이랜더들은 엄격한 훈련을 받은 대규모 정규군과의 전면전에 취약했다. 따라서 하이랜더들은 대부분 기습이나 약탈 같은 비정규전에 의존했다.

여하튼 그렇게 해서 1차 인클로저 운동 이후인 1745년, 2000여 명의 하이랜더들은 스튜어트 왕실의 복귀를 외치며 하노버 왕실에 맞서 '자코바이트의 반란'이라 불리는 대규모 폭동을 일으켰다. 초반에는 용맹한 하이랜더들이 적극적인 공격을 벌여 한때 런던 160km 인근까지 쳐들어가 잉글랜드를 두렵게 만들기도 했으나, 잉글랜드 정규군의 역습에 휘말려 패배했다. 이 자코바이트의 반란이 실패로 돌아가고 나서 얼마 후, 잉글랜드 정부는 앞으로 하이랜드 지역에서 반란이 일어나는 것을 막기 위해 하이랜드 족장들의 땅을 강제로 빼앗는 조치를 취했다.

이 토지 몰수로 인해 하이랜드 사회는 큰 변화를 맞았다. 그전까지 하이랜드의 각 족장들이 많은 전사들을 거느릴 수 있었던 것은 그들이 각자의 땅을 가지고 거기서 나오는 식량과 생산물로 전사들을 먹여 살렸기 때문이었다. 그런데 땅을 빼앗겼으니 족장들은 이제 재산을 잃게 되었고, 자연히 전사들을 먹여 살릴 형편이 되지 못했다. 그런 이유로 족장들은 수많은 하이랜더 전사들을 자기 땅에서 내보냈다.

한편 일자리와 땅을 빼앗기고 실업자 신세가 된 하이랜더 전사들은 두 가지 선택을 했는데, 미국과 캐나다 같은 북미 대륙으로 이민을 떠나거나 새로운 일자리를 구하기 위해 영국군에 들어가는 일이었다. 가난한 고향에서 벗어나 풍요로운 신대륙인 북미로 이주한 하이랜더들은 현지에 정착하며 미국인이나 캐나다인이 되었는데, 오늘날 맥Mac이라는 이름이 들어간 서구인들은 바로 하이랜더의 후손에 속한다. 본래 하이랜더 사회에서 쓰였던 성씨들인 맥도널드는 도널드의 후손이라는 뜻이며, 맥

영국군에 복무한 하이랜더 출신 병사들. 이들은 블랙와치 부대라 불리며, 영국군의 최정예로 명성을 떨쳤다.

그리거는 그리거의 후손, 맥닐은 닐의 후손을 가리키는 말이었다. 그러므로 세계적인 햄버거 기업인 맥도널드는 스코틀랜드에서 미국으로 이주해온 하이랜더의 먼 후손에 해당되는 셈이다.

해외 이민을 떠나지 않은 하이랜더 전사들은 영국군에 들어갔다. 그래서 하이랜더로만 구성된 영국군 부대인 블랙와치가 탄생했는데, 이들은 조상들이 해왔던 것처럼 전쟁터에서 과감한 돌격과 용맹함으로 적을 두렵게 하고 아군에게는 존경의 대상이 되었다. 19세기 영국이 세계 각지를 침략해 방대한 식민지를 세우던 대영제국 시대에 블랙와치 부대는 그 선봉에 서서 전 세계를 누비며 수많은 적들과 싸워 용맹을 떨쳤다. 그리고 21세기인 현재까지도 블랙와치 부대는 여전히 영국 육군의 최정예 부대로 남아 있다.

실업자와 빈민들의 해외 이주가 영어권 국가들을 만들다

비록 영국 정부가 의도한 바는 아니었겠지만, 영국 내의 실업자와 빈민 같은 하류계층을 해외 식민지로 이주시킨 일은 뜻밖의 결과를 불러왔다. 영국계 이민자들을 따라 영어와 영국식 행정체계 같은 영국 문화가 북미와 호주 등 세계 각지로 전파되었고, 미국과 캐나다, 호주 등의 식민지들은 독립한 후에도 여전히 영어권 국가로 남으면서 영국의 충실한 우방이 되었던 것이다. 영국과 전쟁까지 치르며 독립을 했지만 미국은 19

세기 말부터 영국의 동맹국이 되었고, 두 차례에 걸친 세계대전에서 영국을 지원하면서 영국이 숙적인 독일에게 무너지지 않도록 지켜주었다. 그리고 1901년과 1931년에 독립한 호주와 캐나다는 영국계 이민자들이 인구의 대부분을 차지하고 있어, 독립 후에도 한동안 자신들이 영국인이라고 생각했고, 영국이 세계대전에 참전하자 고향인 영국을 돕기 위해 자발적으로 군대를 보냈다.

 제2차 세계대전이 끝나고 영국은 세계를 지배하는 패권국의 지위를 미국에 넘겨주었다. 하지만 그 후에도 여전히 영국은 미국과 캐나다, 호주 같은 영어권 국가들의 우방이자 영국 문화의 중심지로 남아서 정신적·문화적인 영향을 크게 끼치고 있다. 영국 정부가 본국에서 내쫓아야 할 귀찮은 골칫거리로 여긴 실업자와 빈민 같은 하류계층이 해외로 나가서 세운 나라들이 오늘날 영국의 동맹이 되어 영국을 돕고 지켜주고 있는 셈이니, 참으로 역사의 아이러니라 할 수 있다.

7

사회주의 출현을 예고한 실업자들의 투쟁

산업혁명이 불러온 기계 파괴 운동

2016년 3월, 미국의 대기업 구글이 만든 인공지능 컴퓨터 '알파고'가 한국의 바둑기사 이세돌과의 바둑 시합에서 승리한 후, 전 세계적으로 인공지능의 발전이 화제가 되었다. 앞으로 인공지능이 인간의 일을 대신할 것이며, 그렇게 되면 최대 1000만 개 이상의 일자리가 사라진다는 비관적인 전망도 제기되었다.

 인간이 만든 문명의 산물이 인간의 직업을 빼앗아서 인간을 실업자로 만든다는 우려는 결코 허황된 망상이 아니다. 실제로 지금으로부터 2세기 전인 19세기에도 인간이 만든 기계 때문에 수많은 사람들이 일자리를 빼앗기고 실업자가 된 일이 있었다.

영국에서 등장한 증기기관과 공장식 대량생산

산업혁명이 한창 진행 중이던 19세기 초, 당시 공장을 운영하던 영국의 자본가들은 깊은 고민에 빠져 있었다. 많은 제품을 값싸게 빨리 찍어내는 기계를 이대로 계속 사용하다가는 분노한 노동자들이 공장을 습격할까 두려운데, 그렇다고 기계를 사용하지 않는다면 인건비와 생산력 경쟁에서 다른 자본가들에게 뒤처지고 몰락할 수도 있다는 것이었다. 현재의 기준으로 보면 공장에서 기계를 사용하는 것은 너무도 당연하고 흔한 일이며, 기계를 사용한다고 노동자들이 공장을 공격한다는 것이 얼핏 이해가 가지 않는다. 그러나 19세기 초반 영국의 공장주들에게는 결코 이상한 일이 아니었다. 그들은 기계에 밀려 일자리를 잃고 실업자가 된 전직 공장 노동자들의 폭동을 실제로 겪었다.

18세기까지 영국뿐 아니라 전 세계 모든 나라들의 생산시설, 즉 공장은 사람이 직접 제품을 만드는 수공업 방식으로 운영되었다. 그래서 공장들은 기본적으로 수십에서 수백 명 이상의 많은 노동자를 고용해야 했으며, 자연히 노동자에게 주는 임금 또한 꽤나 높은 편이었다. 또한 공장주들은 노동자들이 더 건강한 상태에서 오래 일할 수 있도록 그들에게 제공하는 식사의 양과 질에도 신경을 써서, 대부분의 노동자들은 고기와 채소 등 영양이 풍부한 음식을 배불리 먹을 수 있었다.

그런데 이런 양상은 1769년 영국의 제임스 와트James Watt가 펌프의 축을 회전시키고 실린더를 따로 분리하는 장치를 삽입하여 돌아가는 중기기관을 발명한 이후 서서히 달라졌다. 초기의 증기기관은 고장이 잘 나고 성능이 그리 뛰어나지 않았지만, 점차 개량을 거듭하면서 성능이 향상되었다. 그리하여 19세기 초반이 되면, 증기기관을 이용한 방적기紡績機(옷감을 짜내는 기계)의 성능이 웬만한 사람의 손보다 더 훌륭하게 작업을 마무리할 정도에까지 이르렀다.

그러자 영국의 공장주들은 너도나도 방적기를 공장에 들여놓기 시작했다. 일단 한 대의 방적기가 100명의 노동자가 할 일을 대신해주니, 사람을 부리는 데 들어가는 인건비가 훨씬 적게 들었다. 또한 방적기는 아무리 돌려도 노동자들처럼 먹이고 재우고 치료해줄 필요가 없었다. 게다가 사람의 손보다 훨씬 빠르게 많은 양의 제품을 만들어내니 물건을 만들어 소비자에게 판매하기까지의 시간도 그만큼 줄어들었고 판매 수익도 대폭 증가했다. 결정적으로 방적기는 노동자들처럼 월급을 올려달라고 요구하지도 않으니, 공장주들 입장에서는 이보다 더 좋을 수가 없었다.

이리하여 19세기 초부터 영국에서 시작된 공장식 대량생산으로 인해 사람의 손이 일일이 들어가는 수공업 방식보다 생산성이 비교도 할 수 없을 만큼 높아졌고, 만들어지는 제품의 가격은 낮아졌다. 그래서 영국의 공장에서 대량생산된 옷감과 철이 인도와 중국에 흘러가자, 현지의 방직업과 철강업은 가격경쟁에서 도저히 이길 수가 없어 모두 파산할 정도였다. 증기기관을 이용한 공장의 대량생산이 1000년 넘게 우위를 지키고 있던 중국과 인도의 전통산업을 순식간에 무너뜨린 셈이었다.

영국은 19세기에 '세계의 공장'이라 불릴 만큼, 전 세계 공업 생산량

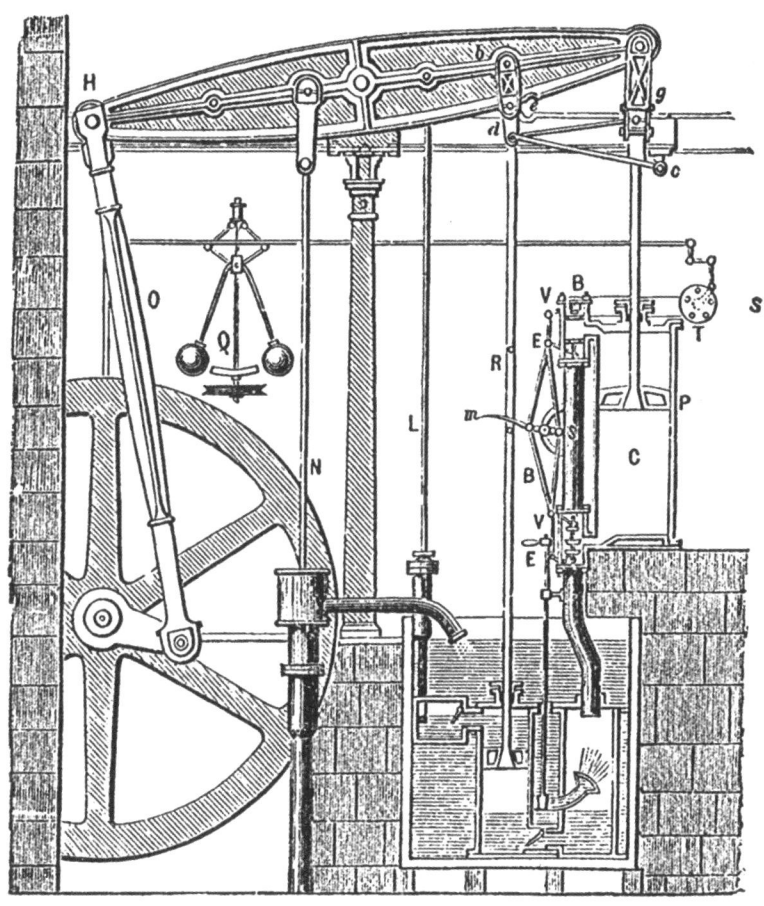

제임스 와트가 발명한 증기기관. 그가 만든 증기기관은 산업혁명을 일으켰지만, 동시에 수많은 실업자를 양산시킨 원흉이기도 했다.

의 대부분을 차지했다. 특히 오랜 전쟁으로 인해 혼란스러웠던 유럽 본토 나라들은 품질이 좋고 값이 싼 영국제 제품을 구하느라 안간힘을 썼다. 심지어 영국과 싸우던 나폴레옹 시대의 프랑스조차, 군복의 절반 이상이 영국산 제품이었다. 나폴레옹 본인이 입는 제복의 옷감도 영국산일 정도였다. 이런 경제력의 차이에서 결국 나폴레옹 전쟁의 승리자는 영국이 될 수밖에 없었던 것이다. 즉, 영국의 거대한 공업 생산량은 19세기에 영국이 세계를 지배하는 초강대국으로 떠오른 힘의 원천이기도 했다.

너무나도 비참했던 19세기 영국의 노동자들

그러나 세계를 지배한다는 눈부신 대영제국의 영광에 가려진 어둠은 깊고도 암울했다. 자본가들은 방적기를 이용해 어마어마한 이득을 벌어들였지만, 반대로 노동자들은 극심한 실업과 가난에 찌들어 고통을 겪었다. 우선 방적기가 공장에 들어오자 노동자 상당수가 해고되었다. 앞에서 언급한 대로 100명이 해야 할 일을 방적기 한 대가 할 수 있으니 그만큼 사람이 덜 필요해졌다. 쓸모가 없어진 노동자들은 공장에서 내보내졌다. 그렇게 방적기의 등장으로 해고된 수많은 노동자들은 하루아침에 실업자로 전락했다.

지금은 직업을 잃은 사람들에게 실업수당을 주거나 직업훈련을 시켜주는 나라들이 많지만, 19세기 영국에는 그런 사회보장제도가 없었다.

당시 영국은 한창 초기 자본주의 시절을 맞고 있었던 터라 '가난은 어디까지나 개인의 잘못이며, 국가는 전혀 개입을 하거나 도울 필요가 없다'는 믿음이 강했다. 심지어 사회적으로도 '세상에 도움이 안 되는 가난한 거지나 실업자들은 식량만 먹어 없애는 쓸모없는 자들이니, 굶어죽게 내버려두어야 한다'는 극단적인 사고방식까지 가득했다. 19세기 영국의 작가 찰스 디킨스가 쓴 소설《크리스마스 캐럴》에는 그러한 냉담하고 이기적인 사회 분위기가 잘 묘사되어 있다.

"스크루지 선생님, 어려움을 겪고 있는 가난하고 굶주린 이웃들을 조금이나마 돕는 일을 해보시지 않으시겠습니까? 수천 명의 이웃들이 생필품도 없고, 수만 명의 이웃들이 잠자리가 없어 헤매고 있습니다."
"그러면 감옥이나 부랑자 수용소로 보내면 될 것 아니오? 아니면 차라리 죽는 편이 더 낫겠군. 쓸데없이 남아도는 인구도 줄일 테니 말이야."

위 글에서 인색한 부자 스크루지는 "가난한 사람들은 살 자격도 없으니, 감옥이나 부랑자 수용소로 보내든지 아니면 굶어죽게 두어서 쓸모없는 인구를 줄여야 한다"고 태연하게 말하고 있다. 섬뜩하지만, 이 말 속에 담긴 냉혹함은 19세기 영국 지배층이 갖고 있던 인식이었다. 뿐만 아니라 그 무렵 영국에서는 직장이나 재산을 잃고 거지나 실업자 신세가 된 사람이 길에서 구걸을 하면, 경찰이 체포하여 감옥에 가뒀다. 아래는 찰스 디킨스가 쓴 또 다른 소설《올리버 트위스트》에 묘사된 내용 중 일부다.

사내가 울음을 터뜨리더니 무릎을 꿇고 시체 옆에 앉았다.

"아이고! 내 아내는 굶어죽었어. 난로에 땔감도 양초도 없이 어둠 속에서 굶어 죽어갔어! 죽어가는 아내를 살리려고 길에서 구걸을 했더니 날 감옥에 가두더군. 돌아와 보니 죽어가고 있었어. 그놈들이 내 아내를 굶어 죽인 거야. 그놈들이 굶겨 죽였어!"

그는 두 손으로 머리카락을 쥐어뜯으며 고래고래 비명을 지르고 눈길을 한곳에 고정시킨 채, 거품을 물고 바닥에 누워 데굴데굴 굴렀다.

구걸하는 사람을 감옥에 가두는 영국 경찰의 행동은 이른바 구빈법에 의한 것이었다. 거리에서 구걸하는 사람들이 많아지면 지나가는 시민들에게 피해를 준다는 이유였다. 그러나 구걸에 나설 정도로 절박한 처지에 몰린 사람들은 어쩌란 말인가? 그대로 굶어 죽어야 한단 말인가? 가난하고 돈이 없어도 똑같은 사람인데 어째서 그토록 방치해두며 고통 받도록 내버려두어야 했던 것일까?

그나마 운이 좋아 실직을 하지 않고 계속 공장에 남거나 혹은 다른 공장에서 일자리를 구한 노동자들도 결코 편안하지 못했다. 우선 공장에서 돌리는 방적기는 사용법이 간단했기 때문에, 아무나 데려와서 일을 시켜도 금방 배울 수 있었다. 또한 방적기 도입으로 인해 실업자들이 워낙 많아지다 보니, 싼 임금으로 마구 부려먹다가 해고해버려도 그 자리를 메울 사람들이 금방 나타났다. 그러니 자연히 노동력의 대가가 낮아졌고 그만큼 노동자들이 받는 임금도 예전 수공업 시절보다 훨씬 떨어졌다. 노동자들이 하루에 12~16시간씩 힘들게 방적기 앞에 앉아 일을 해도 임금은 고작 하루 끼니를 겨우 때울 정도밖에 되지 않았다. 그래서 가족 중 환자가 발생하면 치료비나 약값도 제대로 대지 못하고 그저 죽음을 지켜볼 뿐이었다. 저소득층 노동자들은 아무리 열심히 일을 해도 부자가 되기는커녕, 더욱 가난해졌다.

심지어 산업혁명이 막 일어난 19세기에는 아직 공해나 환경오염, 유해물질이라는 개념조차 없었다. 공장주들은 노동자들을 기계와 가까운 곳에서 아무런 보호장비 없이 하루에 12시간 이상씩 일하게 했고, 그러다 보니 노동자들은 인체에 유해한 물질들을 그대로 흡입하면서 건

영국의 작가 찰스 디킨스. 《올리버 트위스트》《크리스마스 캐럴》 등의 소설들을 발표하여, 극심한 가난으로 고통받던 영국 빈민들의 삶을 폭로했다.

강을 해치고 온갖 병을 앓다가 죽어갔다. 당시 노동자들이 얼마나 비인간적인 환경에서 비참하게 살았는지, 19세기 영국 공장 노동자들의 평균수명이 고작 26세였다는 충격적인 보고가 영국 의회에서 발표되어 큰 논란을 불러일으킨 일도 있었다. 이는 영국인들이 미개인이라고 깔보던 중국 청나라 사람들보다 더 짧은 수명이었다.

우리를 실업자로 만든
기계를 때려 부숴라!

높은 실업률과 비참한 학대, 정부의 억압이라는 삼중고에 시달리던 영국의 실업자와 노동자들은 더 이상 현실의 부조리를 참지 못하고 힘으로 불만을 표출하기 시작했다. 그것이 바로 '기계 파괴 운동Luddite', 즉 노동자의 일자리를 빼앗고 그들을 가난하게 만든 기계를 부숴버리자는 저항이었다.

일설에 의하면 이 기계 파괴 운동을 주동한 사람은 네드 러드Ned Ludd라고 한다. 그가 언제 태어나고 죽었는지에 대한 정확한 자료가 없어서 실존인물인지 가공인물인지도 애매한 상황이지만, 19세기 영국 사회에는 다음과 같은 소문이 널리 유포되어 있었다. 본래 네드 러드는 양말 공장에서 일하던 노동자였으나, 그 공장에 새로 기계가 들어오면서 해고되고 말았다. 이에 분노한 네드 러드는 자신이 기계 때문에 실업자가 되었다고 생각해 도끼를 들고 기계를 때려 부수기 시작했고, 이후 기계 파괴 운동에 동참하는 노동자들의 정신적 영웅으로 떠올랐다는 것이다.

기계 파괴 운동에 가담한 실업자와 노동자들은 우선 그들이 주위에서 흔하게 구할 수 있는 무기인 도끼와 망치 등의 공구를 들고서, 자신들이 다니는 공장에 설치된 방적기들을 때려 부수고 달아났다. 그리고 공장 주변에 숨어 있다가, 방적기 등의 기계를 싣고 오는 마차를 발견하면 재빨리 달려들어 마차를 멈추고 마부를 묶어서 내리게 했다. 그런 다음, 마차 위로 올라가 방적기를 끌어내려 각자 손에 쥐고 있는 도끼와 망치로

기계 파괴 운동을 풍자한 그림. 앞에서 노동자들을 이끌고 있는 인물이 네드 러드인 것으로 보인다. (1812)

기계 파괴 운동에 참여하여 망치로 기계를 때려 부수고 있는 노동자들. 영국 자본가들과 정부는 군대를 동원해 무력으로 노동자들을 진압했다.

모조리 부숴버렸다 이렇게 기계를 부순 뒤, 실업자와 노동자들은 돌에 묶은 편지를 공장 안으로 던졌는데, 거기에는 공장주를 향한 그들의 요구 사항이 적혀 있었다.

당신이 주문한 기계는 모두 파괴되었다. 당신이 다른 기계들을 계속 들여와도 마찬가지다. 그러니 더 이상 기계를 들여놓지 마라. 당신이 해고한 노동자들을 모두 복직시키고, 다시는 기계를 들여놓지 않겠다고 약속하라. 그러지 않으면 기계는 계속 파괴될 것이고, 당신도 결코 무사하지 못할 것이다.

하지만 기계가 파괴되어 입는 막대한 손해에도 불구하고, 공장주들은 기계를 공장에 들여놓는 일을 포기할 생각이 결코 없었다. 사람의 손으로 일일이 물건을 만드는 수공업에 비해, 기계를 통한 공장식 대량생산이 훨씬 능률적이고 이윤이 컸기 때문이다. 그런 기계를 놔두고 실업자와 노동자들의 요구에 굴복해서 다시 예전처럼 수공업으로 돌아간다면, 다른 공장주들과의 가격·생산력 경쟁에 밀려 손해를 보다가 결국 사업을 접게 될 것이기 때문이었다. 기계 파괴 운동을 바라보는 영국 정부 역시 공장주들과 같은 입장이었다. 기계를 통한 공장식 대량생산을 그만두면, 프랑스나 러시아 같은 다른 나라들과의 경쟁에서 밀려 불리한 위치에 처하고 만다는 것이 영국 지배층의 생각이었다.

이렇듯 이해관계가 맞아떨어진 기업가들과 영국 정부는 기계 파괴 운동에 굴복할 생각이 없음을 밝혔다. 그리고 군대를 보내 각 공장을 지키게 하고, 기계를 파괴하러 몰려오는 노동자들을 향해 총과 대포를 쏘며 폭력으로 맞섰다. 비록 수에서는 기계 파괴 운동에 가담한 실업자와 노동자들이 더 많았지만, 군대는 그들이 갖지 못한 총과 대포 같은 무서운 살상무기를 지닌 데다 사람을 죽이는 훈련까지 받은 집단이었다. 그러니 무력에서 밀린 실업자와 노동자들은 군대의 진압을 당해내지 못했고, 많은 인원이 죽어가거나 멀리 달아났다. 그렇게 해서 1811년부터 시작해 1816년까지 기승을 부린 기계 파괴 운동은 서서히 사라져갔다.

사회주의의 예고

기계를 통한 공장식 대량생산이 일상화된 세상에 살고 있는 오늘날 우리의 눈으로 본다면, "내 일자리를 빼앗은 기계를 부숴라!"라는 구호를 외치며 기계 파괴 운동에 참여한 이들이 이상해 보일지도 모른다. 그래서 일부에서는 기계 파괴 운동이 그냥 바보들의 짓이었다며 폄하하기도 한다.

그러나 기계 파괴 운동은 단순한 소동으로 끝난 일이 아니었다. 비록 그 자체는 실패했으나, 이를 통해 실업자와 노동자 등 저소득층의 비참한 삶이 알려져 영국 사회에는 큰 반성의 물결이 일었다. 찰스 디킨스 같은 작가와 언론들이 가난에 시달리는 빈민들의 삶을 묘사한 작품을 잇따라 발표했고, 영국 정부 역시 저소득층의 불만과 분노를 그대로 방치할 수만은 없다고 여겨 미약하나마 노동자들의 처우를 개선하기 시작했다. 그중 대표적인 것이 어린이들의 공장 노동을 금지한 것이었다.

19세기 초반 영국에는 '어린이가 보호를 받아야 한다'는 아동인권에 대한 기본개념조차 없었다. 그래서 가난한 집안의 아이들은 학교에 가지도 못하고 감옥 같은 구빈원에 갇혀서 굶주리며 살아야 했고, 9살이 되면 공장이나 항구, 장의원 같은 위험하고 더럽고 힘든 곳에 강제로 들어가 노예같이 부림을 당하며 낮은 임금을 받고 힘들게 살았다.

구빈원 이사들은 올리버를 장의사인 쏘어베리 씨에게 보내서 거기서 일하면서 살도록 했다. 장의사 집으로 보내진 올리버는 뼈에 붙은 고기 쪼가리같이 그 집 식구들이 먹다 버린 음식 찌꺼기나 먹어야 했다. 잠자리는 계산대나 관 사이였다. 아무런 친구도 없이 올리버는 장의사 집에서 홀로 밤을 보내야 했다. 하지만 같이 일하는 노어가 어머니를 욕하자, 올리버는 참지 못하고 그를 때렸다가 장의사 직원들에게 두들겨 맞고 독방에 감금된다. 올리버는 더 이상 장의사 집에서 일하고 싶지 않아서 밤중에 몰래 빠져나와 무작정 길을 떠났다.

《올리버 트위스트》(찰스 디킨스)

지금 같으면 9살밖에 안 된 어린아이가 으스스한 장의사 일을 한다고 하면 모두들 깜짝 놀라며 아동학대라고 입을 모아 비난할 것이다. 하지만 19세기 영국의 어린이들은 지금과 같은 기본적 보호를 전혀 받지 못했다. 어린이는 어른과 똑같이 취급되었고, 더 보호받거나 하는 일도 없었다. 산업혁명이 일어난 뒤에는 고작 6살밖에 안 된 어린이들까지 닥치는 대로 공장에 보내 일을 시킬 만큼, 어린이들의 처지는 매우 비참했다. 그중 위험한 광산이나 공장에서 벌어지던 아동 노동 실태는 무척이나 열악했다. 광산에서 일하던 한 아이는 매일 12~15시간씩 석탄이 가득 실린 무거운 짐차를 어깨로 끌고 다녀야 했다. 힘든 일에 비해서 임금을 많이 주는 것도 아니었다. 공장을 가진 자본가들은 물건 값을 낮추기 위해 임금을 되도록 적게 주었고, 요즘같이 노동자들을 위한 복지나 후생 사업도 전혀 하지 않았다. 또, 영국 어린이들은 힘들게 일하면서도 배불리 먹지 못했다. 자본가들은 노동자들이 먹는 식비마저 아끼려 했을 만큼 인색하고 옹졸했다. 더욱이 공장주들은 어린이나 노동자들이 학교에 가는 것도 막았다. 괜히 머릿속에 아는 것이 많으면 시키는 대로 고분고분 일하지 않고 월급을 더 올려달라거나 복지후생을 해달라는 식으로 반항할 것이라는 우려 때문이었다.

이토록 학대에 시달리는 어린이들의 비참한 삶이 찰스 디킨스 같은 작가들에 의해 폭로되고 그에 따라 영국 사회의 여론이 들끓자, 영국 정부도 더는 그런 여론을 무시할 수가 없었다. 결국 정부는 어린이 노동을 금지하기에 이르렀다. 아울러 영국 노동자들의 가혹한 현실과 늘어가는 실업자 등의 경제문제는 세계 최초로 사회주의 운동의 핵심을 다룬 책 《자본론》의 출간으로 이어졌다. 철학자이자 경제학자였던 마르크스는 《자본론》에서 초기 자본주의의 실상과 노동자들의 운명에 대해 다음과 같이 서술했다.

자본주의는 주기적으로 불황과 호황을 부르고 그에 따라 실업자를 만들어내기 마련이다. 자본주의 제도에서는 실업자가 아예 없는 것보다 많을수록 더 좋다. 왜냐하면 실업자가 많아야 그만큼 노동자들의 임금이 낮아지고, 자본가들의 돈을 아낄 수 있기 때문이다.

또한 자본주의는 그 자체가 흡혈귀처럼 끝없는 탐욕을 지닌 제도이기 때문에 계속 세상을 돌아다니며 먹어치울 대상을 찾는다. 지금은 그 자본주의를 받아들인 나라들이 힘없는 자국민들을 착취하고 있지만, 더 이상 자국 내에서 착취할 대상이 없어지면 이윽고 눈을 나라 밖으로 돌려 더 많은 상품 판매시장과 자원 공급처를 확보하려 할 것이다. 그것이 바로 다른 나라들을 상대로 전쟁을 거는 세계대전이다.

만약 이대로 자본주의가 계속 탐욕의 무한질주를 반복한다면, 마지막에 닥쳐 올 것은 자본주의 국가들끼리의 국운을 건 세계대전밖에 없다.

그러니 세계 각국의 노동자들은 자본가들을 위해 전쟁터로 나가 싸우다 죽지 마라. 그래 봐야 그들은 자본가들의 돈벌이를 위해 헛되이 목숨을 잃을 뿐이다. 노동자들이 진정 인간다운 세상에서 살려면, 국경의 차이를 넘어 전 세계 노동자들끼리 단결하여 흡혈귀 같은 본성을 지닌 자본가들을 타도하고 노동자가 주인이 되는 세상을 만들어야 한다.

만국의 노동자여, 단결하라! 그대들이 잃을 것은 쇠사슬뿐이지만, 얻을 것은 전 세계가 되리라!

실제로 마르크스의 예언은 맞아떨어졌다. 자본주의를 받아들인 영국과 프랑스, 독일 등 서구 열강은 새로운 상품시장과 원료 공급처를 찾기 위해 19세기 내내 세계 각 지역에 군대를 보내 침략과 정복을 일삼으며 식민지를 만드는 제국주의의 길에 나섰다. 그리고 더 이상 잡아먹을 식민지가 없어지자, 서로가 갖고 있는 식민지를 빼앗기 위해 제1차 세계대전을 일으켰다. 이 전쟁이 끝나자마자 전 세계에는 극심한 불황이 닥쳐 자본주의 국가들이 경제적으로 큰 타격을 입고 수많은 실업자들이 속출했으며, 이를 해결하기 위해 자본주의 열강들은 다시 또 한 번의 세계대전을 일으켜야 했으니 바로 제2차 세계대전이었다.

아울러 1917년 러시아에서는 낡고 부패한 전제왕정을 타도하기 위한 사회주의 혁명이 세계 최초로 일어났다. 러시아에서 성공한 사회주의 운동은 순식간에 전 세계 각국으로 널리 전파되었는데, 이는 당시 사회주의가 약탈적 자본주의의 탐욕과 횡포에 질린 세계 각국의 노동자와 지식인들에게 희망의 빛으로 여겨졌기 때문이다. 사회주의가 실현되면 자신들이 가진 부와 권력을 빼앗길까 두려워한 자본가들은 사회주의를 가리켜 악마이자 범죄자라고 매도했으나, 사실 그런 사회주의를 탄생시킨 장본인은 바로 탐욕에 찌들어 횡포를 일삼았던 자본가들 자신이었다.

공산주의 사상가 칼 마르크스. 그는 《자본론》을 발표하여 무절제한 탐욕에 도취된 자본주의 체제의 위험성을 경고하는 한편, 세계 노동자들의 연대를 외쳤다.

8

조선 선달의 설움, 척양척왜를 외치다

이필제의 난과
조선 후기
외세의 침탈

조선 시대를 다룬 TV 드라마들을 보면, 과거 시험에 합격한 사람이 금세 벼슬자리를 얻어 조정에 나가는 장면이 곧잘 등장한다. 하지만 현실은 그렇지 않았다. 벼슬자리는 한정되어 있는 데 반해, 조선 후기로 갈수록 과거 시험을 치르는 횟수가 늘어났다. 그 때문에 정작 과거에 합격하고도 벼슬자리가 오지 않아 사실상 실업자 상태에 놓인 이들이 굉장히 많았다. 그런 사람들을 당시에는 선달先達이라고 불렀다. 이 선달들은 자신들을 실업자 상태로 방치하는 조선 사회에 불만을 품고 때로는 반란을 일으키기도 했다. 1869년부터 1871년까지 '이필제의 난'을 일으켰던 이필제도 바로 그런 선달이었다.

서양과 청나라에 맞서 싸워라

이필제李弼濟(1825~1871)는 지금의 충청남도 홍성인 홍주에서 태어난 향반鄕班(시골 양반)이었다. 그의 증조부는 태안군수를 지낸 이완李 이었는데, 이는 이필제가 어느 정도 조정에 영향이 있던 집안 출신임을 뜻한다. 실제로 이필제는 군인을 뽑는 과거시험인 무과에 응시한 경험도 있었으니, 나름대로 학문을 아는 지식인 계층이었던 셈이다.

조선 시대 지식인들이 대부분 그랬듯이 이필제도 과거 시험에 응시하여 무과에 합격했다.(정확한 과거 합격 시기는 기록에 남아 있지 않다) 하지만 끝내 벼슬자리를 얻지 못한 선달에 그치고 말았다. 그러던 1850년 5월 이필제는 지금의 경상북도 영주시에 있던 지역인 풍기를 방문했는데, 그곳에서 허관許瓘이라는 노인을 만났다. 훗날 이필제를 심문한 내용을 기록한 〈포도청등록捕盜廳謄錄〉에 따르면 허관은 이필제에게 "앞으로 조선을 침략해올 서양세력을 물리치고, 오랑캐 청나라에 맞서 싸우라"는 가르침을 주었다고 한다. 허관의 가르침을 요약하자면 척양론斥洋論과 북벌론北伐論이 되겠다.

허관이 이필제에게 서양을 물리치라고 말한 것에는 당시의 시대적 배경이 작용했다. 이필제가 허관을 만나기 11년 전인 1839년, 영국이 청나라를 침공한 아편전쟁이 일어났다. 헌데 전쟁의 결과는 불과 2만 명도 안 되는 영국군이 4억의 인구를 가진 세계 최강대국 청나라를 상대로 압승을 거두는 이변이었다. 또한 중국에 쳐들어간 영국군은 각지에서 학살과 약탈을 자행했는데, 이 소식이 조선에 전해지면서 혹시 영국 등 서

아편전쟁 당시 영국군과 청군의 전투 장면을 묘사한 그림.

양의 나라들이 조선에도 쳐들어올지 모른다는 공포심과 그들에 대한 적개심이 퍼졌다. 허관이 이필제에게 "서양에 맞서 싸우라"는 가르침을 준 것도 그러한 시대 상황을 반영한 것이었다.

아울러 허관의 가르침 속에는 서양뿐만 아니라 중국 청나라도 조선의 적대세력으로 분류되어 있었다. 이는 1637년 조선이 청나라에 굴복한 병자호란의 치욕을 씻어야 한다는 북벌론이 조선의 민간에서 여전히 강하게 나돌았던 영향을 받은 흔적이었다.

북벌론이라는 말이 나왔으니, 여기서 북벌론에 대해 잠시 짚고 넘어가야겠다. 지금까지 북벌론에 대해서는 '병자호란 때 청나라한테 굴복했던 조선 지배층이 흔들리는 권력을 수습하기 위해 내세운 일종의 정치적 쇼'라고 여기는 인식이 강했다. 하지만 실현 여부는 둘째치고라도 조선의 북벌론은 결코 허황된 쇼가 아니었다. 비록 조선의 국력이 청나라보다 워낙 약해서 북벌이 실제로 실행될 가능성은 매우 희박했으나, 북벌을 해야 한다는 의지만큼은 확실히 존재했다. 국가 차원에서 공식적으로 북벌론을 내걸었던 효종 임금이 죽고 나서도 200년이 넘도록 조선의 민간 반란세력들은 계속 북벌론을 들고 나왔다. 만약 기존 통설대로 북벌론이 효종이 내세운 단순한 술책에 불과했다면 그가 죽고 나서 북벌론은 조선 사회에서 사라졌을 텐데, 현실은 그렇지 않았던 것이다.

효종 이후에 북벌을 내세운 유명한 반란 사건들을 몇 가지 살펴보자. 먼저 1697년에 운부를 비롯한 100여 명의 승려들이 집단으로 반란을 일으키려다 실패한 일이 있었다. 당시 운부는 70세의 승려였는데, 자신이 하늘과 땅의 이치를 깨우치고 세상에서 일어나는 일을 모두 알고 있어서 그 재주가 옛날 제갈공명이나 유기(주원장을 도와 명나라를 세운 공신)와 같다고 선전했다. 그리고 옥여, 일여, 묘정, 대성, 법주 등 100여 명의 승려들을 제자로 가르치고 그들을 통해 조선 전국의 승려들과 힘을 모았다. 이어 운부와 100여 명의 승려들은 도적 장길산의 무리들과 결탁하고, 또 이른바 진인眞人(구세주)인 정 씨와 최 씨 두 사람을 얻어 먼저 조선을 평정하여 정씨 성을 가진 사람을 왕으로 세운 뒤에 중국 청나라를 공격하여 최씨 성을 가진 사람을 왕으로 세우겠다는 계획까지 세웠다. 비록 이 계획은 실패했지만, 조선 민간의 반란세력들이 북벌을 명분으로 내세워 사람들을 끌어모으려 했음을 보여주는 사건이었다.

1801년에는 김건순이라는 천주교 신도가 청나라 신부 주문모와 만난 자리에서 "서양의 큰 배에다가 총과 대포를 가진 군사들을 태워서 청나라로 쳐들어가 병자호란 때 우리 조선이 당한 치욕을 씻겠다"며 중국을 침략할 계획을 세웠다가 발각당해 처형당한 일이 있었다. 김건순은 조선 후기에 왕실을 능가하는 최고 권력을 휘둘렀던 안동 김씨의 일원인데, 그런 상류층의 귀공자마저 북벌을 계획했던 것이다.

이렇게 거의 200년 동안 북벌을 명분으로 내세운 반란이 계속 일어났다는 사실은 조선 사회에 북벌이란 인식이 진지하게 받아들여지고 있었음을 보여준다. 그런 면에서 조선 시대의 '북벌'을 그저 기득권을 유지하려는 쇼라고만 보는 시각은 우리 역사의 다양성을 무시하는 것이라 볼 수 있다.

그런데 이필제는 허관이라는 노인을 뒤에 가서는 '허최許寉'나 '허선許璇'으로 계속 다르게 불러서, 과연 실존인물이었는지 의심을 갖게 한다. 어쩌면 이필제가 허관이라는 가공인물을 만들어 자신의 생각을 그럴듯하게 포장한 것일 수도 있다. 아무튼 허관을 만나 가르침을 얻었다는 1850년부터 이필제는 단순히 집에서 빈둥거리는 실업자에서 벗어나, 앞으로 나라를 뒤흔들어보겠다는 야심을 품고 살아가게 된다.

뛰어난 선동가

증조부가 지방 군수를 지냈다는 이력 이외에는 전혀 내세울 것 없는 실업자 이필제가 반란을 일으킨다는 말이 다소 허황되게 들릴 수도 있다. 그러나 이필제가 허관을 만난 바로 다음 해인 1851년 1월 11일, 중국 청나라에서 과거 낙방생이었던 홍수전洪秀全(1814~1864)이 종교단체인 배상제회拜上帝會를 만들어 태평천국의 반란을 일으킨 일이 있었다. 이들은 한때 청나라를 위협하고 중원의 남쪽을 점령하기도 했다. 그것만 봐도 반란을 일으키는 데는 단순한 사회적 위치나 신분보다 사회에 대해 어떤 생각을 가지고 있느냐가 더 큰 영향을 끼침을 알 수 있다.

이필제 역시 1863년 새로운 종교 조직인 동학東學에 가입했다. 하지만 동학에서 부르짖은 "사람이 곧 하늘이니 모든 사람들은 다 고귀하고 평등한 존재이다"라는 구호에 이필제가 진심으로 공감한 것으로는 보이지 않는다. 아마 그는 동학의 조직력과 신도들을 장차 자신이 추진하는 반란에 이용하려 했을 것이다.

1866년 10월 26일, 프랑스 군대가 조선의 강화도를 침공한 병인양요丙寅洋擾가 일어나자 조선은 커다란 충격을 받았다. 우수한 최신 무기로 무장한 프랑스 군대의 힘에 조선군은 형편없이 무너졌고, 프랑스군은 파죽지세로 강화도를 점령했다. 한양의 관리와 백성들이 겁에 질려 가족들을 데리고 피난을 떠나는 등 조선 전체가 공포에 휩싸였다. 비록 프랑스 군대는 2개월 후인 1866년 12월 17일에

과거 낙제생에서 태평천국군의 지도자가 된 홍수전.

태평천국군과 청나라군의 전투 장면.(1886)

떠났지만, 이 병인양요가 조선에 가한 충격은 실로 엄청났다. 6년 전인 1860년, 청나라 수도인 북경이 영국과 프랑스 연합군에게 함락당한 것처럼 이제 조선도 서양 군대의 공격을 받아 나라가 망할지도 모른다는 공포심이 사회 전반으로 급속히 퍼져나갔다.

그러나 나라를 뒤엎으려는 야심을 품은 이필제에게는 병인양요가 오히려 좋은 기회로 작용했다. 프랑스 군대의 침공으로 조선 백성들 사이에 서양에 대한 공포와 적개심이 널리 퍼지는 것을 본 이필제는 서양에 맞서자면서 선동을 하면 사람들이 손쉽게 넘어올 것이라고 생각했다. 그리하여 이필제는 심홍택沈弘澤, 심상학沈相學, 김낙균金洛均, 양주동梁柱東 등 평소에 자신과 친분이 있던 사람들을 찾아다니며 이런 말을 늘어놓았다.

"본래 거지였던 주원장도 사람들을 모아 명나라를 세우고 중국의 황제가 되었다. 우리도 그렇게 될 수 있다. 만약 나에게 1000명의 강한 군사만 있다면, 우선 이 나라 조선부터 장악한 다음 곧장 중국으로 쳐들어가 한 달 안에 청나라를 손에 넣고서, 동쪽의 일본까지 공격하여 점령할 수 있다. 그렇게 하면 자연히 천하는 우리의 손에 들어오게 되고, 저 서양마저 몰아내는 것은 매우 쉬운 일이다."

심홍택 등은 처음에 이필제의 말이 다소 허무맹랑하다고 여겨서 찬성하지 않았다. 그러나 이필제가 계속 진지한 태도로 "우리라고 천하를 손에 넣지 말라는 법이 어디 있는가? 지금이야말로 서양의 침공으로 세상이 어지러운 판국이니, 이 기회를 잘만 이용하면 우리가 나라를 바로잡고 천하를 손에 쥘 수도 있다"며 열성적으로 얘기하는 것을 보고는 마음

프랑스 군대가 쳐들어온 병인양요와 미국 군대가 침입한 신미양요에서 조선군은 너무나 무기력했고, 조선 사회는 큰 충격을 받았다. 이 그림은 병인양요의 한 장면을 묘사한 것이다.

이 움직여서 그와 함께 반란을 일으키기로 결심했다. 그러나 그들이 만든 반란계획이 새어나가 관아에 알려졌고, 곧바로 관아에서는 그들이 나라의 질서를 어지럽히는 대역죄인이라고 판단하여 체포에 들어갔다. 이필제 일행 대부분은 관아에 잡혀 들어갔으나(1869. 4. 21), 이필제와 김낙균은 그들이 살고 있던 충청북도 진천에서 경상남도 진주로 도망쳤다.

진주로 도망친 이필제 일당은 우선 관아의 무기고를 습격하여 무기를 손에 넣고 사람들을 모아 반란군을 늘렸다. 이어 한양으로 진격한다는 계획을 세우고, 군자금을 얻기 위해 인근 마을의 부자들을 습격하여 재물을 빼앗으려 했다.(1870. 2. 24) 하지만 그를 따르던 사람들이 겁을 먹고 달아나는 바람에 이필제는 진주에서 반란을 일으키려는 계획을 중도에 포기했다.

나흘 후인 1870년 2월 28일, 이필제는 세 번째 반란계획을 세우고 나무꾼들을 불러 모았다. 일단 진주의 군사가 주둔한 병영으로 쳐들어가 무기를 빼앗은 다음, 남해안의 섬들을 점령하고 거기서 식량을 모아 군사를 불리기로 했다. 이어서 한양으로 진격하여 궁궐을 점령하고 곧이어 청나라를 공격한다는 계획이었다. 그러나 이 계획도 도중에 새어나갔고, 관아의 포졸들이 체포하려 몰려온다는 소식을 접한 이필제는 이번에도 달아나야만 했다.

그 후 이필제는 1871년 2월 동학의 2대 교주인 최시형崔時亨(1827~1898)에게 접근하여 "나는 고조선의 시조인 단군왕검檀君王儉의 환생이오. 이제 내가 조선과 중국을 지배할 제왕이 될 것이오. 그러니 그대는 나를 도와 일단 이 나라를 장악하는 일부터 도와주시오. 그러면 내가 그대와 동학교도들을 이끌고 중국까지 쳐들어가 천하를 손에 넣을 것이오. 그대가 현명하다면 이 기회를 놓치지 마시오"라고 허풍을 쳐서, 최시형으로부터 동학교도들을 지원해주겠다는 약속을 받았다.

동학의 2대 교주 최시형.

그리하여 이필제는 동학교도가 포함된 180여 명의 사람들을 이끌고 1871년 3월 10일 경상북도 영해의 관아를 공격하여 부사 이정李政을 죽이고 관아를 점령했다. 하지만 이틀 후인 3월 12일, 관아가 습격당했다는 소식을 듣고 수많은 관군이 진압하기 위해 몰려오자, 이필제 일당은 겁을 먹고 대부분 달아나버렸고 이필제도 충청북도 단양으로 도망쳐 숨었다.

4개월 후인 1871년 7월 5일, 이필제는 다섯 번째 반란계획을 세웠다. 이번에는 경상북도 문경의 요새인 조령관鳥嶺關을 습격하여 무기를 빼앗고, 서원 철폐로 인해 조정에 불만을 품은 유생들로 반란군을 조직하여 한양으로 진격해 궁궐을 장악한 다음, 곧바로 중국으로 쳐들어간다는 것이었다. 그러나 이 계획도 주막에 머물며 와자지껄하게 떠드는 이필제 일당을 본 마을 사람들에게 새어나갔다. 마을 사람들은 "수상한 자들이 나타났는데, 아무래도 역모를 꾸미는 듯하다"며 관아에 신고를 했고, 이필제 일당은 결국 관아의 포졸들에게 체포당하고 말았다.(1871. 8. 2) 그리고 체포된 이필제는 4개월 후인 1871년 12월 23일 반역죄인으로 분류되어 처형당했다.

이렇게 해서 조선과 중국, 일본을 지배하고 동양의 황제가 되겠다던 이필제의 야심은 완전히 끝이 났다. 제2의 주원장을 꿈꾸던 이필제였지만, 끈질기게 음모를 꾸미는 교활함에 비해 천하를 재패할 능력은 턱없이 모자랐던 것이다.

실패한 이필제의 난 그리고 동학혁명

결과로만 보면 이필제의 난은 철저하게 실패했다. 이필제는 자신이 천하를 쥘 수 있다고 호언장담했지만 그를 따른 사람들은 너무나 적었고, 무엇보다 반란에 필요한 물질적인 기반이 부족했다. 역사적으로 볼 때, 반란이 성공하려면 많은 식량과 무기, 물자를 댈 수 있는 자금이 필요하다. 헌데 이필제는 그런 자금을 마련할 준비는 전혀 하지 않고, 그저 자신의 혀와 궤변만 믿고서 거기에 말려든 소수의 사람들과 함께 무모한 반란을 일으켰다가 모두 실패했던 것이다.

이런 면에서 볼 때, 비록 실패했지만 10년 동안 치밀한 준비를 한 끝에 반란을 일으킨 홍경래洪景來(?~1812)의 사례를 참고해볼 만하다. 홍경래는 평안도 지역의 대부호인 이희저李禧著(?~1812)를 끌어들이고, 다복

동학농민전쟁을 일으킨 전봉준. 동학농민전쟁은 비록 실패했으나 한반도와 동북아 역사에 큰 영향을 끼친 사건이었다.

동에 광산을 열어 10년 동안 노동자들을 모았다. 그리고 그들을 병사로 훈련시켜서 반란을 일으켰다. 홍경래 무리는 한때 평안북도 10개 성을 휩쓸고 평양마저 넘볼 만큼 위세가 막강했다. 물론 홍경래의 난도 중앙정부가 보낸 진압군에 의해 격파당하면서 실패하기는 했지만, 그가 후세의 역사에 남긴 영향은 이필제와는 비교할 수 없을 만큼 분명하다. 홍경래의 난은 조선 후기 지배체제 균열에 영향을 주었으며, 이는 또 다른 난으로 이어지기도 했다. 오늘날까지 홍경래의 이름을 기억하는 사람들은 많지만, 이필제라는 이름은 거의 완벽하게 잊혀진 것만 보아도 알 수 있다.

　물론 이필제도 후반기에 가서는 동학교도들을 반란에 끌어들이는 등 나름대로 반란을 준비하는 노력을 하기는 했다. 그러나 1871년 무렵의 동학은 1894년 농민전쟁 때처럼 교세가 큰 조직이 아니라, 소규모 신흥 종교 교단이었다. 만약 이필제가 20년 정도 더 때를 기다리고 사람들과 자금을 많이 끌어 모으는 식으로 만반의 준비를 했다면, 반란의 결과가 달라졌을지도 모른다.

　하지만 이필제의 난이 역사에 아무런 영향도 끼치지 못한 것은 아니었다. 실패하기는 했지만, 이필제가 외친 "서양과 일본에 맞서 싸우자!"는 척양척왜拓洋拓倭의 구호는 그로부터 23년 후인 1894년, 동학교도인 전봉준이 일으킨 동학농민전쟁에서 다시 울려 퍼졌다. 전봉준이 이필제처럼 자기가 조선을 지배하고 중국과 일본을 정복하기 위해 항쟁을 일으킨 것은 아니었지만, 동학교도들이 척양척왜의 구호를 내걸고 전쟁을 한 데는 이필제의 난에서 어느 정도 영향을 받았다고 볼 수도 있을 것이다. 실제로 1894년 당시, 조선은 이필제가 난을 일으켰을 때보다 서양과 일본 등 외세의 침략 위협에 더욱 크게 시달렸고 그만큼 조선 백성들도 위기감을 크게 느꼈으니 말이다.

9

서양 상품에 밀려 실업자가 된 청나라 사람들

세계 열강의 중국 침탈과 의화단의 난

2016년 11월 8일 미국 대통령 선거에서 예상을 뒤엎고 공화당의 도널드 트럼프 후보가 당선되었다. 거친 막말에도 불구하고 트럼프가 민주당의 힐러리 클린턴 후보를 누르고 승리한 데에는 백인 노동자들의 분노가 크게 작용했다. 중국에서 몰려온 값싼 상품들 때문에 상대적으로 비싼 제품을 만드는 미국의 소비재 산업이 치명타를 입었으며, 그로 인해 많은 백인 노동자들이 일자리를 잃고 실업자가 되었다. 이러한 자유무역의 피해자인 백인 노동자들은 그들의 일자리를 지켜주겠다고 약속한 트럼프에 열광하고 그에게 표를 던진 것이다.

외국산 제품 때문에 일자리를 빼앗기고 실업자가 되었다고 생각한 사람들은 지금으로부터 1세기 전인 20세기 초반 중국에도 존재했다.

"서양 오랑캐들 때문에
일자리를 잃었다"

19세기 말, 청나라는 안팎으로 위기에 시달리던 중이었다. 1860년에 벌어진 아편전쟁에서 청나라는 영국군과 프랑스군에게 수도인 북경이 함락당하는 패배를 겪으면서 국가적 위신이 크게 추락했다. 또한 같은 시기에 태평천국의 난과 염군의 난 같은 대규모 반란이 일어났고, 이 두 난을 진압하는 데 막대한 군비가 들어갔다. 이 같은 내우외환이 지속되면서 청나라는 혼란에 휩싸인 상황이었다.

그중에서 가장 큰 재앙은 아편전쟁 참패였다. 서구 열강에게 무릎을 꿇은 청나라는 서양이 요구하는 대로 그들의 제품을 아무런 제한 없이 수입해야 했는데, 이 과정에서 청나라의 농민과 수공업자들이 가장 큰 피해를 입었다. 공장에서 대량생산된 싼값의 서양 상품들이 어마어마하게 수입되어오자, 이제까지 청나라에서 수공업자들이 만들던 면포와 면사 같은 상품들은 서양 제품과의 가격경쟁에서 밀리게 되었다. 그러자 청나라 내수 시장은 서양 제품들이 차지했으며, 물건이 팔리지 않아 돈을 못 벌게 된 청나라의 수공업자들은 실업자 신세로 전락하고 말았다.

서양의 새로운 교통, 운송수단 또한 청나라 노동자들에게 큰 피해를 가져다주었다. 19세기 말부터 도입되기 시작한 증기선이나 기차 같은 서양의 새로운 교통, 운송수단들은 주로 바다와 철도를 통해 운행하면서 기존의 내륙 운하 교통을 사양산업으로 전락시켰다. 운하의 교통량이 줄어들자, 운하에 고용되어 있던 뱃사공과 짐꾼 같은 노동자들은 대부분

청나라를 집어삼키려는 영국, 독일, 러시아, 프랑스, 일본을 풍자한 그림. 당시 청나라는 외세의 침탈에 신음하던 상황이라 서구 상품에 밀려 실업자로 전락한 자국민들을 도와줄 형편이 못 되었다.(《Le Petit Journal》 게재, 1898)

일자리를 잃고 실업자가 되었다.

　이렇게 19세기 말을 기점으로 서구의 새로운 상품과 문물이 들어오면서, 전통사회에서 일하던 수많은 청나라 노동자들이 직장을 잃고 실업자 신세로 전락했다. 이러한 심각한 상황에도 불구하고 청나라 조정의 실업 대책은 없는 것이나 마찬가지였다. 아니, 세우려고 해도 세울 수가 없었을 것이다. 왜냐하면 19세기 후반 들어 청나라는 프랑스와의 청불전쟁(1884. 8~1885. 4), 일본과의 청일전쟁(1894. 7~1895. 4)에서 모두 패하는 바람에 일본에게만 2억3000만 냥이라는 엄청난 배상금(당시 청나라 조정의 2년 치 예산액)을 지급하는 등 전쟁의 뒤처리를 하는 일이 우선이어서 국내의 실업자들을 돌볼 여력이 없었다. 또한 영국과 독일, 러시아 등이 각각 산동반도와 만주에 철도를 놓고 청나라를 상대로 이권 쟁탈을 치열하게 벌이던 와중이어서 청나라 조정은 그들을 상대하는 것만으로도 골치가 아팠다.

　그중 청나라가 가장 두려워하던 상대는 러시아였다. 러시아는 청나라와 육로로 국경을 맞대고 있어서 다른 서구 열강들에 비해 영토 획득의 욕구가 더 크다고 판단했기 때문이었다. 실제로 러시아는 1860년부터 청나라를 상대로 외교적 압력을 행사하여 연해주와 신강 이리 지역 등을 영토로 얻어냈다. 게다가 청나라의 발원지인 만주에 러시아가 철도를 깔자, 청나라는 혹시 러시아가 만주까지 집어삼키려 하는 것은 아닌지 하는 두려움에 떨었다.

　이렇듯 19세기 말의 청나라 조정은 외세인 서구 열강의 침탈에 대비하여 신경전을 벌이느라, 자국의 소외된 민중을 거의 돌보지 못했다. 정

청일전쟁 중 청나라 해군과 일본 해군의 전투를 묘사한 그림. 이 전쟁으로 청나라는 자신들의 허약함을 드러내며 세계 열강들의 먹잇감으로 전락하고 만다.

부로부터 도움을 기대할 수 없게 되자 전직 수공업자와 운하 노동자 등 실업자들은 자기들끼리 비밀결사 조직을 만들어 서로 간의 연대와 협력으로 위기를 극복하려 했다. 그 조직의 이름이 바로 의화단義和團이었다. 그리고 이 의화단을 이끄는 지도자는 운하에서 일하다가 서양의 증기선 때문에 일자리를 잃게 된 장덕성張德成이라는 인물이었다.

비밀결사, 의화단

1세기가 지났지만 오늘날까지도 의화단은 수수께끼에 싸인 조직이다. 정확히 언제, 누가 만들었는지 알 수 없기 때문이다. 본고장인 중국 학계에서도 의화단에 대한 여러 가지 추측과 학설들이 나왔지만, 그 어느 것도 의화단의 정체를 확실히 밝히는 데 실패했다. 의화단 관련 자료가 너무나 많은 데다, 각 자료들이 서로 모순되어서 혼란을 일으켰기 때문이다.

의화단과 관련된 수많은 기록과 연구자들의 해석을 종합해보면, 의화단은 대략 민간신앙과 무술에 의존한 청나라 민중의 조직이라고 볼 수 있다. 우선 의화단에 가장 큰 영향을 끼친 집단은 백련교白蓮教였다. 백련교는 불교와 도교, 미륵 신앙과 명교(마니교)가 합쳐진 종교로, 세계는 선과 악의 대결장이며 곧 세상이 끝나고 구세주가 나타난다는 종말론을 핵심교리로 삼고 있었다. 그래서 백련교는 탐관오리들의 수탈에 시달리던 청나라 농민들이 열렬히 믿었고, 의화단의 난이 있기 1세기 전인 18세기 말에는 '사악함으로 가득 찬 이 더러운 세상을 끝장내고 새로운 세상을 열자!'라는 교리에 심취한 백련교도들이 청나라 조정에 맞서 대대적인 반란을 일으키기도 했다.

백련교 이외에 민간에서 믿었던 무속신앙도 의화단에 흘러들어갔다. 의화단원들은 소설 《서유기》의 손오공과 저팔계, 《삼국지》의 관우와 장비, 조자룡 등을 신으로 숭배했다. 그리고 이 신들이 몸에 들어오면 자신들이 초인적인 힘을 발휘한다고 믿으면서 눈을 하얗게 뒤집고 입에 거품을 무는 등 이른바 트랜스(몰아일체) 상태에 빠지기도 했는데, 이는 무

권법을 수련하고 있는 의화단 단원들. 이들은 1000일 동안 무술을 수련하면 신통력을 얻어 하늘을 날고 총탄에도 다치지 않는다고 믿었다. 미신의 힘을 빌려서라도 외세의 침탈을 막아보려고 했던 중국 민중들의 절실함이 반영된 흔적이다.

무장을 한 의화단 단원. 이들은 총을 사용하기도 했지만, 대부분은 중국의 전통 무기인 칼과 창을 선호했다.

속신앙에서 무당들이 신을 받는 전형적인 강신降神 의식과 같다.

의화단 단원들은 저주나 요술 같은 주술신앙도 믿었다. 의화단의 지도자 중 한 명인 황련성모黃蓮聖母라는 여성은 하북성 총독을 만난 자리에서, 자기가 하늘에 대고 '청나라를 망치려고 하는 서양 오랑캐들을 모조리 죽여주십시오!'라고 저주가 섞인 기도를 올리면, 하늘에서 커다란 불길이 내려와 서양 오랑캐들을 모조리 태워 죽인다고 말하기도 했다. 그리고 의화단에 가담한 여자 단원들은 청등靑燈이나 홍등紅燈이라고 불렸는데, 이는 그녀들이 등을 타고 공중을 날아가서 서양인들을 죽이는 도술을 부린다는 믿음이 의화단 단원들 사이에 퍼져 있었기 때문이다.

이 밖에도 의화단은 민간에서 활동하던 무술가나 차력사 같은 전통 무예의 영향도 많이 받았다. 의화단 단원들은 칼과 창 같은 무예를 100일 동안 연마하면 자신들의 몸이 어떤 무기도 해치지 못하는 상태에 도달하며, 1000일 동안 무예를 연마하면 초능력을 얻어 하늘을 마음대로 날아다닐 수 있다고 믿었다. 쉽게 말해, 인기 있는 무협소설들에서 나온 금강불괴金剛不壞라는 단어를 떠올리면 된다. 의화단 단원들은 바로 그런 금강불괴를 현실 속에서 자신들이 실현할 수 있다고 믿었다.

이렇듯 의화단은 청나라의 민간신앙과 주술, 무술 등의 요소들이 결합되어 이루어진 단체였다. 좋게 보면 정부권력을 믿지 못해 민간인들끼리 서로의 연대로 시대적·국가적 위기를 극복하고자 했던 노력의 일환이고, 다르게 보면 비논리적이고 비합리적인 집단이라고 할 수도 있다.

의화단의 또 다른 특징은 그들이 외친 구호가 과격했다는 것이다. 의화단 단원들은 모두 하나같이 '서양인들이 청나라에 가져온 물건들은 모두 청나라인들을 거지와 실업자로 만드는 사악한 것들이다! 이런 요물들은 모두 나쁜 마귀가 만든 흉악한 것들이니, 모조리 부숴버려야 한다! 그래야 서양 오랑캐들이 우리 청나라를 침략하지 못하고, 청나라 백성을 죽이거나 노예로 삼지 못할 것이다!'라고 외치며 극단적인 외세 배척론을 내세웠다. 세계화가 일상화된 지금의 눈으로 보면 그야말로 정신 나간 짓이지만, 당시 중국은 서구 제국주의 열강의 침탈에 시달리던 중이라 전체적인 맥락에서 완전히 틀린 말은 아니었다. 하지만 그 방법이 지나치게 잔혹하다는 점에서는 분명 큰 문제가 있었다.

세계사를 통틀어 봐도 의화단이 유별난 존재는 아니었다. 이미 11세기 말, 유럽에서는 민중들이 무기를 들고 중동으로 몰려가 전쟁을 벌인 십자군이 있었다. 이들 역시 '세상의 종말이 머지않았고, 구세주인 예수가 묻힌 예루살렘을 이교도 무슬림의 손에서 다시 되찾아야 우리가 구원을 받는다'고 믿었던 민간신앙, '무슬림을 모두 박멸하라. 하나도 살려두지 마라'라는 폭력, 이 두 가지 요소를 중심에 두고 활동했다.

또한 의화단보다 6년 전인 1894년, 청나라의 이웃나라인 조선에서 일어난 동학東學도 의화단과 상당히 비슷한 성격을 지닌 조직이었다. 동학은 '한울님'이라는 신을 섬기는 종교집단이면서 '시천주조화정侍天主造化定이라는 주문을 외우면 천신天神이 지켜주고, 궁을부弓乙符라는 부적을 몸에 붙이면 총탄에도 죽지 않는다'는 주술신앙을 가졌으며, 의화단처럼 "서양 오랑캐를 조선에서 몰아내자!"고 외치며 백성들이 무기를 들고 일어나 직접 전투에 참여한 군사조직이었다. 다만 조선에는 청나라와 달리 서양인들이 별로 없어서 서양인을 공격하지는 않았으며, 동학의 주된 공격 목표가 국가 정규군인 관군이었다는 점에서 공권력을 향해 폭력을 휘두르지 않았던 의화단과는 구별된다.

의화단을 통틀어 한 가지 주목할 점은 여기에 참여한 어느 누구도 정부를 뒤엎고 스스로 황제가 되겠다는 말을 하지 않았다는 사실이다. 보통 역대 중국의 농민반란들을 보면, 어느 정도 사람들이 모이고 세력이 커지면 반란의 지도자가 황제나 왕을 칭하게 된다. 그런데 의화단의 여러 지도자들 중에서 '내가 지금의 부패하고 타락한 청나라를 몰아내고, 황제에 올라 천하 만민을 구하겠다!'고 나선 사람은 단 한 명도 없었다. 이 점에서 의화단의 난은 중국 역사상 흔히 있었던 농민반란과 구별된다. 어쩌면 의화단의 난에 가담한 사람들은 정말 순수한 애국심에서 봉기를 일으켰는지도 모른다. 실제로 의화단원들이 외친 구호는 '청나라를 도와 서양을 쳐 없앤다'는 뜻의 부청멸양扶淸滅洋이었다.

애매모호한 청나라 조정의 태도

의화단 세력이 계속 커지는데 정작 청나라 조정은 이런 현상을 다 알면서도 아무런 대응책도 세우지 않고 그저 방관만 할 뿐이었다. 의화단을 반국가단체로 규정하여 초기에 확실히 진압하지도 않았고, 그렇다고 의화단을 애국자라고 칭송하며 그들에게 근대식 무기를 몽땅 쥐여주고 군사훈련을 시킨 것도 아니었다. 이는 청나라 조정이 가진 딜레마 때문이

의화단의 난 당시 청나라 고위 관리들의 사진. 이들은 의화단을 이용해 백성의 불만을 배출하게 하면서, 동시에 서구 열강과도 가급적 사이가 나빠지지 않도록 하는 줄타기를 했다.

었다. 처음부터 대규모 군대를 동원해 의화단을 노골적으로 짓밟으면 군중의 반발이 커져서 반란군으로 변해버릴 우려가 컸다. 반면 의화단이 외치는 대로 맹목적인 반서구 감정에 편승하여 서구 열강을 노골적으로 적대했다가는 서구 각국에게 적으로 낙인찍혀 당장 그들의 군대가 청나라로 쳐들어와 나라가 망할지도 모르는 일이었다. 즉, 의화단을 탄압해도 나라가 위태롭고, 편들어도 나라가 위태로우니 청나라 조정으로서는 이러지도 저러지도 못하는 상황이었다.

그래서 청나라 지배층은 나름대로 꼼수를 썼다. 겉으로는 의화단을 가리켜 "저들은 매우 충성스럽고 훌륭한 애국자들이다!"라고 그들을 편드는 척하면서, 뒤로는 서양 각국의 대사관에 "우리는 의화단을 돕지 않는다. 그리고 의화단이 외치는 것처럼 결코 서양을 적대하지 않는다. 그러니 당신들도 의화단 문제로 청나라에 대해 적대행위를 하지 마라"라고 몰래 연락을 보냈다. 의화단과 서구 열강 사이에서 어느 편에도 치우치지 않고 계속 기득권을 유지하기 위해 청나라 조정이 벌인 절묘한 줄타기였던 셈이다.

일설에 의하면 청나라 관리들이 정말로 의화단이 신통력을 가진 초인적 집단이라고 믿어서 그들을 막지 못했다는 주장도 있다. 그러나 이는 가능성이 극히 낮은 주장이다. 웬만큼 지각이 있는 청나라 관료들은 의화단의 주장을 믿지 않았다. 산동성의 순무(지사)였던 원세개(위안스카이)는 부하 관리들을 모아놓은 자리에서 10명의 의화단 단원들을 세워놓고 자신이 직접 권총으로 한 명씩 쏘아 죽임으로써 그들이 결코 신통력을 가진 초인이 아님을 증명하기도 했다. 또한 학식이 높은 뛰어난 학자였던 장지동張之洞도 "세상에 어떻게 사람이 대포와 총을 막아낼 수 있단 말인가? 다 헛소리나 뜬소문들이다"라며 의화단의 초능력을 믿지 않았다.

북경에 들어온 의화단, 대혼란을 일으키다

1900년에 이르자 의화단의 숫자는 무려 20만 명으로 급속히 증가했다. 원래 서양 물건과 선박 등에 밀려 실업자가 된 사람들 말고도 의화단에 가입하거나 자신을 의화단이라고 칭하며 몰려다니는 사람들이 부쩍 늘어났던 것이다. 본래 의화단이라는 조직 자체가 가입하는 데 엄격한 제한조건이 있는 것도 아니었고, 단원과 단원이 아닌 사람을 구분할 수 있는 장치나 표시가 있는 것도 아닌 데다, 아무나 '나는 의화단이다!'라고 멋대로 사칭하며 의화단인 것처럼 행세하고 다녀도 어떠한 제재가 없으니, 이 시기에 이르면 누가 진짜 의화단이고 가짜 의화단인지 구분할 도리가 없어졌다. 하지만 모든 의화단원들은 하나의 사상을 공감하고 있었으니, '서양인들과 서양의 물건이 들어와 청나라인들의 삶이 비참해졌다!'는 인식이었다. 그들은 서양인과 서양 물건 모두 청나라를 떠나야 청나라가 비로소 서양의 침략에서 무사할 수 있다고 굳게 믿었고, 그래서 서양에서 온 모든 문물과 물건과 사람을 적대시했다.

1900년 4월에 이르러 의화단 단원들은 청나라 수도인 북경으로 이동했다. 그들은 북경이 청나라의 중심이니 북경에 들어온 서양인들을 죽이거나 쫓아내면 기울고 있는 청나라의 국운이 다시 살아나고, 자신들의 삶도 서양인들이 오기 전처럼 평화롭고 행복해질 수 있다고 여겼다. 그들의 목표는 북경과 그 인근에서 모든 서양인을 죽이고, 서양 물건을 파는 가게를 불태우며, 서양인들이 청나라에 와서 만든 일체의 설비들을 파괴하는 것이었다.

　북경 외곽 탁주와 내수 일대에 다다른 의화단원들은 서양 선교사들이 세운 교회들을 습격하여, 서양인 기독교 성직자들과 신도들을 죽인 다음 교회들을 모조리 불태웠다. 개중에 기독교 수녀들은 목숨을 건졌는데, 이는 의화단원들이 그녀들을 노예로 팔아넘기기 위함이었다. 의화단 단원들이 기독교를 적대시한 데는 이유가 있었다. 당시 청나라에 온 서양의 기독교 교회들은 무분별한 교세 확장에만 혈안이 되어 온갖 불법과 폭력 수단도 마다하지 않았다. 그들은 자기 나라의 힘을 등에 업고 청나라 조정을 위협하여 범죄를 저지르고도 처벌받지 않는 면책특권을 얻어냈으며, 교회를 지을 땅을 더 많이 확보하기 위해 지방 관아를 협박하고 농민들로부터 땅을 빼앗는 등 사회적인 물의를 일으켰다. 이 작업에 앞장선 것은 온갖 범죄를 저지른 대도회大刀會 등의 흉악한 도적들이었다. 그들은 기독교도가 되면 사실상 법의 처벌을 받지 않는다는 점을 악용하여 교회에 등록하고 교회가 시키는 대로 농민들을 공갈 협박하여 땅을 빼앗았다. 교회 역시 그들을 앞잡이로 내세워 자신들이 하기 어려운 불법과 범죄를 저질렀다.

　그런 일들 때문에 당시 청나라인들의 기독교에 대한 인식은 매우 부정적이었고, 기독교인들을 서양 제국주의 열강과 결탁하여 청나라인을 억압하고 횡포를 부리는 무리로 여겼다. 그래서 의화단 단원들은 기독교인들을 가리켜 개와 돼지 같은 짐승들이라고 저주했다.

　의화단원들이 기독교 교회를 불태우고 성직자들을 죽이자, 이에 놀란 서양 각국의 교회 지도자들은 청나라 조정에 압력을 넣어 의화단을 쫓아내라고 요구했다. 청나라 조정은 기독교를 그리 좋아하지 않았으나, 그들의 요구를 무시했다가는 기독교 뒤에 있는 서구 열강의 분노를 사서 어떤 불이익을 당할지 몰라, 관군을 보내 의화단을 설득하여 해산시키려 했다. 하지만 청나라 관군은 군기가 매우 문란하고 병사들의 태도도 좋지 않아서, 백성들을 상대로 약탈과 폭행을 저지르기에 바빴다. 이에 분노한 백성들은 관군에 복수하기 위해서 앞다투어 의화단에 가담했고, 의화단의 숫자는 오히려 더욱 늘어났다.

기세등등해진 의화단은 북경 외곽에 설치된 철도를 눈에 뜨일 때마다 부숴버렸다. 여기에는 두 가지 이유가 있었다. 첫째는 의화단의 원래 구성원들 중 상당수가 서양에서 들어온 철도로 인해 일자리를 잃은 노동자들이었기 때문이다. 이들은 자신들을 실직하게 만든 철도에 대한 복수로 여겼다. 둘째는 물자와 사람을 신속하게 나르는 철도가 서구 열강의 침략 도구로 쓰이는 흉악한 것이니, 모조리 부숴버려야 서양인들의 침략을 막을 수 있다는 생각 때문이었다. 전체적인 맥락에서 보면 크게 틀린 말은 아니었다. 사실 서구 열강이 청나라에 철도를 놓은 이유도 바로 청나라에서 이권을 챙기기 위한 제국주의적인 이유였다.

한편 의화단의 기세등등한 모습이 북경에서도 보이자, 나약한 황제를 대신하여 청나라의 실권을 장악하고 있던 서태후는 청나라 군대를 지휘하는 장군들에게 은밀히 이런 명령을 내렸다.

의화단을 함부로 죽이거나 해치지 마라. 만약 관군을 동원해 그들을 억누르려 든다면, 자칫 백성들을 자극해서 큰 폭동이 일어날 수 있으니 조심하라. 가

청나라 말기 최고의 실권자였던 서태후. 그녀는 오늘날까지 중국인들에게 '사치와 향락에 탐닉하여 나라를 망친 인물'로 인식되어 있다.

급적 그들을 설득하여 해산시키는 데 주력하고, 그렇게 할 수 없다면 가만히 있으라.

이 말은 사실상 청나라 관군더러 의화단을 적대하지 말고 그들이 무슨 짓을 하든지 그냥 보고만 있으라는 소리와 같았다. 서태후를 비롯한 청나라 지배층은 의화단을 강경하게 짓밟다가 역효과로 대규모 반란이 일어나 정권이 위협받을까 두려웠다. 그래서 일단 그들의 행동을 방관하기로 한 것이었다. 이를 두고 서태후나 다른 청나라 권력자들이 의화단과 손을 잡고 서양에 맞서는 무모한 짓을 벌였다고 비판하는 의견도 있으나, 사실은 그렇지 않았다.

1900년 5월이 되자 의화단 단원들은 서서히 북경 안쪽으로 들어오기 시작했다. 북경성 곳곳에서 의화단이 외치는 주장에 동조하여 의화단에 가입하거나, 의화단을 자처하며 소란과 약탈, 방화를 저지르는 무리들이 기하급수적으로 늘어났다. 의화단의 구호인 부청멸양扶淸滅洋이 적힌 종이들이 북경성 거리 여기저기에 어지럽게 휘날렸고, 북경 주민들 사이에서는 의화단에 동조하는 분위기가 강해졌다.

그러던 와중인 5월 15일, 일본 공사 서기관인 스기야마 아키라가 청나라 군사의 칼에 찔려 죽는 사건이 발생했다. 9일 후인 5월 24일에는 독일 공사 크라더가 청나라 군사가 쏜 총탄에 맞아 사망했다. 이 두 사건에 의화단이 개입했는지의 여부는 알 수 없으나, 살해에 가담한 부대의 병사들 중 일부가 의화단에 가담한 사실이 있었다. 이에 따라 일본과 독일은 서기관과 공사의 피살을 모두 의화단의 소행으로 간주하고 청나라로 군대를 보내 의화단을 제압하기 위한 준비를 하기 시작했다.

한편 크라더 총격 사건보다 이른 5월 17일에는 북경성 안의 기독교 교회가 의화단의 습격을 받고 불에 타버리는 화재가 발생했다. 그리고 이를 기점으로 북경 안에는 셀 수 없이 많은 의화단 단원들이 몰려들었다. 그들의 수가 워낙 많아 관군도 그들이 북경 안으로 들어오는 것을 도저히 막지 못했다. 거리 곳곳마다 의화단 단원들이 사람들을 상대로 "서양인들을 죽이거나 몰아내야 우리가 산다!"고 외치며 자신들에게 동참할 것을 권유했다. 의화단이 외친 반외세 구호에 공감한 사람들은 물론, 가난한 빈민이나 힘든 일을 하던 노동자, 혹은 노략질을 해서 일확천금을 벌려는 불량배와 강도들까지 의화단으로 몰려왔다.

이리하여 5월 중순 무렵, 의화단은 북경 전체를 장악했다. 의화단 단원들은 고삐 풀린 말처럼 북경을 멋대로 휘젓고 다니며, 고위 관리나 부자들의 집을 마음대로 들어가 값나가는 물건을 모조리 빼앗았다. 의화단원의 원래 목표는 서양인 배격이었지만, 이 시기 의화단은 그 규모가 너무나 커진 데다가, 원래의 반서구 구호와는 전혀 상관이 없는 단순한 약탈을 노린 범죄자들까지 대거 가담하여 통제 불가능한 집단이 되어 있었다. 애초에 의화단 자체가 엄격한 통제하에 체계적으로 구성된 조직이 아니었고, 조직원 전체를 감시하고 관리하는 기구를 갖추고 있던 것도 아니었다. 더욱이 의화단의 약탈을 막고 그들의 행동을 저지해야 할 청나라 관군마저 의화단의 노략질에 가담했으니, 북경은 그야말로 난장판의 극치였다. 의화단의 약탈에 겁을 먹은 고위 관리나 부자들은 남은 재산을 챙겨 가족과 함께 성을 빠져나갔고, 성 안에 남은 사람들은 의화단이 저지를지 모르는 무법행위로부터 자신을 지키기 위해서 의화단에 가입하거나 그들의 주장에 무조건 찬성해야 했다.

부자들을 약탈한 의화단은 이내 본래의 목적인 서양인 공격에 나섰다. 북경 시내 곳곳을 돌아다니던 의화단원들은 마주치는 서양인과 기독교도를 모조리 죽였다. 기독교도 대부분은 청나라인이었지만, 의화단원들은 청나라인 기독교도들을 '혼을 서양에 팔아넘긴 매국노'로 간주하고 서양인과 똑같이 죽였다. 의화단이 북경과 그 인근 지역에서 죽인 기독교도들의 숫자는 공식적으로 밝혀진 것만 1만2000명에 달했다. 서양인이 운영하는 상점과 그 안의 서양 제품들은 모두 의화단의 습격을 받아 파괴되었고, 가게를 소유한 서양인과 거기에서 일하던 청나라인 점원들 역시 죽임을 당했다. 서양인 상점을 습격한 의화단원 중에는 아마 서양 상품에 밀려 일자리를 잃고 실업자가 되었다가 의화단에 들어온 전직 수공업자들이나 운하 노동자들도 포함되었을 것이다. 그들은 서양 제품과 가게를 박살내고, 서양인들을 죽이면서 자신의 신세를 비참하게 만든 서양에게 복수를 한다고 생각했을 것이다.

의화단원들은 더욱 과격해져 서양인 남자 한 명을 죽이면 은 50냥을, 여자 한 명을 죽이면 은 40냥을, 어린아이 한 명을 죽이면 은 30냥을 상금으로 준다는 잔혹한 포고문까지 걸었다. 그러자 비단 서양 제품 때문에 실업자가 되어 원한을 가진 사람이 아니더라도 상금을 받기 위해 너도나도 서양인 학살에 나섰다.

서양 가게를 박살내고 서양인들을 학살한 의화단원들은 이제 서양 각국의 공사관으로 몰려가, 건물 안에 있는 서양인들마저 모두 죽이려 했다. 이때 서태후의 명령을 받은 청나라 관군 2만8000명도 의화단에 합류해 공사관 공격에 동참했다. 일부 사람들은 이것을 청나라 지배층의 자멸행위라고, 그래서 청나라가 몰락의 길을 걷게 됐다고 주장하기도 한다.

하지만 진상은 그렇게 간단하지 않았다. 실제로 공사관 공격은 두 달 동안이나 계속되었다가 결국 함락시키지 못했는데, 이 부분이 중요하다. 2만8000명의 정규군에 수십만은 족히 될 만한 의화단원까지 합세한 반면, 공사관을 지키는 외국군 병력은 모두 합해봐야 400명 수준이었다. 수십만의 청나라인들이 무려 두 달이나 공사관들을 공격했는데도 실패했다는 것은 상식적으로 도저히 이해하기 어려운 일이다. 공사관 공격이 실패로 돌아간 원인은 여러 가지였다. 우선 의화단과 함께 가담한 청나라군 자체가 공격에 매우 소극적이었다. 그들은 의화단 단원들이 용감하게 공사관을 향해 돌진할 때, 외국 경비대를 향해 총이나 대포를 한 발도 쏘지 않았다. 공사관 앞 바리케이드에서 버티고 있는 외국 경비대가 의화단원들에게 기관총을 쏘고 있는데 뒤에서 가만히 바라보기만 했다. 심지어 청나라 장군들은 휘하 병사들에게, 외국 경비대가 의화단원들에게 총을 쏠 때, 뒤에서 의화단원들을 향해 같이 총을 쏴 죽이라는 지시를 내렸다. 그래서 멋모르고 공사관을 향해 달려갔던 의화단원들은 외국 경비대와 자국 군대가 앞뒤에서 쏘아대는 총탄에 맞아 모조리 죽어갔다. 이런 과정이 두 달 동안이나 계속 반복되었으니, 아무리 의화단이 수십만이나 된다고 해도 도저히 공사관 공격이 성공할 리가 없었다.

　이는 서태후를 비롯한 청나라 지배층의 숨은 의도였다. 그들은 서양 열강의 손을 빌려 의화단을 없애려 했던 것이다. 정부가 나서서 대놓고 탄압을 하면 의화단원들의 분노가 폭발하여 정권을 뒤엎으려 할지 모르니, 겉으로는 의화단에 동조하는 척하면서 사실은 맨몸이나 다름없는 이들을 강대한 서양 열강의 총구 앞으로 몰아 모조리 죽이려 했던 것이다. 그러니 일부 사람들의 주장처럼 서태후가 진심으로 의화단이 하늘을 날고 총탄에 죽지 않는다는 미신에 빠져서 의화단을 도와 청나라를 망하게 한 인물은 아니었던 것이다.

뿐만 아니라 서태후는 몰래 관리들을 시켜 공사관에 신선한 채소와 과일, 계란 같은 식료품을 보내주었다. 그래서 두 달 동안이나 공사관이 의화단에게 공격을 당하며 외부의 연락과 보급이 끊어진 상황 속에서도 공사관 직원과 병사들은 굶어 죽지 않고 살아남을 수 있었다. 바꿔 말하면, 청나라 조정은 외국 공사관의 직원과 병사들이 죽는 것을 바라지 않았다는 뜻이다.

8국 연합군의 북경 침략

1900년 5월 25일 서태후는 서구 열강과 일본에 선전포고를 했다. 그러나 이것은 북경을 점령하고 있는 의화단원들을 속이기 위한 핑계에 불과했다. 그러고 나서 서태후는 곧바로 공사관에 관리들을 보내 "우리는 진심으로 당신들과의 전쟁을 원하지 않는다. 선전포고 발표는 그저 의화단이란 폭도들을 속이려는 술책일 뿐이다. 부디 당신들의 군대가 청나라 정부를 공격하지 말기 바란다"라고 전했다.

하지만 그러거나 말거나 의화단 폭동으로 피해를 입은 8개 나라들인 영국, 미국, 프랑스, 독일, 오스트리아, 이탈리아, 러시아, 일본은 청나라에 군대를 보내기로 결정했다. 이 8국 연합군의 총사령관은 독일의 귀족 알프레드 그라프 폰 발더제였으나, 미국은 자국이 공화국이라는 이유로 발더제의 지휘를 거부했다. 8국 연합군은 출병의 목적이 의화단으로부

천진항에 들어온 영국군 부대를 찍은 사진. 당시 영국은 남아프리카에서 보어인들과 보어전쟁을 벌이고 있었기 때문에 청나라에 많은 군대를 보내지 못했다.

터 공격을 받고 있는 공사관 직원들의 구출과 청나라 국내의 혼란스러운 치안 회복이라고 선언했다.

하지만 정의의 군대인 양 선전한 것과는 달리, 8국 연합군은 전혀 정의롭지 않았다. 그들이 잔인한 야만인이라고 비난했던 의화단과 하나도 다를 바가 없었다. 천진을 거쳐 북경으로 들어온 8국 연합군은 살인과 노략질을 일삼았다. 청나라 황제가 사는 궁궐에서부터 일반 백성들의 민가에 이르기까지 8국 연합군은 값이 나갈 만한 물건들은 모조리 빼앗았고, 조금이라도 반항하거나, 혹은 반항하지 않더라도 위험해 보인다고 생각되면 그 즉시 총과 대포로 쏴 죽였다. 그중 독일군이 가장 잔인하게 행동했는데, 독일 공사관이 살해된 소식을 듣고 분노한 독일 황제 빌헬름 2세가 직접 이런 명령을 내렸다고 한다.

"공사관을 살해한 청나라는 미개한 야만국이다! 그러니 이번에 청나라로 원정을 떠나는 독일군 병사들은 청나라인들을 상대로 어떠한 자비도 베풀지 마라! 옛날 아틸라 왕이 이끌었던 훈족 병사들처럼 마음껏 약탈과 파괴를 저지르고 청나라인들을 공포에 떨게 하라!"

8국 연합군의 총사령관이었던 발더제도 자신이 남긴 기록에서 당시 독일군을 포함한 연합군 병사들이 저지른 각종 학살과 노략질에 대해 묘사했다.

모든 집이 병사들에 의해 파괴되었다. 그리고 북경이 연합군에게 점령당하고 나서 3일 동안 모든 병사들이 노략질에 나섰다. 궁궐과 호화 저택의 온갖 보물이 병사들의 배낭에 담겼고, 이를 막으려던 사람들은 전부 총탄에 맞아 죽었다. 얼마큼의 재산이 약탈당했는지는 아무도 알 수 없다.

더욱 놀라운 사실은 이런 노략질의 앞잡이 역할을 한 사람들이 청나라에서 활동하던 서양의 기독교 선교사들이었다는 것이다. 그들은 북경의 지리에 익숙하여, 연합군 병사들 앞에 서서 어느 건물에 들어가면 무슨 재물들이 있으며, 약탈하기에 뭐가 좋은지도 상세하게 알려주었다.

미군에게 포로가 된 의화단 단원들. 이들 대부분은 처형을 당하거나 죄수 신세가 되는 등 비참한 대우를 받았다.

청나라 고위 관리의 집 앞에서 함께 사진을 찍은 러시아군인과 의화단 단원들. 당시 러시아는 의화단의 난이 일어나자 무려 10만 명의 대군을 보내 만주를 점령하는 등, 청나라에 대한 군사적 압박을 강화했다. 이는 일본의 경계심을 자극하여 러일전쟁이 일어나는 원인이 되었다.

북경에 진입해 의화단과 싸우고 있는 미군 해병대 대원들.(Sergeant John Clymer, 1900) 이들의 활동은 훗날 1963년에 만들어진 미국 영화 〈북경의 55일〉에서 상세히 다루어졌다.

비록 편견이었지만 의화단 단원들은 기독교 선교사들의 정체를 정확히 꿰뚫어본 셈이다. 입으로는 예수의 사랑과 자비를 외쳤던 선교사들이 사실은 폭력과 범죄의 앞잡이에 불과했던 것임을 스스로 입증한 꼴이었기 때문이다.

북경이 연합군에게 함락되자, 의화단원은 물론이고 의화단에 가담하지 않은 청나라 사람들도 결코 살아남지 못했다. 8국 연합군은 누가 의화단원인지 아닌지를 구분할 수 없었기에, 조금이라도 의화단 같다는 의심이 들면 총을 쏘아댔다. 이로 인해 의화단의 범죄와 전혀 관련이 없는 무고한 사람들도 수없이 죽어갔다. 북경 이곳저곳에서는 연합군의 무차별 학살로 죽어간 청나라인들의 시체가 금세 산처럼 쌓이는 끔찍한 광경이 목격되었다.

그러나 연합군이 저지르는 무자비한 학살과 노략질을 본 서태후와 이홍장 등의 청나라 지배층은 항의나 분노는커녕 각 지방 관리들에게 "8국 연합군이 오면 음식을 베풀고 선물을 대접하여 환영하라. 결코 그들을 적대하거나 해쳐서는 안 된다"라는 명령을 내렸다. 자국의 수도가 외국 군대들에게 점령당해 수많은 백성이 죽고 재산이 약탈당한 상황에서 보이는 반응이라고는 믿기 어려웠다. 그만큼 청나라 지배층은 8국 연합군이 의화단을 잠재워주기 원했던 것이다.

물론 보물이나 재산이 연합군에게 약탈당한 일이야 청나라 지배층의 입장에서 본다면 아깝고 원통한 것이지만, 의화단이 그대로 살아서 설치고 돌아다니는 것보다는 나았다. 의화단이 당장은 부청멸양을 외치며 청나라를 돕는다고는 하지만, 언제 어떤 야심가가 나타나 '썩어빠진 청나라 황실을 없애버리고, 새 황제를 모셔 새로운 나라를 세우자!'고 선동을 하여 반란을 일으킬지 모르는 일이었다. 그에 비해 8국 연합군이나 서구 열강은 비록 청나라를 상대로 약탈은 해도 최소한 정권 자체를 갈아치우자고 덤비지는 않았으니, 서태후의 눈에는 의화단보다 훨씬 안전하고 믿을 만한 상대였을 것이다.

8국 연합군은 북경 외곽까지 나가 의화단원 공격에 나섰다. 기관총과 대포 같은 우수한 최신 무기와 엄격한 군율로 무장한 연합군에게 칼과 창 같은 낡은 구식 무기를 들고서 웃통을 벗은 채 달려드는 의화단은 별

북경에서 영국군과 일본군 육군 부대가 청나라 군대에 맞서 함께 싸우는 장면을 묘사한 그림.(Torajirō Kasai, 1900)

연합군에 맞서 싸우고 있는 청나라 군대와 의화단 단원들. 그러나 이들은 연합군의 최신 무기 앞에 일방적인 학살을 당했다.

의화단 단원들을 가둬둔 나무 감옥. 의화단 단원들은 8국 연합군뿐만 아니라 같은 나라 사람들한테도 공격을 받아 죽임을 당했다.

천진에서 붙잡힌 의화단 단원들이 프랑스군 병사들이 보는 앞에서 처형을 당하는 장면.

거벗은 과녁이나 마찬가지였다. 의화단원들은 연합군 병사들에게 모조리 쓸려나갔고, 행여 마을로 숨어들어도, 한패로 몰려 죽임을 당할까 두려워한 주민들이 의화단원들을 색출하여 먼저 죽여버렸다. 의화단의 지도자 중 한 명이었던 장덕성도 연합군을 피해 달아났다가 마을 주민들에게 붙잡혀 죽임을 당했다.

1901년 9월 7일까지 북경을 포함한 화북 지방에서 8국 연합군의 의화단 학살은 계속되었다. 그리고 하늘을 날고 총알을 막는다고 큰소리쳤던 의화단은 연합군의 잔인한 학살에 아무런 저항도 못 하고 흔적도 없이 사라져버렸다.

실업자를 양산시킨 이들이 실업자가 되다

의화단의 난은 청나라에 수많은 피와 시체만을 남긴 채, 허무하게 끝났다. 그러나 의화단의 난이 가져온 영향은 결코 적지 않았다.

우선 의화단의 난을 초래한 청나라의 허약함이 대외에 널리 알려졌다. 자국 안에서 벌어진 무장 소요 사태조차 제대로 진압하지 못하고 외국군의 도움을 받고 나서야 사태를 진정시켰던 청나라는 강력한 외세인 서구 열강과 일본에게 군사와 정치의 부실함을 드러냈다. 잔혹하고 폭력적이면서 무력하기 그지없던 의화단의 난이 외국인들에게 남긴 이미지가 워낙 강했기에, 20세기 중엽까지 청나라는 서양인과 일본인들에게

'동아병부東亞病父(동아시아의 환자)'라 불렸다.

특히 일본은 의화단의 난 이후, 청나라에 대한 본격적인 침략을 추진하게 된다. 이미 청일전쟁에서 부패하고 무기력한 청나라 군대와 싸워 대승을 거두었던 일본은 의화단의 난으로 청나라가 엉망진창이 되어 있음을 재확인하게 되었다. 일본은 혼란스럽고 허약한 청나라를 먹어치우기 좋은 식민지감으로 여기고 군사력을 증강하여 청나라의 방대하고 풍요로운 영토를 정복하기 위한 작업에 들어간다. 그 일환으로 벌어진 사건들이 바로 러일전쟁과 만주사변, 중일전쟁이었다. 결과적으로 본다면 의화단의 난이 20세기 초 일본의 중국 침략을 불러온 셈이었다.

한편 청나라 민중, 즉 한족들 사이에서는 만주족 황실에 대한 불신과 증오심이 싹을 텄다. 백성들 나름대로 서양 오랑캐를 몰아내고 나라를 지키겠다는 소박한 애국심을 발휘해 들고 일어났는데, 황실은 그런 백성들에게 보답을 하기는커녕 오히려 서양 오랑캐를 끌어들여 백성들을 마구잡이로 학살해버렸던 것이다. 애국 충정에 대한 보답이 배신으로 돌아오자, 청나라 민중은 이제 나라의 운명에 드리운 먹구름의 정체가 외세인 서양 오랑캐들뿐만이 아니라, 그들과 결탁하여 백성들을 함께 착취하는 만주족 황실이라고 여기게 되었다.

그리하여 의화단의 난이 피투성이로 끝난 지 10년 후, 청나라 민중은 이제 만주족 황실 자체에 대한 반발의 표시로 공화제를 도입하자는 신해혁명에 대거 가담하여 마침내 만주족의 지배를 끝장내버렸다. 몰락한 청나라 황족들 중 일부는 막노동을 하거나 기생이 되었고, 그런 일자리조차 구하지 못한 대부분의 사람들은 실업자나 걸인이 되는 등 비참한

신해혁명에 참가한 혁명가들. 이 혁명으로 인해 2000년 동안 지속되던 중국의 전제 군주정이 무너졌다.

최후를 맞았다. 실업자 무리인 의화단을 없애버려야 할 대상으로 취급했던 만주족 황실이 이제는 백성들에 의해 실업자이자 역사의 퇴물로 전락하고 말았던 것이다.

10

제2차 세계대전을 불러온 최악의 실업난

1929년 미국발 경제 대공황

직장과 일자리의 개념이 정착된 이후 발생한 역사상 최악의 실업난이라고 하면, 1929년 10월 미국에서 시작되어 전 세계로 퍼져나간 경제 대공황을 들 수 있을 것이다. 이 대공황으로 인해 세계 곳곳에서 수많은 실업자가 발생했으며, 이를 해결하는 과정에서 전쟁이 일어나 지구촌 곳곳은 제2차 세계대전의 불길에 휩싸이고 말았다.

미국의 심각한 실업난, 차라리 소련으로 가겠다!

1914년에 시작되어 1918년에 끝난 제1차 세계대전에서 가장 큰 이득을 본 나라는 미국이었다. 영국, 프랑스, 독일, 러시아 등 유럽 국가들은 제1차 세계대전으로 인해 막대한 인명 피해와 국가 채무를 짊어지며 큰 타격을 받았지만, 미국은 전쟁에 뒤늦게 뛰어들어 인명 피해도 매우 적었고 여러 나라들에게 물자를 지원하는 물주 역할을 하면서 엄청난 이익을 얻었다. 그로 인해 미국은 제1차 세계대전이 끝나고 1920년대에 들어서면서 눈부신 경제적 빈영을 누렸다. 1919년부터 1929년까지 미국의 제조업 생산량은 연평균 64% 성장했고, 디트로이트의 자동차 공장에서는 자동차가 17초마다 1대씩 새로 만들어져 나올 정도였다. 당시 미국은 국민 5명 중 1명이 자동차를 가졌을 만큼 풍요로운 삶을 누렸으며, 1929년에는 전 세계 경제 생산량의 42%를 차지하는 세계 최대 경제대국으로 올라서 있었다.

이처럼 경제 호황의 절정을 달리던 미국에서 1929년 10월 24일과 29일, '검은 목요일' '검은 화요일' 사건이 일어난다. 기업들의 주가가 급격히 폭락하고, 수많은 투자자들이 연이어 파산하면서 끝없는 불황의 늪으로 추락하고 말았다. 그 무렵 돈을 날리고 손해를 입은 사람들이 어찌나 많았는지, 미국 뉴욕에는 한동안 돈을 잃은 충격을 이기지 못하고 고층 빌딩에서 뛰어내려 자살하는 사람들이 속출했다. 그래서 뉴욕의 한 호텔에서는 종업원들이 "언제 창문에서 뛰어내려 자살할 겁니까?"라고 미리 물어보는 일까지 있었다.

두 차례의 대폭락 사태는 미국의 경제 대공황을 알리는 신호탄이었다. 당시 미국이 당한 경제적 타격이 얼마나 컸는지, 1931년 한 해에만 2300개의 은행이 파산했다. 그리고 경제 대공황이 시작된 지 4년 후인 1933년 미국의 실업률은 공식 집계로만 25%에 달했고(실제로는 더 많았을 것이다), 국민 총생산 지수GNP와 산업 생산량은 경제 대공황 이전에 비해

주가 폭락으로 인해 맡겨둔 돈을 찾으러 미국 연합 은행으로 몰려온 사람들.

경제 대공황으로 일자리를 잃고 무료 급식소에서 차례를 기다리는 실업자들.

50%나 줄어들었다.

　무엇보다 가장 심각한 문제는 높은 실업률이었다. 미국 정부는 경제위기를 타개하기 위한 방편 중 하나로 정부가 직접 나서 일자리를 늘리는 뉴딜 정책을 폈으나, 그마저도 제대로 된 효과를 보지 못했다. 뉴딜 정책을 추진 중이던 1937년 미국은 다시 경제위기에 휘말렸고, 미국 기업들의 이윤이 80%나 감소하여 또다시 실업자가 수백만 명이나 발생하고 말았다.

　일자리를 구하지 못한 실업자들은 길거리를 떠도는 노숙자가 되었고, 굶어 죽지 않기 위해 무료 급식소에서 나눠주는 음식을 얻어먹으려는 사람들의 행렬이 매일같이 줄을 이었다. 심지어 미국의 대표적인 신문 〈뉴욕 타임스〉에 소련에서 외국인 노동자를 모집한다는 기사가 실리자, 미국인 실업자들이 일자리를 찾으러 미국 주재 소련 공관으로 몰려드는 일도 있었을 만큼 미국의 실업문제는 심각했다.

　지금의 상식으로 보면 미국인들이 소련으로 일을 하러 갔다는 것이 도무지 이해가 안 되는 일이지만, 당시 소련은 경제 대공황의 피해를 거의 입지 않았기 때문에 미국에는 소련을 긍정적으로 보는 사람들이 많았다. 이는 소련이 자본주의가 아닌 공산주의 체제 국가였기 때문에 가능한 일이었다.

　또한 소련은 1930년대 들어 스탈린이 추진한 공업화 정책이 큰 결실을 맺어, 연평균 25%의 경제 성장률을 기록하고 있었다. 이는 경제 대공황으로 경기침체에 빠진 미국보다 훨씬 높은 수치였다. 그래서 1930년대 미국의 일부 진보적 지식인들은 소련이 장차 인류 사회를 구할 수 있는 나라가 될 수 있을 것이라는 희망을 품기도 했다. 1929년 미국의 시사잡지인 〈더 네이션〉의 오스월드 개리슨 빌러드 편집장은 소련을 "현재까지의 인류 역사상 가장 훌륭한 실험이 벌어지고 있는 곳이다"라고 칭송했다. 2년 후인 1931년, 〈더 네이션〉의 모스크바 특파원은 "세계를 휩쓴 경제위기도 소련에는 도저히 영향을 끼칠 수 없다. 소련은 마치 혼란과 악으로부터 보호를 받고 있는 성역과 같다. 외부 세계에서는 은행이 문을 닫고 실업자가 쏟아져 나오고 있지만, 소련에서는 눈부신 발전이 줄을 잇고 있다"고 극찬했다. 또 다른 시사 주간지인 〈뉴 리퍼블릭〉의 문예 담당 편집장 에드먼드 윌슨은 소련을 방문했을 때의 소감을 이렇게 전했다.

전 세계를 통틀어 영원히 빛나는 도덕의 최고봉에 오른 듯한 감동을 받았다. 모든 국민은 병원에서 무상으로 치료를 받고, 과학기술은 나날이 발전하며, 경제는 매일같이 높은 성장률을 기록하고 있다.

하지만 소련에 대한 미국인들의 긍정적 시각은 미국의 보수 기득권 세력의 위기감을 자극했다. 이들은 극심한 빈부격차에 불만을 느낀 미국 시민들이 소련과 공산주의에 매료되어 부자와 권력자를 타도하자는 공산주의 혁명을 일으킬까 두려워했다. 이를 막기 위해 소련을 사악한 나라로 선전하며 미국인들에게 소련과 공산주의에 대한 적개심을 퍼뜨렸다. 특히 소련의 독재자인 스탈린이 밀어붙인 공업화 정책으로 인해 발생한 피해자들의 모습과 강제 수용소 등에서 행해지는 인권 탄압 관련

뉴스들이 보도되면서, 소련을 선망하던 미국인들의 여론은 급속도로 식어들었다.

여하튼 1930년대에 들어서도 미국은 1929년에 발생한 경제 대공황의 여파에서 좀처럼 벗어나지 못했다. 여전히 수백만 명의 미국인들이 실업 상태였고, 미국 사회는 극심한 빈부격차로 몸살을 앓고 있었다.

이러한 미국의 실업난은 뜻하지 않은 사건으로 해결되었는데, 그것은 바로 제2차 세계대전의 발발이었다. 1939년 독일이 폴란드를 침공하면서 제2차 세계대전이 터졌고, 미국은 제1차 세계대전 때처럼 독일에 맞서 싸우는 영국과 소련 등 연합국의 물주 노릇을 맡게 되었다. 연합국 군대에 지원할 물자를 생산하기 위해서 미국의 공장들은 다시 제1차 세계대전 때처럼 활기차게 돌아갔으며, 공장에서 일할 노동자들이 필요해지면서 실업자가 크게 줄어들었다. 아울러 미국은 1941년에 제2차 세계대전에 본격적으로 참전했는데, 당시 미군은 징병제를 실시했기 때문에 많은 실업자들이 군대라는 새로운 일자리를 얻게 되었다. 미국은 4년 동안 참전하면서 막대한 물자와 공업 생산량으로 제2차 세계대전을 승리로 이끌었으며, 전쟁으로 피폐해진 영국과 소련을 대신하여 명실상부한 세계 최강대국으로 올라섰다.

중국을 침략해 실업난과
경제 불황을 해결하려던 일본

1929년에 벌어진 미국발 경제 대공황의 여파로 큰 타격을 받았던 나라들 중에는 일본도 있었다. 당시 일본은 경제 대공황을 극복하기 위해 황금을 수출하여 일본의 화폐인 엔화의 가치를 높이려 했는데, 이 정책이 역효과를 불러와 엔화의 가치와 함께 일본 상품의 가격도 올라갔고, 이는 판매부진으로 이어졌다. 이 때문에 해외 시장에 수출하던 수많은 일본 기업들이 무더기로 파산하는 사태가 발생했다. 1930년 일본에서는 820개의 기업들이 망했고, 일본 전체 수출액도 31%나 줄어들었다. 그리고 1930년에만 무려 300만 명이나 되는 실업자가 속출했다. 그만큼 일본은 심각한 실업난과 경제불황에 휩싸여 사회가 불안정했다.

1934년 5월, 일본의 식민지였던 조선에서 작가 채만식이 발표한 소설 〈레디메이드 인생〉을 보면 고등교육을 받고도 취업을 하지 못해 고통에 시달리던 실업자들의 번민이 적나라하게 묘사되어 있다.

> 인텔리… 인텔리 중에도 아무런 손끝의 기술이 없이 대학이나 전문학교의 졸업증서 한 장을, 또는 그 조그마한 보통 상식을 가진 직업 없는 인텔리… 해마다 천여 명씩 늘어가는 인텔리……
> 부르주아지의 모든 기관이 포화상태가 되어 더 수요가 아니 되니 그들은 결국 꼬임을 받아 나무에 올라갔다가 흔들리는 셈이다. 개밥의 도토리다.
> 인텔리가 아니 되었으면 차라리 노동자가 되었을 것인데 인텔리인지라 그 속

에는 들어갔다가도 도로 달아나오는 것이 구십구 퍼센트다. 그 나머지는 모두 어깨가 축 처진 무직 인텔리요, 무기력한 문화 예비군 속에서 푸른 한숨만 쉬는 초상집의 주인 없는 개들이다. 레디메이드 인생이다.

(중략)

무어나 일을 맡겼으면 불이 번쩍 일게 해낼 팔팔한 젊은 사람들이다. 그렇건만 그들은 몸을 비비 꼬고 있다.

아무 데도 용납지 못하는 사람들이다. ××적 ××에서 그들을 불러들이기에는 ××적 ××의 주관적 정세가 너무도 미약하다. 그것은 그들의 몇 부분이 동경서 학생으로 있을 시절에는 그 속에서 활발하게 ××을 계속하던 것이 조선에 나오면서 탈리되는 것으로 보아 그러한 해석을 내리지 아니할 수가 없다.

그렇다고 부르주아의 기성 문화기관에 들어가자니 그곳에서는 수요를 찾지 아니한다. 레디메이드로 된 존재들이니 아무 때라도 저편에서 필요해야만 몇씩 사들여 간다.

P는 설명을 시작한다. P 자신 그러한 장난 비슷한 공상은 하면서 일단 해보라고 하면 주저할 것이지만 어쨌거나 그랬으면 통쾌하리라는 것이다.

"그래 관허도 좋아…… 그래 가지고는 무어라고 쓰느냐 하면 '우리에게 향학열을 고취한 놈이 누구냐?'……어때?"

"조-치!"

소설 〈레디메이드 인생〉에서 묘사한 상황은 식민지 조선인만 아니라 일본인들에게도 해당되는 문제였다. 당시 일본에서도 대학교를 나오고도 취업을 못 해 실업자로 지내는 졸업생이 전체의 70%에 달할 만큼, 실업문제는 심각했다.

그러자 일본의 지배층은 실업과 불황이라는 경제위기를 해결하기 위한 비상수단으로 전쟁을 선택했다. 1931년 일본은 만주사변을 일으켜 조선과 인접한 중국 동북 지역 만주를 기습 공격하여 점령에 성공했고, 괴뢰국인 만주국을 세워 만주를 지배했다. 만주국이 수립되자 일본에서 수많은 일본인들이 건너갔다. 그들 중에는 단순히 군인만 있었던 것이 아니다. 일자리를 구하려는 이들 속에는 농산물 가격이 폭락해서 사실상 빈곤계층으로 전락한 농민들도 상당수 포함되어 있었다. 특히 일본인 농민들은 만주에 정착하면 일본 정부가 나눠주는 새로운 땅을 얻어 농사를 지을 수 있는, 이른바 개척단에 가입하여 들뜬 마음으로 만주로 갔다.

하지만 막상 만주를 점령하고 나서도 일본의 지배층은 만족하지 않았다. 만주는 그다지 풍요로운 땅이 아니었다. 일본이 만주를 지배하고 나서 풍족하게 얻은 자원은 고작 농산물인 콩이 전부였다. 일제강점기 시절에 일본이 독립투사 같은 조선인 죄수들한테 먹였던 음식이 바로 콩이 잔뜩 들어간 콩밥이었는데, 그 콩은 바로 만주에서 가져온 싸구려 콩이었다.

일본의 지배층은 광대하고 풍요로운 자원이 있고 세계 최대 인구라는 방대한 시장을 가진 중국 본토를 노렸다. 일본이 중국 침략을 구상했던 데는 나름대로 이유가 있었다. 1930년대 중국은 각 지역마다 군벌들이 난립하며 정치가 극도로 혼란한 상태에 빠져서, 외세의 침입에 효과적으로 대응하기가 어려웠다. 심지어 일부 군벌들 중에는 자신의 권력을 지

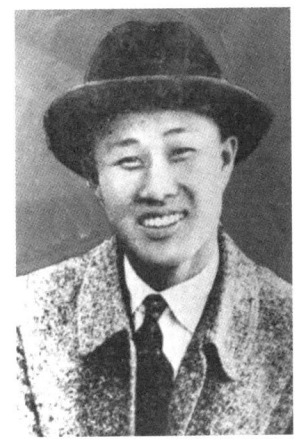

소설 〈레디메이드 인생〉을 통해 조선의 심각한 경제 불황을 그려낸 채만식.

만주 사변을 일으켜 봉천 거리를 행진하는 일본군. 일본이 지배했던 만주는 아시아의 서부라 불렸고, 일본에서 온갖 실업자와 빈민들이 만주로 몰려갔다.

키기 위해 외세와 협력하려는 자들도 있었다. 중국의 이런 혼잡한 상황을 정확히 꿰뚫어본 일본 지배층은 중국 내 협력자들을 이용하면서 일본군을 보내 중국의 각 지역을 야금야금 점령해가기로 했다. 중국을 무력으로 점령하고 중국 시장을 강제로 개방하여 일본 제품을 사도록 한다면, 일본의 경제위기는 얼마든지 해결할 수 있다는 것이 그들의 생각이었다.

그리하여 일본은 1937년부터 만주를 넘어 중국 본토 침략을 시작했다. 전쟁 초기에는 일본의 승리가 계속 이어졌다. 일본의 침략군을 맞아 싸워야 하는 중국은 모든 면에서 불리했다. 일본과의 전쟁을 앞두고 중국은 사실상 외교적으로 고립되어 있었다. 미국과 유럽은 중국에 무관심했고, 소련은 국내 사정이 바빠 중국을 제대로 돕지 않았다. 그 때문에 중국은 일본의 침략이 밀려오는 상황에서도 외부의 지원을 받지 못하고 홀로 싸워야 하는 판국이었다.

또한 내부적으로도 중국은 군벌들이 난립하고 군대의 지휘계통이 통일되지 않았으며, 병사들의 무장과 사기, 훈련과 보급 등 모든 면에서 일본군보다 떨어졌다. 그래서 만주사변과 중일전쟁(1937~1945)의 중국군과 일본군 사상자 수를 비교하면, 1060만 명 대 105만 명으로 거의 10배 차이가 났다. 쉽게 말하면 일본군 1명을 죽이기 위해 중국군 10명이 죽어야 했다는 뜻이다. 중일전쟁 기간 동안 벌어진 각 전투의 결과로만 본다면 일본군의 승리였다.

베이징과 상하이, 난징 등 중국 각지의 대도시들이 차례차례 일본군에게 넘어갔다. 그러자 일본은 자국 내 실업자와 농민 등 빈민들을 대거 중

중일전쟁 당시의 일본군 병사들. 독가스를 살포하고 방독면을 착용한 모습이다.

국으로 보내 불황을 해결하려 했다. 중일전쟁 무렵, 일본에서 유행한 다음의 노래를 보면 일본의 실업문제와 맞물려 있던 중일전쟁의 한 면모가 드러난다.

나도 가니 자네도 가게. 좁은 일본에서 살기에 지친다면 바다 건너 중국이 있다네. 중국에는 4억 명의 사람이 살고 있다네.

이 노래에서는 일본 내에 넘쳐나던 실업자와 빈민들을 중국으로 대거 보내려 했던 당시 일본 사회의 분위기가 묻어나온다. 그리고 실제로 많은 일본인들이 중국으로 건너가 중국인들을 상대로 사업을 하거나 땅을 얻어 풍요로운 삶을 누리려고 했다.

하지만 일본이 일으킨 중일전쟁은 고작 8년 만에 일본의 패배로 끝났다. 중국은 비록 군벌들의 할거로 분열되어 있었지만 끝끝내 일본에 항복하지 않고 결사항전의 자세로 버텼고, 그러는 사이에 미국과 영국, 소련 등 연합국이 일본을 포위하고 강하게 밀어붙였다. 일본은 외교적으로 고립되어 더 이상 버틸 수 없게 되자 1945년 8월 15일 연합국에 무조건 항복을 하고 말았다.

패망한 일본은 중국에서 허겁지겁 철수했는데, 이때의 상황이 워낙 다급해서 중국으로 건너갔던 일본인들 중 적지 않은 수는 미처 일본으로 돌아가지 못하고 그대로 중국에 남았다. 이런 잔류 일본인들은 중국인들의 눈총을 받으며 중국 사회에서 힘들게 살아갔는데, 실패한 제국주의 정책의 부산물이었던 셈이다.

나치와 히틀러를 탄생시킨 독일의 실업난 사태

미국발 경제 대공황으로 인해 가장 극적인 변화를 맞이한 나라는 독일이었다. 독일 역시 일본처럼 1929년 미국에서 시작된 경제 대공황의 직격탄을 맞고 경제가 크게 망가졌는데, 일본보다 더 많은 600만 명이나 되는 실업자가 발생하여 사실상 국가 파산 상태에 놓였다.

이 경제 대공황으로 인해 독일의 민주정부인 바이마르 정권은 그야말로 회복 불능 상태에 빠졌다. 독일 국민들은 공식 집계로만 30%에 달하는 실업난 등의 경제위기를 해결하지 못하는 바이마르 정권과 그들이 펼치는 민주주의는 아무런 쓸모가 없다고 생각했다. 그리고 독재자가 집권해도 좋으니 600만 명의 실업자가 놓인 이 심각한 경제위기를 해결하는 것이 급선무라고 생각했다. 그리고 그런 여론의 흐름을 정확히 꿰뚫어보고 정권을 잡는 데 성공한 사람이 바로 히틀러였다.

본래 히틀러와 그가 이끈 나치당은 독일 사회에서 극소수의 이단아에 불과했다. 미국발 경제 대공황이 불어닥치기 전인 1928년 독일 총선거에서 나치당의 전체 득표율은 고작 2.6%에 불과했다. 히틀러가 처음부터 독일인들의 높은 지지를 받았던 것은 아니었다. 그런데 1929년 10월 미국발 경제 대공황이 시작되자, 대미국 수출에 크게 의존하던 독일 경제는 치명타를 입었고 600만 명이나 되는 실업자가 발생했다. 그리고 경제가 파탄나면서 독일인들은 그 해결사로 "내가 집권하면 전쟁을 일으켜서라도 독일 경제를 살려내겠다!"고 외친 히틀러를 선택했다. 1930년에 치러진 독일 총선에서 나치당은 전체 유권자 18%로부터 지지를 받았고, 1932년 총선에서는 37%를 득표하여 독일 최대 정당으로 올라섰다. 그리고 1934년 8월, 히틀러는 국민투표를 통해 대통령과 총리 직위를 함께 행사하는 총통에 오르는 데 성공했다.

오늘날 히틀러를 비판하는 사람들은 그가 내세운 독일 민족주의를 문

히틀러를 환영하는 독일인들. 처음에 히틀러를 그저 괴짜에 불과하다고 여겨졌으나, 1929년 발생한 경제 대공황이 독일을 휩쓸자 독일인들은 히틀러가 심각한 실업난 등 경제위기를 해결할 구세주라고 믿고 그를 지지했다.

제 삼아, 민족주의를 내세우면 히틀러처럼 사악한 학살자가 된다며 지나치게 신경질적인 반응을 보이기도 하지만, 히틀러가 집권하게 된 결정적인 원인은 독일을 휩쓴 경제 대공황이었다. 경제 대공황 이전과 이후에도 독일 민족주의는 존재했지만, 경제 대공황이 벌어지기 전에는 소수 정당에 불과했던 나치가 경제 대공황이 벌어진 이후에야 비로소 집권에 성공했던 이유는 어떻게 설명할 것인가? 다시 말해 미국발 경제 대공황이 없었거나 그 후유증이 적었다면 히틀러가 독일 국민들의 압도적인 지지를 받아서 합법적으로 집권하는 일은 없었을 가능성이 높다.

일단 집권을 한 다음, 히틀러는 아우토반 고속도로 건설 등 공공사업을 벌이고, 공장에서 군수 물자를 대량생산하는 등의 정책으로 실업자를 확실히 줄이기는 했다. 하지만 그러한 히틀러의 정책은 제2차 세계대전으로 이어질 수밖에 없었다. 실업자를 줄이는 히틀러의 정책은 결국 전쟁을 위한 준비에 불과했기 때문이었다. 그리고 마침내 1939년이 되자, 독일은 먼저 허약한 이웃나라인 폴란드를 공격하여 점령한 다음, 곧이어 덴마크, 노르웨이, 네덜란드, 프랑스, 그리고 소련까지 침공하여 유럽 대륙의 대부분을 장악한다. 이는 당시 히틀러가 '레벤스라움' 계획에 심취해 있었기 때문이기도 했다. 이 계획의 핵심은 유럽을 정복하여 독일의 식민지로 삼은 다음, 현지의 시장을 강제로 개방해서 독일의 경기불황을 타개하는 한편, 방대한 소련의 영토를 손에 넣어 그곳에 가난한 독일인들을 대규모로 이주시켜 새로운 독일의 영토로 만드는 것이었다.

결과적으로 제2차 세계대전은 바로 1929년부터 미국에서 발생해 전 세계를 휩쓴 경제 대공황으로 인해 벌어진 비극이었다. 경기 침체를 극

히틀러를 비롯한 독일인들의 염원이었던 '레벤스라움'을 나타낸 지도. 광활한 동유럽 정복은 히틀러가 최종적으로 추구했던 목표였다. 히틀러는 소련을 멸망시키고 얻은 광대한 영토에 독일인들을 대규모로 이주시키려 했다.

복하기 위해서, 외국의 땅을 빼앗아 식민지로 만들고, 그곳을 자국의 상품을 팔 시장으로 만들려는 속셈에서 제2차 세계대전이 비롯되었다. 끝없는 대공황을 해결하기 위해 세계 각국이 내린 최악의 선택이 제2차 세계대전이었던 것이다.

11

한반도를 뒤흔든 300만 청년단원들의 정체는?

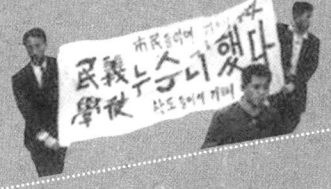

해방 직후
실업난에서
4·19 혁명까지

1945년 8월 15일, 한반도는 35년 만에 일제의 폭압적 지배에서 해방되었다. 많은 사람들이 "감격스러운 시대가 열렸다!"며 기뻐하고 기대에 부풀었다. 하지만 기대하던 세상은 오지 않았다. 일제가 물러간 자리에 남은 것은 평화와 번영이 아니라, 극심한 정치적 혼란과 수백만 명의 사람들이 일자리를 잃고 실업자가 된 비참한 가난이었다.

과연 이념 대결이었을까?

해방 직후, 남한에는 특이한 현상이 일어났다. 대한독립청년단, 한국청년회, 조선건국청년회, 광복청년회, 대한독립촉성전국청년총동맹, 대한민주청년동맹, 서북청년회 같은 온갖 이름을 내건 청년단체들이 우후죽순 만들어진 것이다. 갑작스러운 청년단 창설 행렬에 대한 일반적인 통설이나 인식은, 당시 남한 사회에서 공산주의에 반대하는 우익 이념이 매우 투철했기 때문이라는 것이다. 그래서 공산주의를 반대하고 민주주의(자본주의) 체제를 지키려는 열정에 불탄 청년들이 자발적으로 청년단에 들어갔다고 한다. 하지만 과연 그런 주장이 사실의 전부일까?

우선 해방 직후 남한 사회에서 정말로 반공주의가 성했는지에 대해서 의문이 제기된다. 1946년 8월, 당시 남한의 행정을 맡고 있던 미군정에서 한국인들을 상대로 진행한 '앞으로 한국이 어떤 정치체제를 골라야 하는가?'라는 여론조사에 의하면 전체 응답자의 77%가 사회주의나 공산주의라고 답했으며, 자본주의라고 답한 사람은 고작 14%에 불과했다. 응답자의 7분의 1만이 자본주의를 택한 셈이다. 이 수치를 근거로 보았을 때, 해방 직후 남한에서 대다수의 사람들이 진심으로 반공주의를 열렬히 원했다고는 볼 수 없다. 물론 이 설문조사가 한국인 전체가 아닌, 어디까지나 기본적인 교육을 받고 지식을 가진 사람들을 대상으로 한 것이지만, 적어도 한국인 절대다수가 반공에 동조했다고 볼 수 없는 근거는 될 수 있다.

또한 청년단의 구성원을 이루고 있는 대다수 사람들은 농촌에서 막 올라온 청년들인데, 이들은 대체로 교육수준이 낮고 문맹률이 높았다. 1950년대 한국 농촌 인구의 절반이 글을 몰랐으며, 심지어 수도인 서울조차 전체 인구의 3분의 1이 문맹이었다. 글자도 모르는 사람들이 사회주의나 공산주의 혹은 반공주의에 대해 제대로 알기는 힘들었을 것이다.

다만 구성원들 전체가 열렬한 반공주의에 젖었던 청년단이 아주 없던 것은 아니었다. 북한 지역에 들어선 공산주의 세력에게 재산을 빼앗기고

1948년 반소련 집회를 벌이고 있는 서북청년회 회원들. 이들은 대부분 북한에서 내려온 실향민 출신이었다.

맨몸으로 남한으로 내려온 청년들로 구성된 서북청년회와 서북학생연맹은 공산주의에 대한 증오와 복수심에 불타 있었다. 그러나 두 조직에 소속된 단원들은 고작 2500명에 불과했으며, 대한독립촉성전국청년총동맹(296만 명)이나 대한독립청년단(11만 명), 광복청년회(11만 명)와는 비교조차 할 수 없을 만큼 적은 숫자였다.

그렇다면 해방 직후 남한에서 300만 명 이상의 청년단원들이 우글거린 이유는 다른 곳에서 찾아야 한다. 그것은 바로 높은 실업률이었다. 지금까지 교과서나 각종 인문사회 서적들 및 전문가들은 해방 직후 남한 정국에 대해 서술할 때, 극심한 좌우 이념대결이 가져온 혼란에만 집중했을 뿐 실업문제에 관해서는 큰 관심을 기울이지 않았다. 이념에 비해 실업은 별로 중요한 일이 아니라고 생각했던 것일까? 하지만 당시 청년들을 포함한 남한의 대다수 사람들에게 가장 중요한 문제는 이념 대결이 아니라, 당장 자신의 생계를 위협하는 실업이었다.

남한 지역의 실업률이 높았던 데는 여러 가지 이유가 있었다. 우선 일제강점기 시절, 일제는 북한 지역에 공업시설을 세우고, 남한 지역은 식량 공급처로 이용하려 했다. 때문에 남한에는 생산시설이 적어 일자리가 많지 않았다. 그런 상황에서 일제는 조선인들에게 고급 기술이나 학문을 가급적 가르치지 않았고, 단순한 육체노동에만 종사하도록 했다. 그래서 일제강점기 남한 지역의 산업시설을 운영했던 이들은 대부분 일본인 기술자들이었다. 그런데 해방을 맞고 기술자들이 모두 일본으로 돌아가버리면서 남한 지역의 산업과 행정은 대부분 마비되어버렸다. 그래서 해방 직후 남한에는 이런 자조적인 유행어가 나돌았다.

정거장에서 하루종일 기다려야 차가 오고, 우체국은 전보를 전해주지 않고, 전기회사에 불도 들어오지 않아 온통 깜깜하며, 세무서는 계속 세금 내라고 고지서만 전해준다.

물러간 일본인들을 대신하여 남한의 행정을 맡게 된 미군정은 남한의 상황에 대해서 너무나 몰랐다. 미군정에 소속된 미군들은 한국이 어디에 있는 나라인지, 한국인들이 어떤 사람들인지 아는 바가 전혀 없었다. 게다가 당시 미국인들은 백인이 아닌 다른 인종들을 미개하다고 깔보는 백인 우월주의 성향이 매우 강했기에 자연히 한국인들을 매우 업신여겼다. 한국인들은 그런 미군들을 괘씸하게 여기면서 1946년 10월의 대구 항쟁 같은, 미군정의 탄압에 대항하는 시위를 일으키기도 했다.

여기에 중국과 일본 등 해외로 이민을 갔던 170만 명의 교포들이 귀국하는 바람에 실업난은 더욱 가중되었다. 가뜩이나 본국에 있는 사람들도 일자리가 부족해서 실업자가 넘쳐나는 판국인데, 170만 명이나 되는 사람들이 추가로 더 몰려오니, 그들에게 줄 일자리가 더욱 부족해졌던 것이다. 당시 한국에서 발행된 신문 기사들을 보면, 해방 직후 실업난이 얼마나 심각했는지 알 수 있다. "구호를 필요로 하는 실업자와 이재민이 3백만 명"(이하 〈조선일보〉, 1948. 11. 3), "실업자가 백만여 명"(1948. 12. 23), "남한 지역의 실업자가 무려 70만 명"(1949. 5. 15), "실업자 1백만 명에게 생계지원 대책이 없어서 그들은 물만 마시고 살 판국"(1949. 12. 24)이라는 제목으로 심각한 실업난을 보도하는 기사들이 실렸다. 이들 기사를 토대로 추정해보면, 해방 직후 남한에는 최소 70만 명에서 최대 300만 명이라는 어마어마한 실업자가 존재했음을 알 수 있다.

이렇게 수십만 내지 수백만의 실업자가 넘쳐나는 상황에서 청년단에 가입한 사람들이 300만 명을 넘었다는 것은 무엇을 의미할까? 그것은 각 청년단체들의 창궐이 좌우익 이념 대립 때문이 아니라, 일자리를 구하지 못한 실업자들이 생계를 위해 자구책으로 선택했기 때문이라는 것이다. 청년단에 들어간 단원들은 단체를 후원하는 정치인들의 행동대원 노릇을 하면서, 그 대가로 돈을 받았다. 한 예로 1946년 8월 대한노총을 상대로 한 폭력 사태에 가담한 청년단원들은 적게는 300원에서 많게는 500원의 일당을 받았다. 반면 당시 노동자들의 하루 일당은 61원이었으니, 청년단원들은 상당히 고수익을 받는 직종인 셈이었다.

청년단에 지나치게 의존한 이승만 정권

300만 명의 청년단원들이 난립하며 서로를 후원하는 정치인들의 지시에 따라 폭력과 테러를 일삼던 혼란한 정국은 1949년 6월 26일 이승만 최대의 정적이었던 김구가 안두희에게 암살당하면서 비로소 잠잠해지기 시작했다. 김구의 죽음과 동시에 이승만이 남한의 모든 정치세력을 통제하고 지배하는 최고 권력자에 오른 것이다. 그리고 청년단들도 이승만 중심으로 통합되면서, 이승만을 추종하는 대한청년단이 사실상 청년단들의 맹주 노릇을 하게 되었다.

이승만은 씨름꾼 출신인 김윤근을 대한청년단 단장에 임명하는 한편, 1950년 12월 21일에 창설된 국민방위군 사령관에 앉히고 민간인인 그를 하루아침에 육군 준장에 임명하는 등 대한청년단을 각별히 총애했다. 참고로 국민방위군은 중국군의 침입으로 전세가 불리해지자 이승만 정부가 1950년 12월 21일에 '국민방위군 설치법'을 공포하며 만든 군대다.

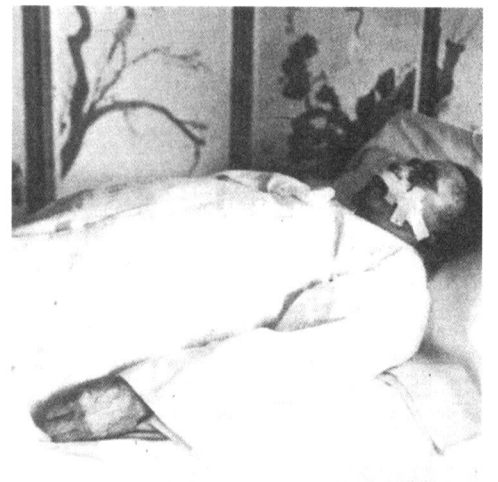

암살당한 김구. 그의 죽음으로 한국의 정국은 이승만이 완전히 장악하게 된다.

대한청년단 지방조직의 행사 모습.

또한 대한청년단 단장인 김윤근은 이승만의 최측근인 국방부 장관 신성모의 사위였으며, 이런 인맥으로 인해 김윤근은 하루아침에 장성 계급에 오를 수 있었다. 국민방위군에는 현역 군인들도 참여했지만 그들은 어디까지나 훈련을 시키는 역할에 머물렀고, 대부분의 지휘관과 장교들은 대한청년단 간부 출신들로 이루어졌다. 그러자 자연히 청년단 간부들은 국민방위군의 간부가 되었고, 자신들이 이승만의 신임을 받는다는 것을 무기로 내세워 거들먹거리고 다녔다. 당시는 한국전쟁이 한창 진행 중인 때여서, 대한청년단 단장인 김윤근과 그 아래 간부들의 위세는 사실상 육군 장성이나 장교들과 다를 바 없을 만큼 막강했다.

이승만이 대한청년단을 각별히 총애한 이유는 단순히 그들에게 일자리를 주려는 인도적인 마음 때문이 아니라, 자신의 권력 기반을 탄탄히 다지기 위한 정략적인 차원에서 비롯된 일이었다. 원래 이승만은 오랫동안 국내를 떠나 미국에서 살았기 때문에, 국내에 인맥과 세력 기반이 그리 튼튼하지 못했다. 그래서 이승만은 해방이 되어 귀국하자마자 자신의 친위대 역할을 할 집단을 찾았는데, 그것이 바로 청년단이었다. 이승만은 청년단을 군인이나 경찰 같은 공무원 조직보다 더 신뢰했다. 공무원들은 국가에서 월급을 받고 웬만하면 정년이 보장되는 데 반해, 청년단은 이승만의 지원이 없으면 곧바로 실업자로 전락할 것이기에 공무원들보다 더 열광적으로 충성하리라는 계산이 깔려 있었기 때문이다.

그러나 이승만이 자신의 친위대로 삼으려 한 대한청년단에게 맡긴 국민방위군은 출발부터 삐걱대기 시작했다. 우선 국민방위군은 태생부터 너무나 부패한 조직이었다. 국민방위군 사령관인 김윤근과 부사령관인 윤익헌 등 고위 간부들은 국민방위군에 할당된 전체 예산 209억 원 중에서 55억 원가량을 횡령했고, 그 돈을 트럭에 싣고 밤마다 부산 시내 유명 기생집에 뿌려대며 방탕한 환락을 즐겼다. 뿐만 아니라 국민방위군 병사들을 맡아 훈련을 시키고 식량과 의복을 공급해야 할 책임을 진 각 훈련소 담당자들도 자기들한테 내려온 예산을 대부분 빼돌려 배를 채웠다. 막상 국민방위군 병사들이 훈련소에 오면, "여기에는 당신들한테 줄 식량도 의복도 약품도 없다. 그러니 당신들은 다른 훈련소로 가라"고 내보낸 다음 자신들이 병사들을 맡아 훈련시킨 것처럼 거짓 보고서를 올리기 일쑤였다.

최상층과 중간계층의 책임자들이 병사들에게 돌아갈 예산을 횡령했으니, 자연히 병사들은 제대로 먹지도 입지도 못한 채 12월의 혹독한 추위와 굶주림을 맨몸으로 견디다 하나둘씩 얼어 죽고 굶어 죽기 시작했다. 아래는 국민방위군에 강제로 징집된 뒤 끔찍한 배고픔과 추위에 고통을 받다가 간신히 목숨을 건진 사람들의 증언이다.

나는 진주교육대학에서 국민방위군 제8교육대 생활을 했는데, 교실 바닥에 가마니를 깔고 잤으며 위생 상태가 엉망이었고, 소금을 묻힌 주먹밥 하나가 한 끼 식사였는데 그나마 나중에 비하면 훨씬 나은 것이었다.
곧이어 나는 새벽 5시에 일어나서 하루종일 이동했는데, 철저히 민가와 고립된 지역이라 먹을 것을 얻으러 민가에 갈 수도 없었고, 먹을 게 없으니까 다들 소나무 새순을 먹었으며, 하루에 고작 2홉 정도의 밥에다 해초로 끓인 국이 식사의 전부여서 항상 굶주렸다. 어찌나 굶주렸는지 4월이 되자 아침에 일

국민방위군에 끌려가는 사람들. 그들을 기다리고 있는 것은 굶주림과 추위, 전염병으로 인한 비참한 죽음, 그리고 군 당국과 정부의 철저한 무관심이었다.

어나지도 못하고 뻣뻣하게 죽는 사람들이 매일같이 발생했으며, 그렇게 죽은 시체는 그냥 가마니에 둘둘 말아 산속에다 묻어버렸다.

환자들을 치료하는 의약품은 전혀 없었으며, 밥을 훔치다 맞아죽은 사람들도 있었고, 오죽 고통스럽고 배가 고팠으면 소가 똥을 싸는 냄새가 구수하게 생각될 정도였다.

그러고 나서 나는 제주도 제1훈련소로 걸어가서 훈련소 밖에서 신체검사를 받았는데, 못 먹어서 뼈다귀만 남아 체중이 38kg밖에 나가지 않아 도저히 합격할 수가 없었다.

'진실·화해를위한과거사정리위원회'와
만나서 진술한 김광식 씨 증언(2010. 3. 16)

나는 군청 소재지인 의령면 중동 변두리 산 밑 폐교된 국민학교 운동장에 움막을 치고 생활을 했는데, 움막 속에는 짚을 깔고 또 가마니때기를 덮고 지냈다. 거기에 급식이라고는 손바닥만 한 양재기에 세 숟갈 정도 뜨면 없어질 정도여서, 추위에 떨며 잠 한 번 제대로 자지 못한 장정들은 허기를 견디다 못해 옷가지마저 팔기 시작했다.

뿐만 아니라, 밥을 타기 위해 일렬종대로 열을 지어 대기하고 있는 취사장에서는 끼니때마다 뺨을 때리는 소리가 들렸는데, 자기 차례가 된 장정이 바른손으로 식기를 밀어냈다가 밥을 담아주려는 순간에 식기를 딴 방면으로 돌리면 주려던 밥덩어리가 일부 테이블 위에 떨어져서, 식사당번을 맡은 기간사병이 일을 저지른 장정의 뺨을 치고 욕설을 퍼부었는데 굶주린 장정은 아랑곳없이 테이블 위에 흘린 밥티를 허겁지겁 주워 먹는 슬픈 장면을 목격했다.

당시 소대선임하사였던 나는 양곡을 타기 위해 대원들을 데리고 인근 도정공장에 자주 다녔는데, 쌀이 없어 빈손으로 되돌아올 때도 많았고, 그러자 굶주린 장정들은 볏가마에서 벼를 몰래 훔쳐 호주머니에 넣어오기 일쑤였으며, 벼가 없을 때에는 왕겨까지도 훔쳐냈다. 그리고 영내에 돌아와서는 시멘트 바닥에 벼를 깔아놓고 한 알 두 알 까먹었고 왕겨는 국물에 말아 허기진 배를 채웠다.

그런데 이런 상황 속에서도 기간사병들은 국민방위군 병사들에게 깻묵 한 주먹을 주는 대가로 내복을 빼앗아가기도 했다.

당시 양말과 신발은 모두 구멍이 뚫려 팽개쳐 내버리고 맨발 신세가 된 장정들은 동상으로 많이 신음했지만 하소연할 수도 없고 하소연해본들 치료할 길도 없었다. 그런데도 부대 밖에서 거주하며 제대로 먹고 입어 기가 팔팔한 기간 장병들은 허기져 시들어가는 장정들을 동작이 굼뜨다고 마구 족쳐댔다. 좀 더 구체적으로 말하자면, 기간 장병들은 오후 5시에 저녁식사가 끝나면 국민방위군 병사들을 상대로 9시까지 군가를 합창하라고 몰아대곤 했는데 잠시 한눈만 팔아도 몽둥이질을 하기 일쑤였다. 그나마 국민방위군 병사들이 이런 고충을 다 겪고, 겨우 자리에 들면 온통 이들이 들끓어서 제대로 잠조차 잘 수가 없었다고 하니, 참으로 생지옥이 따로 없었다.

추운 날씨가 다소 풀리는 초봄이 되었지만, 새로운 문제가 발생해 국민방위군 병사들을 괴롭혔다. 기온이 올라가면서 세균이 증식해, 영내에 전염병이 급속도로 확산되었던 것이다. 국민방위군 병사들은 다들 시름시름 앓다가 코피만 흘리면 목숨을 잃었다. 1개 소대에서 불과 며칠 사이에 3, 4명씩 죽는 사람들이 나왔고, 나와 등을 맞대고 잠들었던 30대의 박 씨(황해도 출신)는 새벽에 싸늘한 시체로 변해 있었다.

이렇게 죽어간 국민방위군 병사들의 시체는 항상 관 속에 넣어 기간 장병이 어디론가 가져가고 또 그 같은 관에 다른 시체를 옮기곤 했다. 이 무서운 병이 번질수록 신경과민 탓인지 기간 요원들의 횡포는 더욱 심해졌다. 발병 직전에 시름시름하면 동작이 느리다고 몽둥이질을 해댔다.

의령교육대 3대대 2중대에서 국민방위군으로 근무했던
최순범 씨가 〈동아일보〉에 기고한 내용이 실린 《비화 제1공화국》(2) 중

내가 본 국민방위군 병사들은 가을에 잡혀왔는지 옷들이 얇았고 온몸에 이가 바글바글했다. 국민방위군 병사들에게 지급되는 식량은 죄다 국민방위군 장교들이 쌀 상인들에게 팔아먹었고, 병사들에게는 한 톨도 주지 않아서 그랬다. 그렇게 부정이 횡행하다 보니, 교육대에 수용된 국민방위군 병사들의 대략 90% 정도가 굶어 죽어갔다.

진실·화해를위한과거사정리위원회와
만나서 진술한 강은수 씨의 증언(2010. 4. 16)

훗날 국회조사단의 보고에 따르면 소집된 전체 국민방위군 약 80만 명 중에서 무려 27만여 명이 굶주림과 질병, 추위로 인해 사망하거나 심각한 폐인이 되었다고 한다. 이 사태의 가장 큰 원인은 물론 국민방위군 간부들이 예산을 횡령하여 자기들의 배를 채운 데 있었지만, 그 외에도 애시당초 일개 민간인 단체에 불과한 청년단에게 엄연한 국가조직인 국민방위군 운영을 맡긴 것 자체가 잘못이었다. 특히 김윤근과 윤익헌 등은 이승만에 의해 국민방위군 사령관과 부사령관에 임명되기 전까지는 단 한 번도 군대를 지휘한 경험이 없는 무자격자들이었다.

한편 국민방위군의 비참한 실상이 알려지자 국민들의 여론은 분노로 들끓기 시작했다. 야당인 민주당도 이 문제를 국회에서 정식 거론하며, 이승만 정부가 무계획적인 방위군 편성으로 인해 수많은 국민들을 죽음으로 몰아넣었다며 강도 높게 정권을 비판했다.

그럼에도 불구하고 국민방위군 사령관 김윤근은 1951년 1월 8일 발표한 기자회견에서 "국민방위군 병사들 50만 명을 먹일 군수품이 산더 미처럼 쌓여 있다"면서 국민방위군에 대한 의혹을 부인했고, 1월 20일에 다시 기자회견을 열어 "백만 국민병은 훈련을 받고 있는 중이다. 일부 불순세력들이 국민방위군 편성에 여러 가지 낭설을 퍼뜨리고 있음은 실로 유감이다"라며, 진실을 말하는 사람들에게 오히려 색깔론을 덮어씌우고 이들을 불순세력으로 몰아갔다.

김윤근의 후원자인 국방부 장관 신성모와 대통령 이승만도 김윤근을 감싸주는 데 혈안이 되었다. 신성모는 "시중에 떠도는 국민방위군 소문들은 북한의 첩자들이 퍼뜨린 유언비어다"

한국전쟁 당시 국방부 장관이었던 신성모. 그는 자신의 심복인 김윤근을 감싸고자 국민방위군 사건을 은폐하는 데 급급했다.

라며 진실을 은폐했고, 이승만은 "국민방위군과 청년단이 뭉쳐서 인해전술로 중공군을 막아내자"며 터무니없는 선동을 했다.

여기서 한 가지 중요한 의문이 든다. 김윤근과 신성모, 이승만은 과연 수없이 많은 국민방위군 병사들이 굶주림과 추위, 질병에 시달리다 죽어간다는 진실을 모르고서 이런 말을 했을까? 아니면 모든 진실을 다 알고서도 이렇게 말했던 걸까?

만약 모르고 말했다면, 이는 영락없는 직무유기에 해당된다. 김윤근은 국민방위군을 직접 지휘하며 모든 책임을 지는 사령관이다. 그런 그가 자기 휘하의 병사들이 어떤 상황에 처해 있는지도, 얼마나 비참하게 죽어가는지도 몰랐다면 사령관 자격이 없었다 할 수 있다. 또한 신성모는 명색이 한 나라의 국방을 총괄하는 장관인데, 국민방위군 병사들의 끔찍한 현실을 몰랐다면 이 어찌 국방부 장관이라 할 수 있을까? 국민방위군 병사들이 사람들 눈에 안 보이는 무인도에서 죽어갔던 것도 아니고, 누구나 볼 수 있는 각 지역의 대로 곳곳에서 죽어가는 바람에 금세 사람들이 알아차렸을 정도였다. 국방부 장관이 그것도 몰랐다면 신성모는 도저히 말로 표현할 수 없는 무능력자였다고 할 수 있다.

이승만이 누구인가? 한 나라 국정의 최고 지도자인 대통령이었다. 나라 안의 모든 정보가 그에게 보고되는데, 국민방위군 사건을 몰랐을까? 그런 것도 파악하지 못한다면 무엇하러 대통령 자리에 있어야 하나? 더구나 국민방위군이라는 조직 자체가 원래 이승만의 친위조직인 대한청년단과 청년방위대를 기반으로 만든 단체이고, 국민방위군 사령관인 김윤근은 대한청년단 단장으로 이승만의 총애를 받던 인물이었다. 즉, 김윤근과 국민방위군은 이승만의 직속 조직이라고 해도 과언이 아니다. 그런데 이런 이승만이 국민방위군 사건의 진실을 몰랐을까?

반대로 생각해서 김윤근, 신성모, 이승만 세 사람이 모두 국민방위군 사건의 진상을 다 알고 있으면서도 기자회견장에서 일부러 위와 같이 말했다면, 그건 국민들을 대놓고 속이려 한 것이다. 이것이야말로 모르고 한 것보다 더 죄질이 나쁘다. 어떻게 수십만 명의 멀쩡한 국민들이 국가권력에 강제로 끌려가 비참하게 죽은 일을 거짓말로 숨기려 든단 말인가.

여하튼 김윤근과 신성모, 이승만은 기자회견에서 국민방위군 사건의 진상을 숨기기 위해 거짓말을 했다. 다른 때 같았으면 통했겠지만, 국민방위군 병사들이 비참하게 죽어가는 모습을 본 사람들이 워낙 많았기 때문에 권력자들의 거짓말은 먹히지 않았다. 분노한 민심은 시간이 갈수록 더욱 뜨겁게 달아올랐고, 사건의 진상을 밝히라는 시위가 연일 부산의 임시국회 앞에서 이어졌다. 국민방위군 사건에 관한 국회 진상조사위원이었던 서민호 의원은 국회에서 조사한 내용을 보고하면서, "그동안 말하면 죽인다는 협박을 수없이 받았으나 전혀 불순한 동기가 없음을 천지신명에게 맹세한다"라는 말까지 했다.

이승만 정권은 국민여론과 민주당의 공세에 밀려 더 이상 진실을 은폐하는 데 한계를 느끼면서도 사건의 여파를 최소한으로 축소하기 위해 꼼수를 부렸다. 국방부 장관 신성모는 자신의 사위이자 심복인 김윤근을 보호하려고, 자신의 친구인 국방부 정훈국장 이선근을 국민방위군 사건 담당 재판장으로 임명했다. 이선근은 신성모의 의중을 꿰뚫고, 불과 사흘 만에 국민방위군 부사령관 윤익헌에게만 유죄 판결을 내려 징역 3년 6개월이라는 가벼운 형을 선고했고, 그 외 나머지 간부들은 모두 무죄 처리했다.

하지만 이런 사탕발림식 판결에 민심은 더욱 분노했고, 민주당의 정부 비판 공세도 더욱 격렬해졌다. 민중과 야권의 거대한 분노 앞에서 전전긍긍하던 이승만 정권은 결국 고심 끝에 생살을 깎는 아픔을 무릅쓰고, 중대한 결단을 내렸다. 이승만의 심복인 신성모와 김윤근을 쳐내기로 한 것이다. 이승만의 지시로 신성모는 국방부 장관에서 해임되었고, 대신 이승만의 아내 프란체스카와 절친한 사이인 박마리아의 남편 이기붕이

대구 야산에서 공개 처형당하는 김윤근과 윤익헌. 웬만한 비리나 부패라면 모르겠지만, 그들이 저지른 부정이 너무나 컸기 때문에 이승만과 신성모도 지켜줄 수 없었다.

국방부 장관에 임명되었다. 이기붕은 이승만의 뜻을 잘 파악하여, 국민방위군 재판을 다시 열었다. 이 재판을 보기 위해 전국에서 수많은 방청객들이 몰려들었다.

1951년 7월 5일, 대구 동인초등학교 강당에서 열린 육군고등군법 회의장에서 결국 김윤근과 윤익헌 등 국민방위군 최고 간부 5명은 그들이 저지른 공금 횡령 등의 비리가 모두 드러나 사형 선고를 받았다. 그리고 대구 교외의 야산에서 전원이 공개 총살형을 받고, 형장의 이슬로 사라졌다.

이렇게 해서 불과 수개월 사이에 수십만 명의 목숨을 앗아간 국민방위군 사태는 일단락되었다. 하지만 이조차도 빗발치는 여론에 못 이기고 정부가 부랴부랴 내린 응급처방에 불과했다. 왜냐하면 그 무렵 시중에는 이승만 정권이 조직적으로 저지른 비리와 부정의 책임을 김윤근 등에게 몽땅 떠넘기기 위해 국민방위군 재판을 빨리 끝냈다는 소문이 파다했기 때문이다. 실제로 당시 국민들 사이에서는 김윤근과 윤익헌 등이 국민방위군 예산의 상당수를 빼돌려 고작 기생집에다 몽땅 쏟아부었다는 얘기 자체가 믿기 어려우며, 횡령한 예산 대부분은 이승만의 사조직으로 들어가, 차기 정권 연장을 위한 기반이 되었다는 음모론이 힘을 얻고 있었다. 그러나 국민방위군 사건의 중심에 있던 김윤근이 처형당하는 바람에 진실을 캘 기회는 영영 묻혀버리고 말았다.

사령관과 부사령관이 처형당했으니, 이제 국민방위군은 더 이상 존속할 수 없게 되었다. 1951년 4월 30일, 국회에서 '국민방위군 사건 설치법 폐지에 관한 법률'이 통과되어 국민방위군은 해산되었다. 그리고 사태의 주범인 대한청년단에 대한 국민의 여론도 나날이 악화되었고, 결국 이승만은 1953년 9월 10일 대한청년단을 해산시키기에 이르렀다.

실업자들의 분노가 더해진 4·19 혁명

대한청년단의 해산으로 한국의 실업률은 다시 해방 직후의 수위에 이르렀다. 그나마 1950년에서 1953년까지는 한국전쟁으로 인한 대규모 입대로 실업률이 줄었지만, 1953년에 전쟁이 끝나자 이제는 그것도 불가능해졌다. 오히려 군대에 있던 병사들을 내보내야 하는 상황이었다. 한국전쟁 이후 서울 시내는 온통 팔과 다리를 잃고 실업자로 전락한 상이군인들로 넘쳐났다. 상이군인들은 떼를 지어 정부 청사나 은행 등으로 몰려가서 "우리들은 나라를 위해 전쟁터에 나가 싸웠다가 이렇게 다쳐서 더 이상 살기가 힘들다. 그러니 우리를 위해 생활비를 달라!"고 윽박지르거나, 버스 안이나 정류장에서 시민들을 상대로 자기들이 가지고 온 염색한 닭털 같은 쓸모없는 물건들을 강매했다. 군인이나 경찰은 물론 어느 누구도 이런 상이군인들의 행패에 제대로 맞서지 못하고 그냥 보고만 있을 뿐이었다. 만약 힘으로 이들을 제지하려 하면, 곧바로 다른 상이군인들이 몰려와서 더 큰 행패를 부리는 통에 차마 그럴 엄두를 내지 못했던 것이다.

이럴 때 정부가 나서서 상이군인들을 위한 연금이나 일자리, 주거시설을 마련해주면 문제가 해결되었을 테지만, 정부는 상이군인들을 앵벌이나 실업자 같은 비참한 상태로 내버려둘 뿐, 아무런 대책도 세우지 않고 그저 방관하기만 했다. 그나마 미국에서 경제발전과 국민복지에 쓰라고 주는 원조금도 대부분 부패한 정부 관리들의 손에 들어가 사라지고, 정작 필요한 국민들에게는 전해지지 않았다. 그러자 상이군인들 사이에서는 자신들을 실업자로 만들고 내팽개친 이승만 정권에 대한 분노가 싹트기 시작했다.

상이군인이 아닌 현직 군인들도 경제적 처우와 실업 때문에 정부에 불만이 많기는 마찬가지였다. 1955년부터 1960년까지 강원도 화천 3사단 포병중대 행정병이었던 강호창의 증언에 의하면 휴가를 나간 병사들이 "군대에 돌아가봤자 제대로 먹지 못해서 배가 고프니 차라리 그냥 집에 있겠다"며 귀대를 거부하는 경우가 많았다고 한다. 또한 5·16쿠데타에 참여한 이석제는 "1960년 나는 육군 중령이었는데 받는 월급이 너무 적어서 겨우 거지 신세를 면할 정도였고, 어느 날은 며칠째 집에 양식이 떨어져서 출근도 못 하고 맹물로 허기를 때워야 했다"는 증언을 남기기도 했다. 적은 월급에 지치다 힘들게 제대한 군인들도 취업에 실패하고 실업자로 전락하는 경우가 많았는데, 한 예로 현역 장교가 제대한 옛 상관한테 "나한테 돈을 준다면, 다시 군대로 입대시켜 주겠습니다"라고 거짓말로 속여서 돈을 뜯어낸 사기 사건이 있었다.(《조선일보》, 1959. 7. 26) 제대하고 나서 오죽이나 일자리를 구하기가 어려웠으면, 차라리 다시 군대에 입대하겠다고 돈까지 썼을까.

실업으로 인한 생활고에 시달리며 정부를 원망하는 집단은 군인 이외에도 더 있었다. 장차 나라를 이끌어갈 대학생들도 높은 실업에 직면해 있던 것이다. 1950년대 말 한국의 실업률 공식 집계는 30%에 달했는데, 그중 특히 대학생 실업률이 높아서 대학교를 졸업한 학생들의 약 절반이 일자리를 구하지 못하고 실업자가 되었다. 이는 당시 한국이 공업화를 제대로 이루지 못한 가난한 농업국가여서 고급 지식을 가진 대학생들이 필요한 일자리가 적었기 때문이었다.(《한국전쟁과 사회구조의 변화》, 강인철 등, 1999.《언론학보》15집, 한양대학교 언론문화연구소, 1995)

이러니 당시 각 언론들은 대학교를 가리켜 "지식을 갖춘 고등실업자 양성소"라고 비아냥거리거나, 심지어 "비싼 등록금을 내고 대학교를 나와봤자 죄다 실업자만 되니, 이런 대학교에 뭐하려고 돈을 쏟아붓는가? 대학교가 나라를 망치고 있다"라는 '대학망국론'까지 거론할 정도였다. 이렇게 한국 사회가 높은 실업률로 신음하고 있던 차에 1960년 3월 15일 이승만 정권이 영구집권을 위한 대대적인 부정선거를 벌이자, 국민여론은 크게 분노하여 공정한 선거를 치르라는 항의시위를 벌이기 시작했다. 그러다가 한 달 후인 4월 19일에 이르러, 전국적으로 이승만 정권의 퇴진을 요구하는 반정부 항쟁이 시작되어 1주일 만인 26일에 드디어 이승만을 하야시켰다.

3·15부정선거가 벌어진 지 불과 한 달 만에, 그토록 강권으로 국민들을 억압했던 이승만 정권이 힘없이 무너진 진짜 이유는 무엇이었을까? 그것은 간단했다. 바로 공식 집계로만 30%에 달했던 실업률과 국민의 절반이 빈곤 상태에 놓여 있던 암울한 경제 상황에 대한 분노가 이승만 정권을 향해 폭발한 것이었다.

4·19 무렵 이승만 정권이 얼마나 민심을 잃었는지를 보여주는 사례가 하나 있다. 이승만으로부터 시위대를 진압하라는 명령을 받고 출동한 군대마저 이승만의 명령을 어긴 채, 시민들에게 어떠한 무력 사용이나 위협도 하지 않고, 오히려 시민 진영에 합류하여 이승만에게 물러나라고 압력을 가한 것이다. 이승만은 군인들 처우개선에 인색했고, 군 장성들이 나서서 "지금 군인들의 월급이 너무나 적어서 도저히 먹고살기 어려우니 월급을 올려달라"고 사정을 해도 "군인들이 돈맛을 알면 안 된다"면서 끝끝내 외면했다. 또한 앞에서 언급한 대로 이승만은 실업자로 전락한 상이군인들을 위한 어떠한 생계지원이나 대책도 세우지 않고 그대

4·19 혁명 당시, 거리로 쏟아져 나온 시위대. 이들은 강철 같았던 이승만 독재정권을 불과 1주일 만에 무너뜨렸다.

1960년 4월 19일 시위 당시, 시위대 진압을 위해 출동한 군대 앞에서 총을 쏘지 말라고 시위를 벌였던 어린아이들.

로 방치했다. 이런 이승만 정부의 비인간적인 처사에 분노를 품고 있던 군인들이 4·19혁명이 터지자 재빨리 이승만에게 맞섰던 것이다.

대학생들도 마찬가지였다. 애써 비싼 돈과 아까운 시간을 들여가며 대학교를 졸업해봤자 절반이 실업자가 되는 세상에서, 자부심과 삶의 의미를 잃고 절망에 빠져 있었다. 그리고 그런 현실을 만든 이승만 정권에 대한 불만과 분노가 차오르고 있던 터에 이승만 일당이 영구집권을 위해 3·15부정선거를 꾸몄다는 소식을 듣자, 더 이상 참지 못하고 거리로 몰려나와 반정부 항쟁을 벌였다.

이처럼 이승만 정권 치하의 높은 실업률과 빈곤은 국민들로 하여금 정부에 대한 강한 반감과 적개심을 키웠고, 그런 요소들이 3·15 부정선거와 4·19혁명이라는 도화선을 만나자 저절로 폭발하고 말았다.

그렇다면 이승만은 왜 국민들이 높은 실업에 고통스러워하는 것을 뻔히 아는데도 별다른 해결책을 세우지 않고 그저 방관만 했을까? 아마도 이승만은 미국을 지나치게 믿었던 듯하다. 보잘것없는 해외 망명객인 이승만을 한국의 지도자로 내세운 것도 미국이었고, 한국전쟁이 터지자 수십만 군인을 한국에 보내 북한과 중국군에 맞서 싸우면서 정권을 지켜준 것도 미국이었다. 또한 이승만은 강력한 친미 반공 노선을 펼치며 미국과 돈독한 우호관계를 다지고 있었다. 그러니 이승만은 미국만 믿고 있으면 아무리 국내에서 반대세력이 들고 일어난다고 해도 걱정할 필요가 없다고 여겼을 것이다.

그러나 아무리 세계 최강대국인 미국이라고 해도, 이미 한국 국민들의 민심이 이승만을 완전히 떠난 이상, 계속 이승만을 지지할 수는 없었다.

이승만의 하와이 망명을 보도한 1960년 5월 29일자 신문. 분노한 시민들의 저항에 이승만 정권은 맥없이 무너졌다.

자칫 그랬다가는 한국 국민들의 반이승만 감정이 미국에 대한 반감으로 확산되어 반미감정으로 불타오를 위험도 있었다. 그럴 바에야 차라리 이승만과 그 주변 인사들만 제거하여 한국 국민들의 환심을 사서 반미감정을 막고 한국을 계속 친미국가로 남겨두는 편이 미국의 국익에 더 도움이 되었다. 참고로 미국은 외국의 지도자가 아무리 친미 성향이라 해도 무작정 그를 지지만 하지는 않는다. 설령 친미 지도자라고 해도 그가 미국의 국익에 방해가 된다고 판단하면 재빨리 제거하는 것이 미국의 대외정책이다.

여하튼 그런 판단을 내린 미국은 4·19혁명이 있은 지 얼마 후에 반정부 시위대를 지지한다는 성명을 발표했다. 이는 미국만 믿고 있던 이승만에게 날린 사실상의 사형선고나 다름없었다. 결국 이승만은 4월 26일 "국민이 원한다면 물러나겠다"는 선언을 하고, 권좌에서 물러나 미국 하와이로 망명했다. 말이 좋아 망명이지 사실 국민들의 저항에 부딪쳐 민심을 잃고 도망친 것과 다름없었다.

이렇게 해서 높은 실업률과 가난으로 고통 받던 한국 국민들은 혁명을 일으켜 이승만 정권을 무너뜨렸다. 아무리 강권과 폭압으로 국민들을 억압하고 있던 독재정권도 높은 실업과 가난을 해결하지 못하면, 국민의 저항을 초래하여 결국 무너지고 만다는 사실을 이승만 본인이 증명한 셈이다.

12

마약사업에
뛰어든
멕시코
실업자들

북미자유무역협정과
멕시코 경제의 파탄

19세기 이후부터 인류 사회를 위협하는 해악으로 떠오른 것이 바로 마약이다. 물론 마약 그 자체는 아득히 먼 옛날인 수메르 시대부터 사용되었지만, 마약이 한 나라의 운명까지 좌우할 정도로 커진 것은 19세기에 들어서면서부터다. 대표적인 예로 1840년, 영국과 중국이 싸웠던 아편전쟁이 있다. 영국이 중국에 판매한 아편이 문제가 되어 두 나라는 전쟁까지 벌여야 했다.

    마약이 위험한 이유는 단연 그 중독성과 신체에 끼치는 해악에 있다. 마약을 처음 복용하면 기분이 좋아지고 활력이 생기지만, 계속 복용하면 신체기능 저하와 정신이상 증세가 오며 결국 목숨을 잃는다. 그래서 대부분의 나라들은 마약을 국가와 국민에 대한 심각한 위협으로 간주하고 엄격히 단속하지만, 마약 밀거래와 복용 빈도는 좀처럼 줄어들지 않고 있다. 이렇다 보니 몇몇 나라들은 아예 일부 마약을 합법화하기도 한다. 마약을 아무리 단속해도 별 소용이 없는 데다, 차라리 마약 수익의 일부를 세금으로 돌리는 게 낫다는 생각에서 나온 결정이다.

침략과 억압으로 시작된
멕시코 근대사

현재 세계에서 마약문제를 가장 중요하게 다루는 나라는 미국이다. 미국은 경찰뿐 아니라 군대까지 동원하여 마약 밀수를 차단하려 애쓰고 있다. 하지만 이러한 노력에도 불구하고 미국의 마약문제는 좀처럼 해결되지 않고 있으며 여전히 세계 최대 마약 소비국이다.

그리고 미국에 마약을 공급하는 최대시장은 다름 아닌, 미국 바로 밑에 붙어 있는 멕시코다. 멕시코에서는 오래전부터 마약을 취급하고 다루는 조직인, 이른바 카르텔이 기승을 부렸는데, 이들은 단순한 범죄 조직이 아니라, 경찰 및 군대와 싸워도 밀리지 않을 강력한 힘을 지닌 반국가 세력으로 성장했다. 도대체 무엇 때문에 멕시코에서 이런 일들이 벌어지는 걸까?

멕시코는 본래 고대 아시아에서 베링 해협을 타고 이주해온 아메리카 원주민들이 처음 정착했던 땅이다. 그러다가 15세기 초 들어, 용맹한 전사들인 멕시카족이 호수 위의 도시인 테노치티틀란을 수도로 정하고, 멕시카(아즈텍) 제국을 세워 번영을 누렸다. 이 멕시카 제국의 이름에서 오늘날 멕시코가 유래했다. 하지만 멕시카 제국은 1521년 에르난 코르테스가 이끄는 스페인 군대에게 멸망당했고, 그로부터 약 300년 동안 멕시

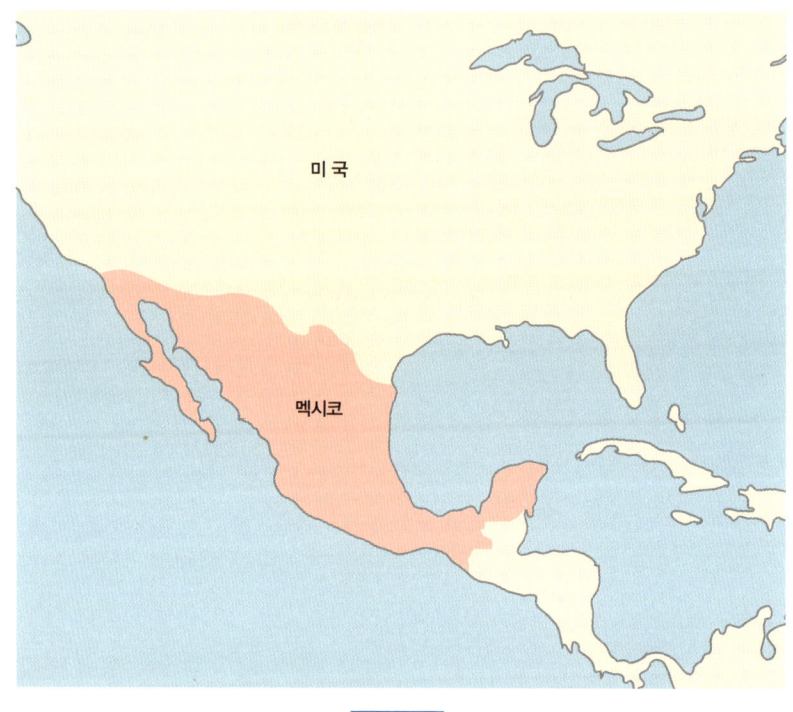

미국의 남쪽 밑에 바로 붙어 있는 멕시코. 미국 내 외국인 불법체류자들 중 멕시코 출신이 가장 많다.

코는 스페인의 식민 지배를 받았다.

현재의 멕시코는 바로 스페인 식민통치 시절에 그 원형이 이루어졌다. 이것은 비단 멕시코뿐 아니라, 모든 중남미 국가들이 안고 있는 태생적인 한계다. 스페인과 포르투갈 두 나라가 중남미를 지배하면서, 사회의 계급이 고착화된 것이다. 유럽에서 이주해온 백인들과 그 후손들이 상류층을 이루고, 백인과 원주민 혼혈이 중산층을, 원주민의 자손들이

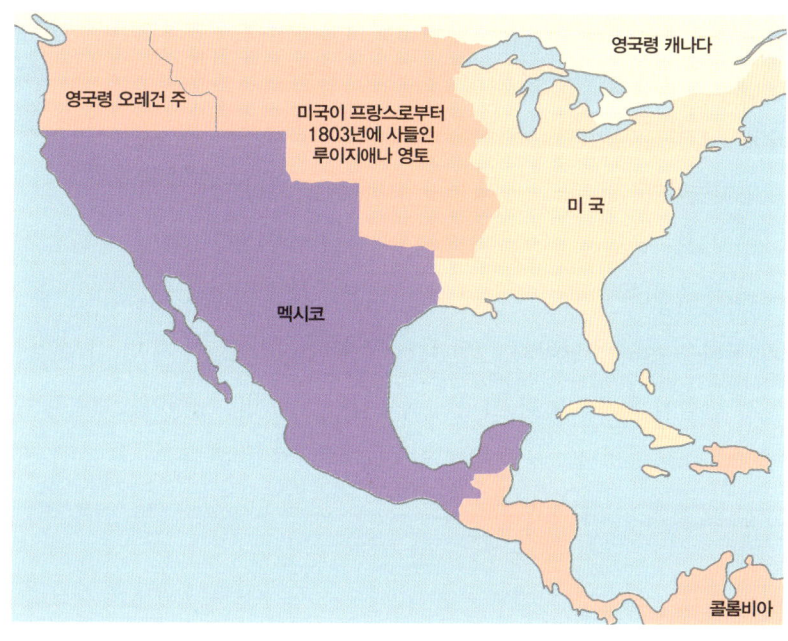

1824년, 미국과 전쟁을 벌이기 전의 멕시코 영토. 지금의 멕시코 영토에 비해 거의 2배나 넓었지만, 미국과의 전쟁에서 패배하는 바람에 텍사스와 캘리포니아, 애리조나와 뉴멕시코 주를 빼앗겼다. 이 미국-멕시코 전쟁의 패배로 멕시코는 국력이 약해지기 시작했다.

가난한 하류층을 이루고 있는 식이다.

비록 멕시코는 1821년 스페인의 지배에서 벗어나 독립을 이루었지만, 정작 사회구조는 크게 달라지지 않았다. 독립이라고 해봐야 식민지의 백인 이주민들이 본국에 맞서 반기를 든 것에 불과했고, 정작 주민의 절대 다수인 원주민들의 처지는 전혀 나아지지 않았던 것이다.

독립을 하기 전이나 한 이후에도 멕시코를 포함한 중남미 국가 대부분은 소수의 상류층이 국가 전체의 부와 권력을 독점하고 있었다. 그래서 오죽하면 중남미의 보통 사람들이 출세할 수 있는 길은 유명 축구 선수가 되거나, 미인대회에 나가 입상하거나, 은행 강도가 되거나 복권을 구입하는 것뿐이라는 우스갯소리까지 나올 정도이다.

멕시코는 독립을 한 이후, 쿠데타가 무려 50번이나 일어날 정도로 정국이 불안했다. 쿠데타가 사라진 이후에도 온갖 정당이 난립하며, 서로가 국민을 위하는 당이라고 우겼으나, 결국은 권력을 누가 더 차지할까에만 관심이 쏠려 있었다. 그나마 독재자인 포르피리오 디아스 대통령이 전국민 의무교육 제도를 도입한 것 정도가 멕시코 정부에서 원주민들을 위해 베푼 몇 안 되는 혜택이었다.

NAFTA, 멕시코 경제를 파탄 내다

인생의 실패를 맛보고 바닥까지 추락한 이들이 '이제는 더 이상 잃을 것도 내려갈 곳도 없으니 무섭지 않다!'라는 말을 하고는 한다. 그러나 누가 말했듯이, 세상 일이란 올라가기는 어려워도 추락하는 데는 한계가 없다. 더 악화될 경지가 아니라는 말은 그래서 거짓이다.

멕시코가 딱 그랬다. 미국과 북미자유무역협정NAFTA을 맺기 전에도 멕시코 경제는 그다지 좋지 않았다. 1986년 월드컵으로 많은 빚을 지는 바람에 국가경제가 어려워진 상태였고, 여전히 높은 빈부격차와 실업률 때문에 멕시코인들은 너도나도 미국 이민을 꿈꾸고 있었다. 하지만 이런 와중인 1991년, 멕시코 정부가 미국·캐나다와 체결한 북미자유무역협정은 그러지 않아도 암울한 멕시코 경제에 더 큰 충격을 주었다. 애당초 멕시코 정부는 국민들에게 국가경제 발전을 위해 북미자유무역협정이 반드시 필요하며, 협정이 타결되면 멕시코 기업들이 세계 최대의 미국 시장에 진출하여 눈부신 번영을 가져올 수 있다는 TV광고까지 제작하여 홍보에 열을 올렸다. 일부 반대의 목소리가 있기는 했지만, 대부분의 멕시코 국민들은 정부의 장밋빛 홍보를 그대로 믿고 협정에 찬성했다.

그러나 멕시코 정부가 그려낸 장밋빛 환상은 끝내 실현되지 않았다. 북미자유무역협정은 위태위태하던 멕시코 경제에 사실상 사형선고를 내린 것이나 다름없었다. 협정이 체결되자 멕시코에는 대규모 공장에서 만들어낸 미국산 제품이 몰려왔고, 멕시코 기업들은 가격과 질에서 경쟁이 안 되어 순식간에 몰락해버렸던 것이다. 멕시코 중소기업들은 북미자유무역협정 체결 이후 무려 70% 가까이 무더기로 파산했으며, 멕시코 최대의 은행인 바나멕스는 북미자유무역협정 체결 이후에 미국 씨티그룹에 인수되었는데, 1400여 개의 지점 중 절반이 폐쇄되고 거기에 근무하던 은행원들도 모두 해고당했다. 또한 멕시코 자동차 부품 회사였던 루베스토스는 자유무역협정 체결 이후 직원이 4분의 1로 감소했고, 멕시코 영화 업계는 자유무역협정 체결 이전엔 한 해에 평균 100여 편의 영화를 제작했다가 체결 이후에는 한 해에 고작 4편으로 제작 편수가 급감했다.

그전까지 멕시코 경제는 소수의 대기업이 독점해왔으며, 이들은 자기

1992년 10월 북미자유무역협정을 체결하는 장면. 멕시코 정부는 협정을 체결하면 세계 최대시장인 미국으로 멕시코 상품들이 자유롭게 파고들어 멕시코가 선진국으로 발전할 수 있다고 선전에 열을 올렸다. 그러나 막상 미국과의 자유무역이 시작되자, 멕시코 경제는 순식간에 몰락하고 수많은 실업자들이 거리로 쏟아져 나왔다.

들끼리 담합을 일삼고 소비자의 권리를 무시하면서, 질 낮은 상품을 판매해 큰 이익을 챙겼다. 이런 판국이니 치열한 경쟁을 통해 살아남은 미국 기업들이 멕시코로 진출해오자, 멕시코 국내 경제는 사실상 미국에 종속되고 말았다. 또한 멕시코 인구의 대다수를 차지하던 농민들도 미국산 저가 농산물과의 가격경쟁에서 패배하여, 농경지와 일자리를 잃고 실업자가 되었다. 그나마 어느 정도 삶의 여유가 있던 사람들은 도시로 몰려가 노점상이 되었지만, 그조차 얼마 못 가 망하거나 겨우겨우 입에 풀칠이나 하는 정도였다. 이 밖에도 멕시코 노동자들은 협정 체결 이후 몰려온 미국 회사들의 하청업체에서 일하며 예전보다 낮은 임금을 받게 되었다. 또한 멕시코에 공장을 차린 미국 회사들이 본국에서 허용되지 않는 공해 물질을 (미국법의 적용을 받지 않는) 멕시코에서 마구 배출하는 바람에 멕시코의 환경오염은 급격히 심화되었다.

이렇듯 북미자유무역협정은 멕시코 경제에 희망은커녕 끔찍한 먹구름만 몰고 온 꼴이 되었다. 뒤늦게 정부의 홍보가 전부 거짓이었다는 사실을 깨달은 멕시코 국민들은 분노했고, 협정을 추진했던 정치인들은 흥분한 민심이 두려워 미국으로 달아났다.

경제난이 불러온 멕시코의 마약 신드롬

목구멍이 포도청이라고, 세상이 어떻게 돌아가든 사람들은 먹고살아야 한다. 하지만 북미자유무역협정으로 인해 멕시코 서민들은 먹고살 길이 막막했다. 당장 서민의 일자리를 제공하던 자영농이 대부분 몰락했고, 직장들은 전부 저임금인 데다, 너도나도 자영업에 뛰어드는 바람에 멕시코 국내 내수 시장은 거의 포화상태였던 것이다.

바로 이때, 멕시코 서민들에게 새로운 장사거리가 나타났으니 바로 마약이었다. 마침 멕시코 바로 위에 있는 미국은 세계 최대의 마약 소비국이기도 했다. 비록 미국 정부는 마리화나와 코카인 등 모든 마약을 불법으로 규정하고 엄격히 단속했지만, 아이러니하게도 미국에서는 매우 손쉽게 마약을 구할 수 있었다. 마약을 외국으로부터 몰래 들여와 파는 마약상이 미국 전역에 우글거렸기 때문이다.

전통적으로 미국에 마약을 공급하는 상품 기지는 남미의 콜롬비아였다. 그러나 콜롬비아는 1980년대 말, 군대를 동원한 미국 정부의 마약 근절 작전으로 인해 큰 타격을 받았다. 그러자 이 틈을 노려 중남미의 마약상과 조직들이 멕시코로 몰려갔다. 마침 멕시코는 북미자유무역협정으로 인해 경제가 망가졌던 터라, 돈을 벌기 위해 기꺼이 마약을 미국으로 밀매할 사람들이 넘쳐나던 상황이었다.

일찍이 미국의 부시 대통령(오바마 이전 대통령인 부시 2세의 아버지, 1989~1993 재임)은 "멕시코는 엄청난 양의 마약을 가지고 있다. 하지만 멕시코인들은 마약을 운반할 수단을 갖고 있지 못하다"라는 말을 하기도 했다.(부시 대통령 시절까지는 멕시코에서 미국으로 들어오는 마약의 양이 그리 많지 않았다) 그렇지만 멕시코인들도 머리가 있는데, 과연 마약을 계속 그대로 썩혀두고 있었을까? 사람인 이상 먹고는 살아야겠고, 더구나 마약을 얼마든지 소비해줄 거대 시장인 미국이 바로 옆에 있는 마당에, 멕시코인들이 가만히 있지는 않았다.

마침 북미자유무역협정 체결 이후 멕시코인들의 미국 불법이민은 급속히 증가하는 중이었다. 그 수가 워낙 많아서, 멕시코와 국경을 맞댄 텍사스 같은 미국의 주 정부들은 아예 멕시코 국경 지대에 높은 벽을 쌓아 불법 이민자들을 막기까지 했다. 물론 그렇게 해도 목숨을 걸고 국경을 넘는 멕시코 이민자들을 막을 수는 없었다. 2010년대가 되자 미국 정치인들이 유권자들 앞에서 스페인어 연설을 따로 해야 할 정도가 되었으며, 미국에서는 이제 영어를 못 해도 스페인어만 하면 일상생활에 아무런 불편이 없다는 말까지 나왔다.(멕시코는 16세기 초부터 300년 동안 스페인의 식민지였기 때문에 스페인어를 썼다)

 멕시코인들은 미국으로 넘어간 동포들과 손잡고, 미국을 향해 하나둘씩 마약을 실어 나르기 시작했다. 마약을 운반하는 방법은 아주 다양했는데, 가장 흔한 방법은 택시나 트럭 등 자동차에 마약을 싣고 직접 미국까지 이동하는 것이었다. 그러나 이 방법은 미국 경찰과 마약수사국의 검문에 쉽게 걸렸다. 그러자 마약상들은 미국과 멕시코 국경 사이에 긴 땅굴을 파고 그것을 통해 마약을 나르거나, 미국 남부 해상의 경비가 소홀한 틈을 노려 아예 마약만 전문적으로 운반하는 잠수함까지 만들어 사용하기도 했다.

 미국 정부의 강력한 단속에도 불구하고 멕시코인들이 계속 마약을 미국으로 실어 나른 이유는 뭐니뭐니해도 그 일이 엄청난 이익을 주었기 때문이다. 한 예로 멕시코에서 고작 10달러에 살 수 있는 코카인 한 봉지가 미국에 팔리면 그 값이 무려 1000달러까지 올라갈 정도였다. 그리고 마약 운반용 잠수함 한 척에 마약을 가득 실어 미국으로 무사히 배송하면, 얻는 돈이 10만 달러에 이르기도 했다. 그러니 북미자유무역협정으로 인해 자국 경제가 파탄나고 먹고 살기가 어려웠던 멕시코인들에게 이 마약 밀매는 그야말로 하늘이 내려준 돈벌이라 해도 과언이 아니었다.

카르텔,
멕시코를 위협하는 거대 마약 조직

이리하여 멕시코에는 미국에 마약을 밀매하는 거대 조직인 카르텔이 우후죽순처럼 등장했다. 그들은 흔히 할리우드 영화에서 나오는 것처럼 어두운 밤, 으슥한 뒷골목에서 몰래 마약을 거래하는 좀도둑이 아니었다. 마약 밀매 조직들은 놀랍게도 마치 옛날 중국의 도적들처럼 마약을 팔아 번 엄청난 돈을 바탕으로 한 지역을 통째로 점령한 뒤 공권력을 주무르고, 심지어 멕시코 정부와도 무력 충돌을 벌일 정도로 강력한 거대 범죄조직으로 성장했다.

그리고 멕시코의 카르텔들은 자기들끼리 마약 시장의 이권을 놓고 잔혹한 살육을 벌였다. 그들끼리만 싸우면 모르겠지만, 그 난리 통에 전혀 무관한 시민들까지 휘말려 억울하게 죽는 일도 비일비재했다. 그나마 카르텔들끼리 싸우느라 다행이라는 주장도 있었다. 만약 카르텔들이 연합 전선을 구축했다면, 멕시코 정부조차 도저히 막지 못하고 무너졌으리라는 것이다.

부패한 멕시코 정부에 맞선다고 카르텔을 긍정적으로 보는 사람들도 있을지 모르겠다. 그러나 카르텔은 결코 의적이 아니었다. 그들은 오직 돈벌이만을 노리는 잔인한 마약상일 뿐이었다. 카르텔의 범죄와 마약거래 행각을 고발하는 언론사들은 카르텔 조직원들로부터 무자비한 기관총과 폭탄 공격을 당했다. 그래서 멕시코 언론사들은 아예 카르텔 관련 보도를 스스로 자제하기까지 했다.

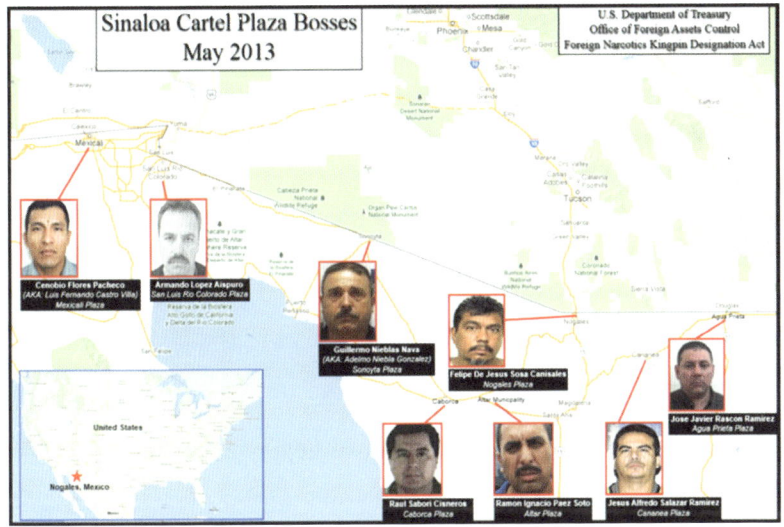

멕시코 마약 카르텔의 두목들. 멕시코 정부가 군대까지 동원해 이들을 소탕하고 있지만, 두목들이 죽어도 곧바로 그들을 대신할 새 두목이 나타나서 마약 카르텔은 좀처럼 위축되지 않는다.

마약 조직 소탕전에 나선 멕시코 군인들. 멕시코 마약 갱단이 워낙 중무장을 한 데다 흉폭해서 군대까지 투입되었지만, 아직도 멕시코 마약 갱단들의 활동은 활발하다.(Diego Fernández 촬영)

여하튼 카르텔들의 잔혹한 범죄를 보다 못 한 멕시코 정부는 경찰을 동원하여 그들을 제압하려 했다. 하지만 카르텔의 막강한 화력 앞에 멕시코 경찰은 전혀 힘을 쓰지 못했다. 놀랍게도 카르텔들은 마약을 팔아 번 돈으로 자동화기와 폭탄은 물론 장갑차까지 자체 제조하여 무장을 하고 있었던 것이다.

그러자 멕시코 정부는 카르텔들을 제압하기 위해, 미국 정부의 도움을 받아 특수부대를 만들었다. 허나 우습게도 멕시코 정부가 심혈을 기울여 창설한 특수부대는 정작 작전에 투입되기도 전에 몽땅 카르텔에게 넘어가버렸다. 카르텔들은 교활하게도 특수부대 대원들을 상대로 지금보다 훨씬 많은 월급을 주겠다고 제안했던 것이다. 그리고 카르텔에게 포섭된 멕시코 특수부대는 기존의 카르텔보다 더 잔혹하고 강력한 새로운 카르텔로 탈바꿈하여 멕시코 국민들을 공포에 떨게 했다.

그래도 멕시코 정부는 군대를 동원해 2006년부터 2011년까지 '마약 카르텔과의 전쟁'을 선포한 바 있으며, 현재까지도 강경한 토벌 작전을 밀어붙이고 있다. 하지만 5년 동안 이 멕시코판 '범죄와의 전쟁'에서 무려 4만 명이 넘는 사망자가 발생하면서, '무작정 무력을 앞세운다고 마약 문제가 해결되겠는가?'라는 의구심이 제기되고 있다.

멕시코에 마약 조직이 창궐하는 근본적인 이유는 마약 밀매가 가난에 찌든 멕시코인들의 생계수단이기 때문이다. 이런 현실을 해결하려면 우선 멕시코 정부의 부패가 근절되고, 아울러 국민들에게 좋은 일자리를 제공해주는 게 필요하다. 그 점을 도외시하고 오직 폭력으로만 밀어붙인다고 해서 멕시코 마약문제가 해결되지는 않을 것이다.

13

한국 사회를
송두리째
바꾼 대규모
실업난

**IMF 구제금융
사태**

IMF 구제금융 사태는 한국 현대사에서 가장 크고 강력한 영향을 끼친 사건 중 하나로 꼽힌다. 1997년 11월, 한국 정부는 기업들의 잇따른 부도로 인해 경제가 악화일로인 상황에서 어쩔 수 없이 IMF에 600억 달러의 구제금융을 신청했다. 이 사건은 한국의 경제와 사회구조를 결정적으로 바꿔놓았고, 그로부터 20년이 지난 지금까지도 우리는 IMF 구제금융 사태가 바꿔놓은 사회구조에서 살고 있다.

무엇 때문에 IMF 구제금융을 신청해야 했는가?

 IMF 구제금융 사태가 벌어지게 된 원인은 여러 가지였다. 하지만 그 배경에는 수십 년 동안 정치권과 경제계가 결탁하는 이른바 정경유착 현상의 온갖 부작용들이 한꺼번에 나타났던 것이 결정적으로 작용했다. 당시 한국 기업들은 무분별한 분식회계를 벌이고 있었고, 막대한 빚을 져놓고 제때에 갚지 못해 은행과 기업들이 연쇄 파산을 일으켰다. 한국의 초등학교 교과서에서는 엉뚱하게도 국민의 과소비 때문이라는 내용이 실려 있지만, 전혀 터무니없는 소리에 불과하다.

IMF 구제금융 사태의 직접적인 배경이 된 사건은 1997년 1월 23일, 한보그룹의 부도였다. 한보그룹 회장 정태수는 은행들로부터 무려 6조 원이라는 어마어마한 거금을 빌려 철강 사업을 마구 확장하고 있었다. 그런데 마침 세계 경제가 불경기에 빠져 매출이 줄어들자, 정태수는 빌린 은행 돈을 갚기 어려워졌다. 그는 은행장들을 찾아다니며 대출 상환 기간을 연장해달라고 부탁했다. 하지만 은행들은 이를 거절했고 결국 한보그룹은 1월 23일에 최종부도 처리가 됐다.

한보가 무너지자 같은 해 3월에서 7월 사이에 한신공영, 진로, 삼미, 대농, 기아 등 쟁쟁한 다른 기업들도 연쇄적으로 무너지고 말았다. 이 기업들도 한보처럼 순이익이 부족한 상태에서 너무 많은 빚을 빌려다 쓰고 있었는데, 결국 빚을 갚지 못해 파산했던 것이다.

여기에 IMF 사태 당시에 국내외적으로 가장 큰 파장을 일으키며 몰락한 기업이 있었으니, 바로 대우그룹이었다. 대우그룹을 창설한 김우중 전 회장은 외부로부터 돈을 마구 빌려와서 사업 규모를 무리하게 확장해나가는 공격적인 경영 방식을 즐겨 사용했는데, 문제는 이 과정에서 자사의 이익 규모를 지나치게 부풀리면서 대우그룹이 지고 있는 엄청난 부채 규모를 의도적으로 축소하는 분식회계를 저질렀다는 사실이다. 이런 분식회계는 대우그룹의 초창기인 1980년대 초반부터, 그것도 김우중 회장의 지시로 이루어진 일이라는 점에서 더욱 충격을 주었다. 그 규모가 IMF 사태가 일어난 1997년에 자그마치 33조1000억 원에 달했다.

김우중 회장은 엄청난 돈을 빌려 막대한 빚을 지고 있으면서도 오히려 사업의 규모를 더 늘렸는데, 그 이유는 참으로 단순했다. 빚도 곧 재산이니 나쁘게 볼 필요만은 없고, 물건을 더 팔아 돈을 번 뒤에 빚을 갚으면 되는데 뭐가 문제냐는 것이었다. 그러나 물건은 팔리지 않고 사업 규모를 너무 확장시켜놓아서 돈이 들어갈 곳은 많으니 빚은 계속 쌓여갈 수밖에 없었다. 빚이 재산이라지만, 갚지 못하는 빚은 그저 짐 덩어리나 병이 될 뿐이다.

IMF 사태를 맞아 기업의 경영 실적은 나날이 악화되어가고 좀처럼 나아질 기미를 보이지 않자, 김우중 회장은 다른 대기업이나 은행, 심지어 정부에게까지 손을 벌리고 다녔다. 하지만 모두 거절당하고 말았다. 대우그룹의 부채가 너무 많은 데다가, 사업 실적도 좋지 않아 돈을 더 빌려줄 수 없다고 했다. 결국 대우그룹은 1999년 8월 16일, 해체를 선언했다.

하지만 대우그룹과 김우중 회장의 잘못된 경영만 탓할 수는 없다. IMF 구제금융 사태가 벌어지던 1997년 당시, 분식회계는 거의 모든 기업들의 관행이었기 때문이다. 더구나 이런 기업들의 잘못을 감독하고 바로잡아야 할 정부조차, 기업과 한통속이 되어 그들의 비리를 눈감아주었다는 점에서 문제가 더욱 컸다. 애초에 한국의 대기업들은 순수하게 자신들의 실력으로 성장한 게 아니라, 정경유착을 통해 급속히 성장했으니 그러한 문제점은 당연한 것인지도 모른다.

 IMF에 구제금융을 신청하기 약 2개월 전인 1997년 9월 4일, 한국 최대의 언론사 〈조선일보〉에 실린 최운열 서강대 교수의 칼럼에는 '현재의 증시는 전혀 문제가 없으며, 아직까지는 외환위기 상황이 아니다'라는 내용이 들어 있다. 그리고 9월 11일자 〈조선일보〉는 한국에서 활동하고 있는 외국인 금융기관 책임자 30명을 찾아가 인터뷰를 한 뒤 "한국은 외환위기가 아니다"라는 제목의 기사를 실었다. 9월 18일자에서는 아예 미셸 캉드쉬 IMF의 총재와의 인터뷰 기사를 통해 같은 목소리를 되풀이했다.

 그러나 〈조선일보〉의 기사와는 정반대로 한국 경제는 나날이 악화일로를 걷고 있었다. 1997년 9월 22일에는 소주로 유명한 기업인 진로가 법정관리를 신청했다. 그렇게 한국 기업들은 무너져 내리고 있었다. 1997년 1월 초 840원대이던 원달러 환율은 8월 말에 900원대에 이르렀고, 10월에는 1000원대를 향해 가고 있었다. 한 나라의 화폐 가치가 떨어진다는 것은 곧 그 나라 경제가 약화된다는 것이니, 한국 경제는 이미 IMF 구제금융 사태의 전조를 보이고 있던 것이다.

 1997년 10월 16일에는 의류 기업 쌍방울과 기계공업 회사 태일정밀이 부도를 냈다. 대기업들이 잇따라 파산하자, 다급해진 정부는 긴급조치로 10월 28일 외국자본 유입을 규제하지 않겠다고 발표했다. 외국의 투기자본을 끌어들여서라도 위태로워지는 한국 경제를 붙들어보겠다는, 절박한 상황에서 나온 발상이었다. 하지만 한국 정부의 이 같은 조치에도 불구하고, 10월 24일 미국의 신용평가기관인 스탠더드 앤드 푸어

S&P는 한국의 국가신용등급을 AA에서 A+로 낮추었다. 사흘 후인 27일에 다른 신용평가기관인 무디스도 한국의 국가신용등급을 A1에서 A2로 낮추었다. 국가신용등급이 낮아졌다는 것은 곧 한국 경제를 믿을 수 없으니 투자를 삼가야 한다는 신호였다.

무디스가 한국의 국가신용등급을 낮춘 바로 다음 날인 10월 28일, 미국의 국제투자은행인 모건스탠리는 "아시아를 떠나라!"라는 제목의 보고서를 발표했다. 이 보고서에는 한국을 포함한 대부분의 동아시아 국가들의 경제 상황이 악화일로이며, 금융과 주식도 붕괴 직전이니 투자한 돈을 서둘러 회수하고 떠나야 한다는 내용을 담고 있었다. 실제로 모건스탠리의 보고서처럼 1997년 7월 2일에는 태국, 8월 14일에는 인도네시아의 화폐 가치가 폭락하는 사태가 있었다. 그리고 10월 23일에는 홍콩의 주가지수도 큰 폭으로 떨어졌다. 모건스탠리 보고서가 발표된 지 약 한 달 후인 1997년 11월 24일에는 당시 아시아 최대의 경제대국이던 일본의 야마이치 증권조차 폐업을 할 만큼, 동아시아 각국의 경제위기가 심각해지던 상황이었다.

아울러 모건스탠리가 보고서를 발표한 바로 그날, 한국의 주가지수는 500선 이하로 떨어지고 말았다. 투자자들의 심리 또한 모건스탠리의 보고서처럼, 위기의식을 느끼기 시작했던 것이다. 그러나 재경부 장관 강경식은 모건스탠리 보고서가 발표된 당일인 10월 28일, 국회에서 "한국 경제는 기초가 튼튼하기 때문에 문제가 없다"고 당당하게 말했다. 불과 한 달 후에 본인도 IMF 구제금융이 필요하다고 말한 것에 비하면 너무나 대조적인 모습이었다. 하지만 4일 뒤인 11월 1일 국내 대표적 제과기업인 해태제과가 부도를 냈다.

　이렇게 하루가 다르게 위기가 닥치고 있던 1997년 11월 2일, 남덕우 전 국무총리는 〈조선일보〉에 "경제, 비관할 것 없다"란 글을 실었다. 다음은 그 내용을 요약한 것이다.

　'거시적으로 보면 금년에도 6% 이상의 경제성장이 가능하며, 수출도 7월 이후 15% 내외의 신장률을 보이고 있다. 재고율이나 조업률, 도산 매 판매 증감률의 추이를 보더라도 실물경기가 서서히 풀리고 있는 조짐이다. 미시적으로 보면 중소기업들의 침체가 심각하다곤 해도 구조조정과 신진대사가 서서히 진행되고 있는 것은 사실이다.'

　요약을 하면 장기적으로 한국 경제는 괜찮으니까 지금 상황이 다소 어렵다고 해도 비관할 필요는 없다는 뜻이었다. 그러나 남덕우 총리의 호언장담이 무색하게 그로부터 불과 이틀 후인 11월 4일, 대형 백화점 기업인 뉴코아가 부도를 냈다. 이 소식이 전해지자 한국 경제는 또 한 번 요동쳤고, 국민들 사이에서는 정부에 대한 불신이 급속히 퍼져나갔다.

　한국 경제를 바라보는 외국 언론들의 시각도 매우 부정적이었다. 11월 5일, 미국의 금융 전문지 〈블룸버그Bloomberg〉는 한국 정부가 현재 고작 20억 달러밖에 갖고 있지 않다고 발표했다. 하루에만 수천억 달러가 오고가는 금융 시장에서 20억 달러는 푼돈밖에 안 된다. 그 말은 곧 한국 정부가 가진 달러가 거의 바닥났다는 것이나 다름없었다. 상황이 이 지경에 이르자, 한국 정부도 은밀히 수습 작업에 들어가기 시작했다. 〈블룸버그〉의 발표가 나온 다음 날인 11월 6일, 한국은행은 더 이상 한국 스스로의 힘만으로는 지금의 경제위기를 해결할 수 없다고 판단하고

IMF 구제금융 신청을 고려하기 시작했다.

그러나 이런 물밑작업과는 정반대로 〈조선일보〉는 1997년 11월 10일자 사설에서 블룸버그 등 외국 언론의 보도를 다음과 같이 반박했다.

> 최근 몇몇 외국 언론매체들의 보도에 대해 한국 정부가 신경을 쓰는 것은, 단순한 객관보도나 비판적 분석으로만 보기 어려운 의도적 '한국 때리기'의 조짐이 엿보이고 그 과정에서 일부 부정확하거나 과장된 기사가 나타나고 있기 때문이라는 것이 정부 측 견해이다.
>
> 이 같은 한국 정부 관계자들의 인식과 입장에 대해 우리는 어느 정도 이해할 수 있다. 비록 일부 언론에 국한되고 있지만 다분히 의도적인 것으로 의심될 만한 빈도로 한국 경제와 한국 정부를 비판한다든지, 부정확한 통계 자료를 무책임하게 인용한다든지, 한국 경제가 당면하고 있는 어려움의 실체를 다소 과장되게 비관적으로 보도 또는 전망한다든지 함으로써 한국의 이미지와 경제의 신뢰도에 중대한 타격을 주고 있다는 정부의 우려는 현재 사태의 민감성에 비추어 충분히 근거 있는 것이라는 것이 우리의 판단이다.

이 사설의 요점은 '한국 경제가 위험하다고 하는 자들은 무슨 불순한 목적이 있어서 그런 것이 아니냐?'는 것이었다.

'한국 때리기'를 하지 말라는 〈조선일보〉의 목소리는 그저 공염불에 불과했다. 〈조선일보〉 사설이 나온 바로 그 날인 11월 10일, 원화의 1달러당 환율은 1000원까지 올라갔다. 그만큼 원화의 가치가 폭락했고, 한국 경제가 더욱 취약해졌던 것이다. 원화의 가치가 낮아졌으니 한국이 외국에서 수입해오는 제품의 가격은 높아지고 그에 따라 물가도 올라가는 등 국민들의 살림살이도 훨씬 힘들어졌다. 아무리 바보라도 이쯤 되면 경제가 어렵다는 사실을 모를 수 없었다.

11월 14일, 김영삼 대통령과 강경식 재정경제원 장관은 서울의 라마다 르네상스 호텔에서 열린 기자회견에서 "일단 일본이나 미국으로부터 자금을 끌어다 경제위기를 해결해야 한다. 만약 그게 안 된다면 할 수 없이 IMF에 구제금융을 신청해야 한다"고 밝혔다. 드디어 한국 정부도 간접적이나마 IMF 구제금융 신청을

김영삼 전 대통령. 그는 초반에 군사독재정권의 잔재를 씻어내는 개혁으로 국민들로부터 90%의 지지도를 얻었으나, 1997년 IMF 구제금융 사태라는 초유의 경제 파탄을 막지 못해 국민들의 원성을 사고 말았다.

인정하는 모습을 보였고, 이틀 후인 11월 16일에는 미셸 캉드쉬 IMF 총재가 한국을 방문했다. 목적은 당연히 한국 정부와 IMF 구제금융 문제를 놓고 서로 의견을 맞추기 위해서였다.

다음 날인 11월 17일, IMF가 600억 달러 규모의 구제금융 지원을 검토하고 있다는 외신보도가 있었고, 한국의 재정경제원은 곧바로 이 보도를 부인했다. 재정경제원의 부인에도 불구하고, IMF의 구제금융이 임박했다는 전망과 여론이 조금씩 힘을 얻기 시작했다.

이틀 후인 11월 19일 강경식은 부총리와 재경부 장관에서 해임되고, 통상산업부 장관인 임창열이 그 후임으로 들어섰다. 그런데 다음 날인

11월 20일 임창열 장관은 기자회견에서 "필요하다면 IMF에 지원을 검토하겠다"고 말해, 혼란은 계속되었다. 경제위기의 해결 기미가 보이지 않는 가운데, IMF의 구제금융 지원 검토가 외신에서 보도된 상황에서 새로 임명된 재정경제원 장관은 여전히 이를 부인하고 있던 것이다.

도무지 풀릴 것 같지 않던 혼란과 의문은 이틀 후인 11월 22일, 한국 정부가 "IMF에 구제금융을 신청했다"고 공식적으로 밝히고 나서야 해소되었다. 결국 외신들이 바라보았던 한국 경제의 실상은 모두 옳았으며, 동시에 한국 경제의 취약점을 가리고 국민들에게 아무런 문제도 없다며 거짓말을 한 정치인과 언론의 입장만 우습게 되어버렸다. 겨우 이틀 후의 앞일도 예측하지 못한 채, 현실과 동떨어진 헛소리만 늘어놓은 정부와 언론이라니, 도대체 뭐라고 해야 할까?

위기가 닥쳐왔을 때, 사실대로 말하지 않고 거짓으로 진실을 숨기는 바람에 그 피해는 고스란히 국민들이 떠안은 셈이다. 그러나 정작 IMF 사태에 직접적인 책임을 져야 할 재정경제원의 고위 관리들이나 언론사 인사들은 누구도 처벌받지 않았다. 강경식의 경우는 2008년 이명박 정부가 출범하자 재정경제원 총리를 한 번 더 역임하기도 했다.

홍수처럼 쏟아지는 실업자와 노숙자, 자살자, 그리고 구직자들

한국 경제를 떠받쳐오던 해태그룹, 뉴코아, 쌍방울, 삼미그룹, 고려증권,

한라그룹 등 쟁쟁한 기업들이 하루아침에 문을 닫았고, 직장을 잃은 수십만의 실업자들이 거리에 넘쳐났다. 이로 인해 한국 사회에는 지금껏 보지 못했던 진풍경이 나타났다. 자의/타의로 가족에서 이탈해 지하철역이나 버스터미널 등에서 하루종일 시간을 보내는 노숙자들이 대량으로 등장했고, 실직과 가정파탄의 충격을 견디지 못하고 자살하는 사람들도 속출했다.

경찰청이 국회에 제출한 자료에 따르면, IMF 사태가 터진 해인 1997년의 자살자는 무려 1만2458명이었다. IMF 사태의 충격이 남아 있던 1998년에도 8622명이 자살을 했다. 다만 이는 공식 통계로 나온 수치이고, 실제로 집계되지 않은 숫자까지 합치면 훨씬 많을 것으로 추산된다. 그렇다고 해도 IMF 사태가 일어난 그해와 다음 해 2년 사이 2만 명이나 되는 사람들이 자살을 선택했다는 사실은 이 사건이 일으킨 충격이 얼마나 컸는지를 짐작케 한다. 그래서 IMF 사태를 연구하는 학자들은 1997년과 1998년 사이 대폭 늘어난 자살은 경제난으로 인한 타살이라고 말하기도 한다.

또한 실업자와 노숙자 또한 급격히 증가했다. 1998년 9월까지 한국의 실업자는 최대 400만 명까지 늘어났으며, 서울역과 영등포역 등은 온통 직장과 가정을 잃고 쫓겨난 노숙자들로 가득 차 시민들이 길을 다니기도 어려울 정도였다. 보건복지부에서 공식적으로 집계한 노숙자 숫자만 1999년 2월 통계로 6300명이었으니, 통계에 잡히지 않은 실제 숫자까지 합치면 그보다 훨씬 더 많았을 것이다.

비정규직과 신자유주의 체제의 확립

IMF 사태로 인해 수많은 실업자와 노숙자, 구직자들이 발생하여 사회문제로 부각되자, 궁지에 몰린 정부는 어떻게 해서든 일자리를 만들려고 애썼다. 그렇게 해서 실제로 많은 일자리들이 만들어졌고, 취업률이 올라가기도 했다. 정부와 일부 언론은 그런 자료들을 가지고 경제가 호전되고 있다고 요란하게 떠들었다.

하지만 정부가 만든 공공근로 일자리 이외에 기업이 만든 일자리들의 대부분은 안정적인 임기가 보장되는 정규직이 아니라, 비정규직이나 저임금 파트타임(아르바이트) 자리였다. 물론 계속 실업자로 지내는 것보다야 낫겠지만, 고용 불안과 낮은 임금에 시달리는 비정규직이 늘어나는 것이 과연 개인과 사회에 얼마나 도움이 될까?

IMF 사태를 계기로 비정규직과 파트타임 일자리는 눈덩이처럼 불어났다. 그리하여 2015년에 와서는 국내 일자리 중 절반에 해당하는 49%가 정규직이 아닐 정도에 이르렀다. 현실이 이러니 오죽하면 자녀가 정규직 직원으로 채용되었다고 동네에 현수막을 써 붙이고 자랑하는 일까지 있었을까? 더욱 비극적인 일은 IMF의 요구로 조성된 경제적 고용환경이 그로부터 20년이 지난 지금까지도 계속되고 있다는 사실이다.

하지만 비정규직이 늘어날수록 좋아하는 사람들도 있다. 바로 기업을 운영하며 직원을 채용하는 사업가들이다. 정규직 직원보다 훨씬 싼값에 고용할 수 있는 데다, 비정규직 직원들은 노조를 조직할 형편도 못 되니 관리하기도 수월했다. 여기에 최근에는 구직자들의 80% 이상이 대학 졸업자들이라서 정규직을 채용하는 것과 별 차이가 없다. 저임금 고급 인력들이 재계약 때문에 기업에 헌신할 수밖에 없으니, 기업주들 입장에서는 이보다 더 좋을 수가 있겠는가.

기업주의 이익을 극대화되고, 반대로 근로자의 이익은 줄어들면서 사회적으로 빈부의 차이가 늘어나는 현대 한국의 신자유주의 체제는 바로 1997년 IMF 사태를 계기로 우리 사회에 굳건하게 뿌리를 내렸다. IMF 사태가 한국에 신자유주의 체제를 도입했다고 해도 과언이 아니다. 물론 이는 한국인들 스스로가 원해서라기보다는 당시 한국의 경제주권이 IMF에 고스란히 넘어갔던 데다가, 그 IMF와 외국 자본의 강력한 요구에 따라 이루어진 것이다. 또한 하루라도 빨리 국가경제를 정상화하기 위해서 김대중 정부가 IMF의 무리한 요구조건을 어쩔 수 없이 따를 수밖에 없던 속사정도 있었다.

한국 정부의 대책은 적절했는가?

IMF 사태를 맞아 한국 정부도 가만히 있지만은 않았다. 특히 기업에서 해고당한 실직자들이 거리로 몰려나오자, 이들을 내버려두었다가는 사회적 불만이 폭발하여 자칫 정권에 치명타를 줄 수도 있다는 판단하에 나름대로 기민하게 움직였다. 대기업들에게 억지로 그들을 받아들이라고 강요하기는 무리였던지, 정부는 실직자들을 상대로 그들이 쉽게 재기할 할 수 있는 소규모 사업인 도서대여점과 PC방 같은 자영업을 적극 권장했다. 그래서 IMF 사태 이후에 한국의 도시들 곳곳에는 해고당한 실직자들이 차린 도서대여점과 PC방이 가득 들어선 광경을 볼 수 있었다.

도서대여점과 PC방 이외에도 한국 정부는 IMF 사태로 피해를 입은 실직자들에게 벤처 창업을 적극 권장했다. 실제로 IMF 사태가 벌어진 지 얼마 후인 1998년 집권한 김대중 정부는 인터넷(IT) 사업을 미래의 기반 산업으로 간주하여 국가 차원에서 대대적으로 투자했고, 인터넷 공간에 한국의 우수한 벤처기업들이 대거 진출하기를 강력히 권장했다. 그리하여 IMF 직후에는 무수한 벤처기업 창업 열풍이 활발하게 일어났다. 실직자들뿐만 아니라 새로운 직장을 찾는 청년 구직자들도 벤처기업 창업에 뛰어들었는데, 주로 인터넷 쇼핑몰이나 커뮤니티 사이트들이 대세를 이루었다.

벤처기업 창업 열풍은 2000년대 중반으로 접어들면서 잠잠해졌으나, 그나마 IMF 사태를 맞아 한국 정부가 벌인 사업들 중에서는 어느 정도 효과가 있었다. 하지만 IMF 사태로 인해 발생한 빈부격차와 청년실업 해소에는 그다지 쓸모가 없었다. 대부분의 벤처기업들은 일부 수익성이 뛰어난 몇 군데를 제외하면 창업한 지 2~3년 이후에 수익성 악화로 문을 닫았기 때문이다.

IMF 사태가 벌어진 이후에 한국 정부가 벌인 사업 중 가장 큰 물의를 일으켰던 것은 신용카드 발급 대란이었다. 한국 정부는 내수를 증진하기 위해서 각 카드사에 신용카드의 발급 제한 조건을 대폭 완화하라고 지시했다. 그리하여 그전까지 신용카드를 사용할 조건이 안 되던 사람들도 쉽게 카드를 발급받아 짧은 시간이나마 마음껏 소비를 하고 다녔다. 하지만 그로 인해 밀린 카드 청구서를 제대로 갚지 못한 사람들도 속출했다. 이 사건을 카드 대란이라고 했으며, 김대중 정부의 무분별한 내수 진작 정책을 비판하는 여론도 높았다.

이 밖에도 IMF 사태 관련하여 한국 정부가 국민들을 상대로 전개한 운동들 중에서 지금까지도 두고두고 문제가 되는 것이 하나 더 있다. 바로 금모으기 운동이다. 국민들 각자가 가지고 있는 금을 모아서 어려움에 빠진 나라를 살려보자는 취지에서 비롯된 이 사회적 캠페인은 처음에는 정부보조기관인 새마을회에서 했다가, 나중에는 공영 방송국인 KBS에서 이어받아 1998년 1월 5일부터 4월 말까지 거의 매일같이 국민들에게 금을 모아서 나라 살림에 보태자는 방송을 했다. 정부와 언론이 합작해서 대놓고 애국심을 강요하는 듯한 이 사업에, 우리 국민들은 너도나도 금귀고리와 금반지 등을 내놓았고, 그렇게 해서 모인 약 220톤의 금붙이들은 모두 녹여져 금괴가 되어 금 거래 시장에 팔렸다.

당시 이 금모으기 운동을 바라보는 국내외의 시각은 거의 대부분 호의적인 것들만 소개되었다. 국민들의 소박한 애국심과 따뜻한 사랑이 나라를 살리고 전 세계를 감동시키고 있다는 식의 긍정적인 기사들이 각 언론을 가득 메웠고, 그렇게 한국인들은 무너진 한국 경제가 금모으기로 인해 당장에라도 살아나는 것처럼 희망을 품기도 했다. 그러나 1998년 중반, 금모으기 운동에 숨겨진 어두운 그늘이 드디어 공개되기 시작했다.

우선, 금모으기 자체에 문제가 있었다. 너무나 많은 금이 갑자기 한꺼번에 쏟아져 나오는 바람에 가격이 낮아졌고, 국제적인 금 공인을 안 받고 황급히 팔아서 원가보다 낮은 값에 팔려나갔다. 또한 애써 모은 금귀고리와 금반지 등을 제대로 활용하지도 못했다. 금을 무조건 금괴로 녹이는 것에만 집착했고, 그 바람에 금괴보다 더 값이 비싼 금장신구로 다시 세공해서 파는 것을 생각하지 못했던 것이다. 여기에 대부분의 금 가공작업을 국내업체가 아닌, 해외업체가 도맡아 했다. 그로 인해 원료를 얻기 힘들어진 국내 금 가공업체들은 일거리를 놓쳐서 약 80%가 휴업 상태에 들어갔으며, 국내 금 가공 기술자들 중 절반인 1만여 명이 일자리를 잃었다. 나라를 살리자고 시작한 금모으기 운동 때문에 오히려 직업을 잃고 생계가 어려워진 사람들이 생겨났으니, 얼마나 아이러니한 일인가?

그리고 이런 와중에도 대기업들은 정부로부터 부가가치세를 면제받거나 환급을 받으려는 목적으로 해외에서 비싼 돈을 주고 금을 사왔는데, 원화의 가치가 낮아져서 국내에서 모은 금을 수출하는 돈은 적게 받으면서, 해외에서 금을 사오려면 많은 돈을 내야 했다. 한국 경제는 이중의 손해를 본 것이다. 또한 금괴 수출을 했던 대기업들은 금을 불법으로 유통하여 무려 2조 원이나 되는 세금을 횡령하기도 했다. 결정적으로 한국 정부가 빌린 돈은 IMF 195억 달러, 세계은행IBRD 70억 달러, 아시아개발은행ADB 37억 달러를 모두 합쳐 302억 달러 규모였는데, 금모으기로 모은 금붙이들을 해외로 내다 팔고 번 돈은 고작 22억 달러에 불과했다. IMF에 갚아야 할 돈의 7%도 안 되는 아주 미미한 금액인데, 그게 대체 얼마나 도움이 되었겠는가.(〈한겨레21〉 208호 참고)

2008년 인터넷 논객 미네르바는 1998년의 금모으기 운동을 가리켜 이렇게 비판하기도 했다.

도대체 금이라는 실물 자산을 죄다 헐값에 팔아버린 멍청이들이 세상 천지에 어디 있다더냐? 그게 바로 정부와 언론이 협잡해서 벌인 애국심 광풍이었지! 두고 봐라. 지금 한국도 외환위기를 겪고 있으니, 머지않아 각 언론에서 다시 그때처럼 금모으기니 뭐니 하며 나라에 돈을 갖다 바치자고 선동을 할 거다! 하지만 결코 그따위 짓거리에 넘어가서는 안 된다! 그래봤자 부패한 대기업들 배나 불려주는 꼴이 될 테니까!

실제로 2008년 그해, 한나라당에서는 전 국민 한 사람당 100달러에서 500달러까지 달러로 저축을 하는 이른바 '달러 모으기 운동'을 제안한 적이 있었다. 그러나 이 제안은 실현되지 못하고 그대로 묻혀버렸는데, 달러 모으기 운동의 제안자 중 한 명이 바로 IMF 사태 당시 경제 분야 핵심 부서인 재정경제원 차관을 지낸 강만수 전 기획재정부 장관이었기 때문이다. 그 때문에 수많은 네티즌들은 "IMF 때는 국민들의 금을 빼앗아 대기업들 배만 불리더니, 이제는 달러까지 빼앗아서 또 어디에다 쓰려고 그러느냐?"고 비웃기도 했다.

박정희 향수의 부활

IMF 사태가 한국 사회에 미친 큰 영향을 하나 더 거론한다면 단연 '박정희'의 부활이 되겠다. 사실, 1979년 10·26 사태로 사망한 이후 한동안 한국 사회에서 박정희가 갖는 이미지는 그다지 좋지 않았다. 박정희 시절의 독재와 폭압, 부패가 잘 알려진 데다, IMF 직전에 집권했던 김영삼 전 대통령의 지지도가 한때 90%에 이를 정도로 옛 군사정권에 대한 반발이 컸기 때문이다.

그런데 IMF 사태가 터지고 수많은 사람들이 실직을 당해 사회혼란이 극에 달하자, 그나마 안정적인 고용이 보장되고 강력한 철권통치와 언론 통제로 사회가 조용해 보이던 박정희 시대에 대한 향수가 한국 사회 곳곳에서 번져가기 시작했다. 이인제를 비롯하여 유명한 정치인들은 앞다투어 박정희의 머리 스타일이나 말투를 흉내 내며 대중에게 자신이 박정희처럼 나라를 다시 잘 이끌어보겠다며 선전을 했고, 박정희의 딸이었지만 아버지가 죽고 나서 한동안 대중 앞에 모습을 나타내지 않고 은둔생활을 했던 박근혜가 정계에 입문하는 일도 벌어졌다. 서점에는 박정희를 다룬 책들도 넘쳐났는데, 거의 대부분은 그의 집권기를 지나치게 찬양하면서 그가 저지른 군사독재의 어두운 사실들은 모조리 무시하는 내용들로 가득 찼다.

이러한 박정희 신드롬 현상을 가리켜 일부에서는 "박정희 열풍은 우리 국민이 30년 동안 피와 눈물을 흘리며 노력해왔던 민주주의에 대한 열망을 스스로 부정하는 짓이다. 박정희의 유령이 한반도를 배회하며

'민주주의는 헛수고니, 다시 내 말에 복종하라'고 으스대며 외치는 꼴이다"라고 우려를 나타냈다. 반면 "IMF 사태라는 극단적인 현상에 일시적으로 대중들이 구세주를 바라는 것뿐이다. 너무 염려할 바는 못 된다"라고 관망하는 목소리도 있었다.

1997년 IMF 사태를 맞아 고개를 든 박정희 신드롬은 1998년 김대중 정부와 2002년 노무현 정부의 집권에도 불구하고 전혀 수그러들지 않았다. 오히려 한나라당으로 대표되는 보수 정치권과 조중동으로 대표되는 보수 언론들은 국민을 상대로 박정희 신드롬을 계속 부추겼고, 그들의 여론 조성 작업은 어느 정도 성공을 거두었다. 그리하여 2007년 제17대 대통령 선거에서 이명박 후보는 박정희 시대처럼 고속 경제성장을 이룩하겠다는 공약을 내세워 압도적인 득표율로 대통령에 당선되었다. 집권 이후 그가 주장한 고속 경제성장 공약이 이루어지지 않았음에도 박정희 신드롬은 전혀 타격을 입지 않았다. 오히려 2012년 제18대 대통령 선거에서는 이명박과 차원이 다른 진짜 박정희의 후계자 박근혜가 대통령 후보로 나서 야당 후보를 100만 표라는 큰 차이로 따돌리고 대통령에 당선되었다. 박정희가 죽은 지 28년 후에, 그의 이름을 내건 '가짜 박정희'와 '진짜 박정희'가 번갈아서 집권했던 것이다.

수많은 구설수에 시달렸던 박근혜가 끝내 대통령이 된 이유에는 그의 아버지인 박정희에 대한 향수가 결정적으로 작용했다.

IMF 사태가 죽은 독재자의 관을 열고 그의 유령을 부활시킨 셈이니, 박정희야말로 IMF 사태의 최대 수혜자가 아닐까?

14

평범한 어부들이 해적이 된 까닭은?

소말리아 내전과 해적의 출몰

소말리아는 아프리카 북동부 인도양과 접하고 있는 인구 1100만 명의 나라로 우리와는 그 거리만큼이나 멀게만 느껴지는 곳이었다. 그런데 언젠가부터 아프리카 인근 해안에서 고기를 잡거나 수에즈 운하를 통과하여 화물을 실어 나르는 배들이 종종 소말리아 해적에게 습격을 당하는 일이 뉴스에 오르내리기 시작했다. 2011년에는 납치된 인질을 구출하기 위해 한국 정부가 직접 군대를 투입하는 일까지 있었다.

  소말리아는 대체 왜, 언제부터 해적이 활동하는 나라가 되었을까? 왜 그들은 해적이 됐을까?

고대부터 이슬람 국가에 이르기까지

원래 소말리아는 고대 이집트 왕국 시절, '푼트Punt'라 불리던 곳이었다.

고대 그리스의 역사가 헤로도토스는 '마크로비'라는 홍해 인근의 작은 나라가 페르시아 제국에 복속하지 않았다고 기록했는데, 그곳이 바로 소말리아가 아닌가 하는 주장도 있다.

소말리아는 서기 7세기부터 이슬람을 믿는 아랍인들이 대규모로 이주한 결과 이슬람 국가가 되었다. 그런데 소말리아 서쪽의 에티오피아는 기독교 국가였기에 이런 소말리아를 위협적으로 보았고, 소말리아와 자주 전쟁을 벌였다. 그래서 이슬람을 믿는 소말리아와 기독교를 믿는 에티오피아는 거의 1000년 넘게 전쟁을 했는데, 16세기 들어 둘은 각각 오스만 제국과 포르투갈이라는 외부 지원군까지 끌어들여 더욱 전쟁의 양상을 확대시켰다.

그러다 19세기가 되자, 소말리아는 다른 아프리카 나라들처럼 서구 열강의 침략을 받기 시작했다. 지금의 소말릴란드가 있는 북부는 영국, 현재 소말리아인 남부는 이탈리아의 침공을 받게 되었다. 이때 한 인물이 등장하여 서구 열강에 맞서 싸웠는데, 그는 오늘날까지 소말리아인들의 기억 속에 전설적인 영웅으로 남아 있는 모하메드 압둘라 하산Mohammed Abdullah Hassan(1856~1920)이다. 영국인들은 그를 '미친 물라

영국에 맞서 소말리아의 자유와 독립을 지키려 싸운 모하메드 압둘라 하산의 동상.

이'(이슬람교의 수도승)라 불렸으나, 하산은 매우 지혜롭고 열정적인 반제국주의 투사였다. 하산은 특히 영국을 위협적인 요소로 보고, 영국의 적인 독일, 터키와 손잡고 기관총과 대포 같은 최신 무기들을 들여와 오랫동안 영국군에 저항했다.

이에 영국은 비행기를 동원한 공중폭격으로 하산이 이끄는 저항군을 공격했다. 결국 하산은 1921년에 사망하고 그가 이끌던 반제국주의 저항군도 20년에 걸친 투쟁을 접고 마침내 소멸하고 말았다.

하산의 죽고 난 뒤, 더 이상 소말리아에서 유럽 열강의 침략에 저항할 세력은 존재하지 않았고, 영국(현 소말릴란드), 이탈리아(현 소말리아), 프랑스(현 지부티)가 나누어 지배했다. 제2차 세계대전 중에는 영국과 이탈리아가 충돌하여 영국이 기존의 이탈리아가 지배하던 지역까지 차지하게 되었다. 제2차 세계대전 후에는 영국의 보호령과 이탈리아의 신탁통치 지역, 프랑스의 해외영토로 이어졌으며, 1960년에 영국령과 이탈리아령이 통일 소말리아 공화국으로 합쳐져 독립국가가 되었다.

독립, 그러나 내란과 대혼란

하지만 소말리아의 앞날은 매우 험난했다. 대부분의 아프리카 신생 독립국들이 그렇듯, 오랜 서구의 지배에 시달리다가 갑자기 독립을 하자, 부족들 간의 잔인한 내전과 분쟁이 가득한 아수라장이 되고 말았다. 셰르

마르케 대통령과 이브라힘 에갈 총리가 운영하는 소말리아 정부는 매우 허약했으며, 가난과 실업에 시달리는 국민들의 불만을 제대로 만족시키지 못했다.

1969년, 나라가 불안하던 틈을 타고 소말리아 육군 소장이었던 모하메드 시아드 바레Mohammed Siad Barre(1919~1995)가 쿠데타를 일으켜 셰르마르케 대통령을 죽이고 스스로 대통령이 되었다.

바레는 소말리아의 잡다한 부족체제가 나라의 발전을 가로막는다고 생각했다. 따라서 국민들의 신분증에 있는 부족

쿠데타를 일으켜 정권을 잡은 시아드 바레. 그는 에티오피아와 무모한 전쟁을 벌였다가 나라를 파탄으로 이끌었다.

표시를 모두 없애고, 소말리아인들이 그들의 가문과 조상을 공개적으로 거론하지 못하게 했다. 그러나 조상을 숭배했던 소말리아인들은 바레가 소말리아의 자랑스러운 전통을 파괴한다며 못마땅하게 여겼다.(결국 바레가 몰락한 이후, 소말리아는 다시 예전처럼 신분증에 부족을 표시하고 가문과 조상의 공개적 거론과 숭배를 허용했다) 그리고 서구 열강의 제국주의에 맞서 싸우는 공산주의에 심취했던 바레는 전국에 식량 배급제를 실시했는데, 이 또한 소말리아인들의 불만을 샀다. 배급제는 정부에서 정해준 양만 받을 수 있기 때문이었다. 하지만 바레는 소말리아를 공산주의 국가로 만들려는 야심을 품었고, 공산주의 방식대로 배급제가 실시되어야 한다며 배급제를 끝까지 고집했다.

그래서 바레의 통치 기간 동안, 소말리아인들은 그를 지독히 미워했으며, 이런 민심을 두려워한 바레는 군대를 동원한 철권통치로 국민들을 억압했다. 그를 비판하거나 반대운동을 벌이는 이들은 모두 감옥에 끌려갔으며, 개중에는 총살당하는 사람들도 많았다.

그러던 1974년, 에티오피아에서 쿠데타가 일어나 황제 하일레 셀라시에가 폐위되고, 공산주의자인 멩기스투 하일레가 에티오피아를 지배하게 되었다. 그러자 바레는 에티오피아가 쿠데타로 혼란에 빠진 틈을 타서 공격하면 쉽게 이길 수 있다고 판단하고 1977년 에티오피아를 침략했다. 소말리아가 쳐들어오자 멩기스투는 공산주의 종주국인 소련에 도움을 요청했다. 소련 정부는 고심 끝에 영토와 인구, 자원이 소말리아보다 더 많은 에티오피아와 동맹을 맺어야 자국에 더 이익이 된다고 결론을 내리고, 에티오피아를 돕기로 결정했다. 소련은 에티오피아에 50억 달러 원조를 제공하고, 소련제 무기를 보내 에티오피아 군대를 무장시켰다. 그리하여 에티오피아 군대는 약 40만의 병력에 소련제 무기까지 갖추어, 소말리아군보다 전투력이 훨씬 막강해졌다. 1978년까지 계속된 전쟁에서 소말리아는 소련의 원조를 받은 에티오피아군에게 패배했다. 그러자 바레는 소련과 관계를 끊고, 미국과 중국의 힘을 빌려 정권을 계속 유지하려 했다.

한편 소말리아 내에서도 바레의 가혹한 정치에 반대하는 소말리아구원민주전선과 소말리아의회연합, 소말리아애국운동 같은 단체들이 생겨났다. 그러자 이번에는 멩기스투가 소말리아를 혼란에 빠뜨리기 위해, 이들 단체를 지원하여 바레에 맞서 싸우도록 했다. 그중에서 한때 바

소말리아 내전에서 파괴된 탱크. 지독한 내전으로 인해 소말리아인들의 삶은 피폐해졌다.

레의 부하였다가 감옥에 갇힌 이후, 그를 증오하게 된 아이디드Mohamed Farrah Aidid(1934~1996년)는 소말리아의회연합에 가담하여 1991년 1월, 바레를 내쫓고 수도를 장악했다. 이로써 바레 정권은 붕괴되고 말았다.

그러나 소말리아의회연합과 다른 반정부 단체들 사이에 새로 출범할 정부의 관직과 이권을 두고 파벌 싸움이 벌어져 소말리아는 곧바로 내전에 들어갔다. 또한 수십 개에 달하는 소말리아 각 부족들도 공산주의의 통제가 사라지자 곧바로 내부충돌이 일어나 소말리아 전국은 혼란과 전쟁의 소용돌이에 휩싸였고, 급기야 한 나라였던 소말리아는 북부의 소말릴란드와 중부의 푼틀란드, 남부의 소말리아 등 세 나라로 분열되고 말았다.

가난에 시달리던 어민들, 새로운 돈벌이 수단을 발견하다.

정부가 붕괴되고 나라 전체가 내란에 시달리는 상황이니, 자연히 소말리아 국민들은 일자리를 잃고 실업자가 되어 극심한 가난에 시달렸다. 그 와중에 외국 어선들은 소말리아 인근 바다로 몰려와 마음껏 생선을 쓸어갔다. 2006년 유엔에서 발표한 보고서에 따르면 매년 3억 달러어치의 생선이 외국 어선들에 의해 유출되었다고 한다. 외국 어선들은 단순히 어획만 한 것이 아니었다. 이들은 소말리아 어선들의 어획까지 방해하여 소말리아 어민들이 설치한 그물과 어획망을 망가뜨리는 일이 다반사였다.

이뿐만이 아니었다. 외국 기업들은 산업 폐기물을 소말리아 바다에 무단으로 버렸다. 정식으로 절차를 밟아 폐기물을 처리하면 돈이 많이 들지만, 무정부 상태인 소말리아 인근 바다에 폐기물을 버리면 비용이 거의 들지 않기 때문이었다.

이러한 외국 선박들의 전횡은 한동안 소말리아 인근 바다에서 계속되었고, 소말리아에는 제대로 된 정부도 없던 상황이라 누구도 이런 일을 막지 못했다. 자연히 소말리아 어민들은 바다에 나가 고기를 잡지 못하고 실업자 신세로 머무르며 가난에 찌들어 고통을 받았다. 그러던 중 소말리아 어민들은 서서히 다음과 같은 생각을 품기 시작했다.

'외국 선박이 몰려와 우리 바다에서 마구 고기를 잡아가는 바람에, 우리가 잡아서 내다 팔 고기가 줄어들고 있다. 고기를 내다 팔지 못하면 우리는 이대로 계속 실업자 신세가 되어 굶주려야 한다. 그리고 외국 선박들이 우리 바다에 쓰레기를 내다 버리는 통에 점점 바다도 오염되고 고기도 잡지 못하게 된다. 우리가 이대로 가만히 있다가는 영원히 가난과 배고픔에 찌들어야 한다. 더 이상 이대로 우리 재산이 빼앗기고 바다가 오염되는 것을 그대로 보고만 있을 수는 없다!'

이런 이유로 소말리아 어민들은 외국 선박의 조업 남획과 쓰레기 무단 투입에 항의하기 위해 집단행동에 나섰다. 처음에는 그저 외국 선박들이 고기를 잡거나 쓰레기를 못 버리게 따라다니며 주위를 에워싸는 정도였다. 하지만 그 정도로는 외국 선박들의 전횡을 막을 수 없었다. 게다가 외국 선박들의 물고기 남획은 전혀 줄지 않았고, 그에 반비례하여 상대적으로 부족한 어획 기술을 가지고 있던 소말리아 어민들의 돈벌이는 계속 줄어들기만 했다. 그러자 소말리아 어민들의 분노는 더욱 깊어갔고, 아예 외국 선박을 공격해서 그들이 잡아가는 고기들을 돌려받기로 결심했다. 이리하여 소말리아 인근 해역에서는 외국 선박들을 덮쳐, 그들이 잡은 물고기들을 빼앗아 시장에 내다 파는 해적 행위가 시작되었던 것이다.

그런데 예상과는 달리, 소말리아 어민들의 약탈은 너무나 손쉽게 이루어졌다. 당시만 해도 외국 선박들은 소말리아 어민들이 차마 자신들을 공격하리라고는 예상하지 못했고, 그런 이유로 배에 무장 보호 요원이나 안전장비 같은 보호책을 전혀 두지 않았기 때문이다.

이러한 해적 행위가 성공을 거두자 소말리아 어민들은 점차 다른 생각을 품기 시작했다. 단순히 외국 선박을 겁주어 쫓아내거나, 그들이 가진 고기만 빼앗아 시장에 파는 것보다는 아예 그들을 납치해서 인질로 삼고 몸값을 뜯어내거나, 화물을 빼앗고 돈을 받아내는 일이 더 많은 돈벌이가 된다는 사실을 알게 되었다. 오래된 내전 때문에 직업과 돈을 구하기 어렵던 소말리아와 푼틀란드 주민들이 너도나도 외국 선박을 상대로 총과 바주카포를 앞세워 납치하는 인질극을 벌이기 시작했다.

이러한 소말리아 어민들의 해적 행위는 1997년부터 기승을 부렸다. 거기에는 단순히 외국 어선이나 쓰레기 폐기선만이 아닌, 수에즈 운하를 통과하여 아시아로 가는 무역선과 유조선까지 포함되었다. 즉, 소말리아를 거쳐 가는 모든 외국 선박이 소말리아 해적의 표적이 된 것이었다.

소말리아 해적은 잘 조직되어 운영되었다. 육지에서 대기하며 해안을 망원경으로 감시하다가 외국 선박이 지나가면 동료들에게 무전기나 핸드폰으로 알려주는 파수꾼, 직접 작업에 투입되어 배를 타고 약탈에 나서는 행동대원, 외국인을 납치한 후 선주들을 상대로 몸값 협상을 벌이는 담당자, 작업을 총지휘하고 약탈한 돈을 나눠주는 선장, 배를 빌려주는 선주 등 각자의 임무에 따라 철저한 분업이 이루어졌다.

소말리아 인근 해역에서 이러한 해적 행위가 기승을 부리자, 유엔 등의 국제기구와 각 나라 정부들은 소말리아를 분할 지배하고 있는 군벌과 정치인들을 상대로 해적 행위 근절을 요구하고 나섰다.

다양한 무기로 무장한 소말리아 해적. 소말리아는 오랜 내전으로 인해 총과 폭탄 같은 무기들이 매우 흔하게 돌아다녀서, 누구나 돈만 주면 마음대로 무장을 할 수 있다.

그러나 이런 요청은 아무런 소용이 없었다. 소말리아의 군벌과 과도정부는 국제사회를 상대로는 해적 행위를 비난하고 근절시키겠다고 말하면서, 정작 이를 위한 행동은 전혀 하지 않았다. 여기에는 그럴 만한 이유가 있었는데, 소말리아 과도정부와 군벌의 주요 수입원이 바로 해적들이 바치는 상납금이었기 때문이다. 실제로 소말리아 해적을 취재한 서구 기자들의 주장에 따르면, 소말리아 어민들에게 배와 무기, 무전기 등을 빌려주고, 그들이 해적 행위로 얻은 돈의 상당수를 바치게 하는 장본인들이 소말리아 군벌과 과도정부라고 한다.

또한 해적 행위에 관해 소말리아 국내 여론은 국제사회와 전혀 다르다. 절대다수의 소말리아인들은 해적을 영웅시하고 있으며, 그들을 부러워하여 기회가 되면 자신들도 해적이 되어 납치극을 벌이겠다고 서슴없이 말하고 있다. 그렇기 때문에 해적 행위에 가담하는 소말리아 어민들의 숫자는 줄기는커녕, 오히려 시간이 갈수록 늘어나는 실정이다. 이런 소말리아인들을 가리켜 양심이 없다고 비난하기는 쉽다. 그러나 오랜 내전과 극심한 가난에 시달리는 소말리아인들의 입장을 헤아려 보면, 그들을 마냥 비난한다고 해서 해결될 일이 아님을 알 수 있다.

최근 들어 소말리아 해변가에는 새로 건물을 짓는 건축붐이 일어나고 있다. 가난한 판잣집들이 즐비하던 해안가에 크고 높은 현대식 빌딩들이 줄을 이어 들어서는 중이다. 내전에 시달리는 소말리아가 경제발전을 이루었을까? 물론 아니다. 해적 행위로 벌어들인 수입이 건설 경기 부흥에 일조하고 있는 것이다. 아울러 소말리아의 거리에는 값비싼 외국 수입차들이 늘어나고 있는데, 이 역시 해적질로 돈을 번 소말리아인들이 구입한 것들이다. 소말리아 해적들은 소말리아의 신흥 부호층으로 떠오르고 있는 것이다.

또한 해적질에 성공하여 횡재를 한 소말리아인들은 크게 잔치를 열어 가난한 주민들을 초대한다. 이는 남미의 마약 조직이 주민들을 위해 각종 복지사업을 벌여 민심을 얻으려 하는 것과 유사하다. 연회에 참석한 소말리아인들은 해적질로 돈을 벌어 풍성한 음식을 즐기고 부를 과시하는 모습을 보고 부러워하며, 자신들도 그들처럼 성공하기를 바란다. 그리고 기존의 해적들과 연합하거나 새로운 해적이 되어 나선다. 현실이 이러니 소말리아의 해적 현상이 근절될 리가 없다.

소말리아로 옮겨가는 이슬람 테러 조직

해적 행위에 이어 소말리아를 국제사회에서 위험한 지역으로 떠오르게 하는 현상이 하나 더 있다. 2001년 9월 11일, 미국에서 9·11 테러를 일으킨 알카에다 등 이슬람 테러 조직들이 소말리아로 손을 뻗치고 있는 것이다.

한동안 소말리아는 각 군벌들 사이의 무력 충돌이 극심하여 이슬람 테러 조직들조차 발을 들이지 못하는 혼란스러운 곳으로 인식되었다. 그러나 2001년과 2003년, 미국이 아프가니스탄과 이라크를 공격하자 중동에 거점을 둔 이슬람 테러 조직들은 미군을 피해 아프리카, 그중에서 소말리아로 근거지를 옮기고 있다.

소말리아는 여러 가지 조건에서 이슬람 테러 조직이 활동하기 적합한 곳이다. 우선 역사적으로 소말리아는 줄곧 이슬람교를 믿어왔다. 또한 영국과 이탈리아 등 기독교를 믿는 서구 열강의 식민지 침탈에 오랫동안 시달려왔으며, 이런 역사적 배경으로 인해 소말리아인들은 미국과 유럽 등 기독교 서구세력을 증오한다. 여기에 소말리아인들은 자신들이 겪는 가난은 외국인들이 소말리아의 자원을 약탈해가기 때문이라고 믿고 있다. 따라서 이슬람 테러 조직들이 소말리아인들을 상대로 성스러운 이슬람과 조국을 지키고 외국인 침략자들에 맞서 싸우자고 선동을 하니, 자연히 귀가 솔깃하지 않을 수 없다.

그리고 여전히 소말리아의 정치적 상황은 불안정하고 실업률이 매우 높다. 그중에서 특히 젊은이들의 상황이 매우 심각하다. 가난에 시달리는 소말리아 젊은이들은 이슬람 테러 조직이 주는 돈을 받기 위해 자발적으로 테러 조직에 발을 들여놓는 실정이다.

소말리아의 해적 행위가 근절되려면?

소말리아 해적이 기승을 부리다 보니, 현재 소말리아 해역에는 총 26개 나라의 해군이 상시 순찰을 돌며, 서로 긴밀한 협조하에 해적을 감시하고 유사시 처벌하고 있다. 그리고 소말리아 인근 해역을 통과하는 무역선들도 비싼 돈을 주고 무장 경호원을 고용하고 있다. 그러나 이것만으로 소말리아 해적이 사라질 리 없다. 소말리아 해적은 소말리아라는 나라의 근간이 흔들림에 따라 나타난 현상이기 때문에, 진정 소말리아 해적을 근절시키려면 무력 수단만으로는 불가능하다.

가장 시급한 것은 전국을 효과적으로 통제할 수 있는 안정적인 정부가 들어서는 것이다. 그러기 위해서는 먼저 소말리아를 멋대로 분할하여 지배하고 있는 군벌들이 정리되어야 할 것이다. 그리고 가난한 소말리아 주민들이 충분한 수입을 올릴 수 있는 안정적인 일자리들이 많이 창출

되어야 한다.

  이러한 근본적인 치유가 없다면 어떠한 수단으로도 소말리아 해적은 결코 사라지지 않을 것이다.

참고도서

《고려 무인 이야기2》, 이승한, 푸른역사, 2003.
《고려 무인 이야기3》, 이승한, 푸른역사, 2003.
《고려 무인 이야기4》, 이승한, 푸른역사, 2005.
《국가의 배신》, 도현신, 인물과사상사, 2015.
《국민은 적이 아니다》, 신기철, 헤르츠나인, 2014.
《끝나지 않은 전쟁 국민보도연맹》, 김기진, 역사비평사, 2002.
《나폴레옹》, 티에리 랑츠, 이현숙 옮김, 시공사, 2001.
《나폴레옹 전쟁》, 그레고리 프리몬 반즈·토드 피셔, 박근형 옮김, 플래닛미디어, 2009.
《다시 분노하라》, 김상구, 책과나무, 2014.
《독부 이승만 평전》, 김삼웅, 책으로보는세상, 2012.
《러시아와 그 적들 그리고 거짓말》, 블라지미르 메진스키, 방교영 옮김, 한국외국어대학교출판부 지식출판원(HUINE), 2011.
《레디메이드 인생》, 채만식, 맑은소리, 1999.
《마을로 간 한국전쟁》, 박찬승, 돌베개, 2010년
《마지막 황제》, 오자키 호츠키, 진순신 편집, 김정희 옮김, 솔출판사, 2002.
《만화로 보는 한국, 한국인, 한국경제》, 이원복 글·그림, 동아출판사, 1993.
《맨얼굴의 중국사5》, 백양, 김영수 옮김, 창해, 2005.
《미국사》, 이주영, 미래엔, 2000.
《민중과 선쟁기억》, 김경현, 선인, 2007.
《베이징 이야기》, 린위탕, 김정희 옮김, 이산, 2001.
《브루스 커밍스의 한국현대사》, 브루스 커밍스, 김동노 외 옮김, 창비, 2001.

《빼앗긴 대륙, 아메리카》, 로널드 라이트, 안병국 옮김, 이론과실천, 2012.

《서중석의 현대사 이야기2》, 서중석·김덕련, 오월의봄, 2015.

《세계를 속인 200가지 비밀과 거짓말》, 데이비드 사우스웰, 안소연 옮김, 이마고, 2007.

《스코틀랜드 역사이야기》(1~4), 월터 스콧, 이수잔 옮김, 현대지성사, 2005.

《아무도 말하지 않는 미국 현대사》(1~2), 올리버 스톤·피터 커즈닉, 이광일 옮김, 들녘, 2015.

《아편전쟁에서 5·4운동까지》, 호승, 박종일 옮김, 인간사랑, 2013.

《앵글로 색슨족의 역사와 언어》, 박영배, 지식산업사, 2001.

《어메이징 세계사》, 도현신, 서해문집, 2012.

《어메이징 한국사》, 도현신, 서해문집, 2012.

《영국이 만든 세계》, 도현신, 모시는사람들, 2014.

《영원한 라이벌 김대중 VS 김영삼》, 이동형, 왕의서재, 2011.

《영혼이라도 팔아 취직하고 싶다》, 강준만, 개마고원, 2010.

《옛사람에게 전쟁을 묻다》, 도현신, 타임스퀘어, 2009.

《올리버 트위스트》(1~2), 찰스 디킨스, 윤혜준 옮김, 창비, 2007.

《우리의 눈으로 본 일본제국흥망사》, 이창위, 궁리, 2005.

《위도 10도》, 엘리자 그리즈월드, 유지훈 옮김, 시공사, 2011.

《이야기 러시아사》, 김경묵, 청아출판사, 2006.

《이야기 중국사2》, 김희영, 청아출판사, 2000.

《이야기 중국사3》, 김희영, 청아출판사, 2000.

《자치통감16》, 사마광, 권중달 옮김, 도서출판 삼화, 2008.

《자치통감17》, 사마광, 권중달 옮김, 도서출판 삼화, 2008.

《자치통감26》, 사마광, 권중달 옮김, 도서출판 삼화, 2009.

《전장을 지배한 무기전, 전세를 뒤바꾼 보급전》, 도현신, 시대의창, 2016.

《전쟁이 발명한 과학기술의 역사》, 도현신, 시대의창, 2011.

《전환기 그리스의 지식인 이소크라테스》, 김봉철, 신서원, 2004.

《제국》, 닐 퍼거슨, 김종원 옮김, 민음사, 2006.

《제1차 세계대전》, 마이클 히키·제프리 주크스·피터 심킨스, 강민수 옮김, 플래닛미디어, 2008.

《제1차 세계대전》, 매튜 휴즈·윌리엄 J. 필포트, 정상협·나종남 옮김, 생각의나무, 2008.

《조선의 예언사상(하)》, 김탁, 북코리아(선학사), 2016.

《중국, 도적황제의 역사》, 타카시마 토시오, 신준수 옮김, 역사넷, 2007.

《중국을 말한다8》, 류징청·허칭웨이, 이원길 옮김, 신원문화사, 2008.

《중국을 말한다13》, 후민, 이원길 옮김, 신원문화사, 2008.

《중국을 말한다15》, 탕렌저, 김동휘 옮김, 신원문화사, 2008.

《중국제국쇠망사》, 리샹, 정광훈 옮김, 웅진지식하우스, 2009.

《중동사》, 김정위, 미래엔, 1991.

《청사》, 임계순, 신서원, 2001.

《카르툼》, 마이클 애셔, 최필영 옮김, 일조각, 2013.

《카이로》, 맥스 로덴벡, 하연희 옮김, 루비박스, 2010.

《쿵쿵쾅쾅 제1차 세계대전》, 테리 디어리 글, 마틴 브라운 그림, 김수안 옮김, 주니어김영사, 2009.

《크리스마스 캐럴》, 찰스 디킨스 글, 틴 블레이크 그림, 김난령 옮김, 시공주니어, 2003.

《폭격》, 김태우, 창비, 2013.

《피와 천둥의 시대》, 햄튼 사이즈, 홍한별 옮김, 갈라파고스, 2009.

《하버드, 그들만의 진실》, 신은정, 시대의창, 2012.

《한국 근대사 산책4》, 강준만, 인물과사상사, 2007.

《한국 근대사 산책8》, 강준만, 인물과사상사, 2008.

《한국전쟁과 집단학살》, 김기진, 푸른역사, 2006.

《한국 현대사 산책 1950년대편》(1~3), 강준만, 인물과사상사, 2004.

《함께 읽는 동아시아 근현대사》(1~2), 박태균·유용태·박진우, 창비, 2011.

《IMF 유머로 단숨에 끝내기》, 유머를즐기는모임, 시인과촌장, 1998.

《1차세계대전사》, 존 키건, 조행복 옮김, 청어람미디어, 2009.